antonio gramsci

homens ou máquinas?

escritos de 1916 a 1920

seleção e apresentação de gianni fresu
tradução de carlos nelson coutinho e rita coitinho

© Boitempo, 2021

Direção-geral	Ivana Jinkings
Edição	Thais Rimkus
Coordenação de produção	Livia Campos
Assistência editorial	Carolina Mercês e Pedro Davoglio
Tradução	Carlos Nelson Coutinho e Rita Coitinho
Revisão da tradução	Marcos Del Roio
Notas da edição	Luciana Aliaga
Cronologia	Alvaro Bianchi
Preparação	Mariana Echalar
Revisão	Laura Vecchioli
Capa	Maikon Nery
Diagramação	Antonio Kehl

Equipe de apoio Camila Nakazone, Débora Rodrigues, Elaine Ramos, Frederico Indiani, Higor Alves, Isabella Meucci, Ivam Oliveira, Kim Doria, Lígia Colares, Luciana Capelli, Marcos Duarte, Marina Valeriano, Marissol Robles, Marlene Baptista, Maurício Barbosa, Pedro Davoglio, Raí Alves, Tulio Candiotto, Uva Costriuba

CIP-BRASIL. CATALOGAÇÃO NA PUBLICAÇÃO
SINDICATO NACIONAL DOS EDITORES DE LIVROS, RJ

G773h

Gramsci, Antonio, 1891-1937
Homens ou máquinas? : escritos de 1916 a 1920 / Antonio Gramsci ; seleção de artigos e apresentação de Gianni Fresu ; tradução de Carlos Nelson Coutinho, Rita Coitinho. - 1. ed. - São Paulo : Boitempo, 2021.
(Escritos gramscianos ; 2)

"Coletânea inédita"
"Cronologia"
ISBN 978-65-5717-120-2

1. Ciência política - Filosofia. 2. Trabalhadores - Atividades políticas. 3. Sindicalismo. I. Fresu, Gianni. II. Coutinho, Carlos Nelson. III. Coitinho, Rita. IV. Título. V. Série.

21-74570

CDD: 331.8801
CDU: 331.105.44

Meri Gleice Rodrigues de Souza - Bibliotecária - CRB-7/6439

É vedada a reprodução de qualquer parte deste livro sem a expressa autorização da editora.

1ª edição: dezembro de 2021

BOITEMPO
Jinkings Editores Associados Ltda.
Rua Pereira Leite, 373
05442-000 São Paulo SP
Tel.: (11) 3875-7250 | 3875-7285
editor@boitempoeditorial.com.br
boitempoeditorial.com.br | blogdaboitempo.com.br
facebook.com/boitempo | twitter.com/editoraboitempo
youtube.com/tvboitempo | instagram.com/boitempo

SUMÁRIO

Apresentação, *Gianni Fresu*, 7

Sobre a tradução, 41

Recordações de histórias e acontecimentos dos cotonifícios, 45

Homens ou máquinas?, 53

O sindicalismo integral, 58

"Arsenaleide", 64

Primeiro livres, 67

O Pacto de Aliança, 70

Os propósitos e as necessidades, 74

O dever de sermos fortes, 79

Democracia operária, 83

Aos comissários de seção das fábricas Fiat Centro e Brevetti, 89

Sindicatos e conselhos, 95

Os sindicatos e a ditadura, 103

Sindicalismo e conselhos, 111

O problema do poder, 117

O partido e a revolução, 125

Antes de mais nada, renovar o partido, 132

O instrumento de trabalho, 139

O operário fabril, 147

Partido de governo e classe de governo, 152

O problema da força, 160

O fim de um poder, 165

SUPERSTIÇÃO E REALIDADE, 168

POR UMA RENOVAÇÃO DO PARTIDO SOCIALISTA, 178

O CONSELHO DE FÁBRICA, 189

O RELATÓRIO TASCA E O CONGRESSO CAMERAL DE TURIM, 196

SINDICATOS E CONSELHOS, 203

O MOVIMENTO TURINÊS DOS CONSELHOS DE FÁBRICA, 210

AONDE VAI O PARTIDO SOCIALISTA?, 227

O PROGRAMA DE *L'ORDINE NUOVO*, 233

PARTIDO E SINDICATOS, 247

O PARTIDO COMUNISTA, 253

DOMINGO VERMELHO, 269

CAPACIDADE POLÍTICA, 275

CRONOLOGIA – VIDA E OBRA, 281

SOBRE A COLEÇÃO ESCRITOS GRAMSCIANOS, 299

APRESENTAÇÃO

Gianni Fresu

"Decerto, para os industriais tacanhamente burgueses, pode ser mais útil ter operários-máquinas, em vez de operários-homens. Mas os sacrifícios a que o conjunto da coletividade se sujeita voluntariamente para melhorar a si mesma e fazer brotar de seu seio os melhores e mais perfeitos homens, que a elevem ainda mais, devem espalhar-se beneficamente pelo conjunto da coletividade e não apenas por uma categoria ou uma classe."[1]

Como Leonardo Rapone vem corretamente apontando a respeito de um problema interpretativo muito comum, ao longo dos anos tem havido uma tendência a denominar pré-carcerários os escritos jornalísticos e políticos de Antonio Gramsci. Para além da veracidade cronológica dessa periodização, ela acabou fazendo com que essa produção, classificada como "menor" ou "secundária", fosse considerada "uma espécie de longo aprendizado, preparatório para a explosão da criatividade teórica manifestada posteriormente através dos *Cadernos*"[2]. Sobre essa tendência, sugere Rapone, influiu o clima político-cultural marcado por uma crise do comunismo histórico que assombrou a parte da biografia política gramsciana mais diretamente entrelaçada à militância comunista. Na figura de Antonio

---

[1] Antonio Gramsci, "Uomini o macchine", *Avanti!*, ed. piemontesa, 24 de dezembro de 1916, em *Scritti (1910-1916)*, v. 1, *Edizione Nazionale degli scritti di Antonio Gramsci* (Roma, Istituto della Enciclopedia Italiana Treccani, 2019), p. 798. Ver, neste volume, p. 53.

[2] Leonardo Rapone, "Gli scritti giornalistici e politici", em Fabio Frosini e Francesco Giasi (orgs.), *Egemonia e modernità: Gramsci in Italia e nella cultura internazionale* (Roma, Viella, 2019), p. 137.

Gramsci coexistem diferentes necessidades e perspectivas, mas toda a sua produção teórica se desenvolve dentro de uma estrutura de profunda continuidade. Isso não significa que permaneça sempre idêntico a si mesmo; pelo contrário, em muitas questões seu raciocínio desenvolve-se, torna-se mais complexo, toma novas direções, muda alguns juízos iniciais. O Gramsci dos *Cadernos** não pode ser sobreposto ao jovem diretor de *L'Ordine Nuovo*, ou ao líder comunista, porque sua elaboração não se desenvolveu em uma condição de rigidez intelectual, ausente de evoluções. Todavia, a suposta divisão ideológica entre um antes e um depois, em razão da qual um "Gramsci político" tende a ser oposto a um "Gramsci homem de cultura", é resultado de uma falsificação ditada por necessidades essencialmente políticas[3].

A seleção de artigos aqui apresentada, além de reproduzir alguns textos inéditos no Brasil, oferece um *focus* analítico de grande relevo para entendermos a particular concepção de Gramsci a respeito da luta de classes e, mais em geral, para nos encaminhar – naqueles anos dramáticos e exaltantes marcados pela dialética – por "perspectivas catastróficas" entre "velho" e "novo", "regressivo" e "progressivo"[4]. Uma época que passou pelo drama do primeiro conflito em que se aplicaram em larga escala os conhecimentos científicos da Segunda Revolução Industrial, cujo efeito colateral foi desencadear a participação de grupos sociais até então passivos, a ponto de criar um quadro totalmente novo para a "política de massas". Nesse contexto cheio de

---

*   Ed. bras.: *Cadernos do cárcere*, ed. e trad. Carlos Nelson Coutinho, 5. ed., Rio de Janeiro, Civilização Brasileira, 2010. (N. E.)

[3]   Tratei amplamente dessas questões em *Antonio Gramsci, o homem filósofo: uma biografia intelectual* (trad. Rita Matos Coitinho, Boitempo, São Paulo, 2020).

[4]   Antonio Gramsci, *Quaderni del carcere: edizione critica dell'Istituto Gramsci a cura di Valentino Gerratana*, (Turim, Einaudi, 1975), p. 1.619.

contradições, o mundo conheceu tanto o "assalto ao céu" de 1917, que inspirou as tentativas revolucionárias no Ocidente, quanto a raivosa e sangrenta defesa da velha ordem social e política. Além das premissas históricas, depois do primeiro conflito mundial, o pano de fundo da intensa crise europeia, e particularmente italiana – uma crise não só econômica, mas moral e, de modo mais geral, de civilização –, figura como o eixo central das contradições no qual nasce, se desenvolve e se afirma o fascismo. A natureza instável do novo equilíbrio produzido ao fim da guerra aparece nas colossais desproporções de produção, crédito e comércio que marcam o conjunto do mercado mundial[5].

Para Gramsci, a guerra representou uma cisão profunda na história das relações sociais da Europa. Arrancados de suas realidades particulares, camponeses, operários e trabalhadores viram-se lançados no palco do conflito, numa dimensão geral em que suas condições de exploração e opressão civil foram reconectadas de uma maneira que já não disfarçava a ordem política e econômica da qual se sentiam irremediavelmente excluídos. Eles foram convocados para combater e morrer em defesa daquela ordem, mas agora, terminado o conflito, aquelas mesmas massas irrompiam, como o magma, na vida social e política, não mais dispostas a retornar à passividade do passado. O exemplo da Revolução de Outubro desempenhou um papel determinante nessa mudança de consciência, representando, no imaginário coletivo de milhões de pessoas, uma prova da possibilidade concreta de subverter o estado de coisas existentes, de modo a levar o socialismo a deixar de ser mera utopia. Como articular aquela imensa força social numa forma de integração política forte o suficiente e à altura da construção dos alicerces

---

[5] Angelo Tasca, *Nascita e avvento del fascismo* (Bari, Laterza, 1972), p. 17.

10 | Homens ou máquinas?

do futuro Estado socialista? "Como amalgamar o presente e o futuro, satisfazendo as urgentes necessidades do presente e trabalhando efetivamente para criar e antecipar o porvir?"[6] Nos anos em que ele escreveu estes artigos, as reflexões e o empenho político de Gramsci giraram em torno dessas questões teóricas e práticas.

A seu ver, essa conexão já estava presente e residia nas instituições da vida social dos trabalhadores. Só faltava dar-lhe forma orgânica e articulada para criar de fato uma democracia operária contraposta ao Estado burguês, de modo a substituí-lo em todas as suas funções[7]. Tais institutos representavam, pois, o instrumento por meio do qual as massas adquiririam a titularidade e a direção efetiva do processo revolucionário, fortalecendo-se e autoeducando-se para esse papel.

O biênio 1919-1920 foi marcado pelo choque de enormes contradições internas e internacionais, pela crise econômica e pela desvalorização monetária. A inflação, o desemprego em massa, o aumento da exploração do trabalho e a contração do poder aquisitivo atingiram níveis muito agudos. Diante do aumento cada vez mais evidente das tensões sociais que as antigas castas de notáveis liberais já não conseguiam governar com o esgotamento técnico do controle social giolittiano*, difundiu-se entre categorias cada vez mais amplas de trabalhadores a convicção de que se deparavam com um momento histórico crucial que fatalmente levaria à revolução socialista ou à reação mais conservadora e violenta. A batalha mais característica do "biênio vermelho" foi a luta pelo reconhecimento dos conselhos e das

---

[6] Antonio Gramsci, "Democrazia operaia", 21 de junho de 1919, *L'Ordine Nuovo (1919-1920)* (Turim, Einaudi, 1972), p. 87. Ver, neste volume, p. 83.

[7] Ferdinando Dubla, *Gramsci e la fabbrica* (Roma, Lacaita, 1986), p. 68-9.

* Referente à política reformista e clientelista de Giovanni Giolitti (1842-1928), presidente do Conselho de Ministros da Itália em cinco mandatos diferentes. (N. E.)

comissões internas no Norte, que levou à ocupação armada das fábricas e à gestão operária da produção; todavia, a radicalização, embora de forma mais desagregada, atingiu também o Sul da Itália com a ocupação dos latifúndios pelos trabalhadores rurais sem terra[8].

Na fase mais avançada de radicalização social da história da Itália, o Partido Socialista Italiano (PSI) demonstrou toda a sua imaturidade, paralisado por uma dialética interna lacerante, carente de uma estratégia em condições de sintetizar as demandas da classe operária com as reivindicações do campesinato, portanto, totalmente incapaz de aproveitar aquela irrepetível fase histórica inaugurada pela Revolução de Outubro na Rússia. Assim, no Congresso de Bolonha de 1919, as posições de *L'Ordine Nuovo* não encontraram acolhida. Ao contrário, as diversas opiniões do PSI, divididas em relação a tudo, encontraram um ponto de acordo justamente na crítica radical à experiência dos conselhos. Passava-se da acusação de corporativismo economicista, feita por Amadeo Bordiga, às de anarcossindicalismo espontaneísta, comuns à opinião dos maximalistas, dirigentes sindicais reformistas, todos resolutamente contrários ao voto atomista dos "desorganizados".

A linha de *L'Ordine Nuovo* e o movimento dos conselhos ficaram isolados no panorama do socialismo italiano. Assim, ao fracasso do biênio vermelho (1919-1920) seguiu-se o biênio negro (1921-1922), que, passando pelo refluxo democrático, desencadeou a ofensiva reacionária que levou à afirmação do fascismo.

---

[8] "No Sul, particularmente no campo siciliano, as ocupações do latifúndio, embora relegadas à periferia da iniciativa política dos sindicatos e do movimento operário, haviam desafiado radicalmente a estrutura tradicional do domínio agrário-mafioso." Giuseppe Carlo Marino, "Antonio Gramsci tra rivoluzione e fascismo: il drama operaio-contadino degli anni Venti", em Alberto Burgio e Antonio A. Santucci, *Gramsci e la rivoluzione in Occidente* (Roma, Riuniti, 1999), p. 127.

A falência do movimento operário e o afirmar-se dos fascismos despertaram em Gramsci uma questão que marcou problematicamente suas reflexões até o último dia de sua vida: por que, apesar das condições favoráveis, tanto objetivas (crise do capitalismo mundial) quanto subjetivas (crise de hegemonia das classes dirigentes tradicionais e irrupção das grandes massas populares na cena política), não foi possível traduzir a língua russa para as línguas europeias[9]? Ou seja, por que não foi o biênio vermelho, e sim o biênio negro, que triunfou? A resposta a esse quesito dramático, num quadro histórico dominado pela reação fascista e não pela revolução socialista, implicava uma profunda investigação filosófica autocrítica, cuja tarefa era entender tanto as razões das contradições quanto as potencialidades (ainda não objetivadas) do socialismo. Nessa investigação, encontramos a ferramenta do pensamento gramsciano, suas categorias ontológicas e concepções deontológicas, elaboradas para a tarefa da radical mudança do estado de coisas existentes. Entender as razões daquele fracasso era a premissa indispensável para reorganizar tanto a resistência contra a reação quanto a luta pela emancipação, porque, sem o "pessimismo da razão", todo "otimismo da vontade" permaneceria apenas uma ilusão entorpecente.

A AUTODETERMINAÇÃO ESPIRITUAL E MATERIAL DOS PRODUTORES

A ideia de "reforma intelectual e moral" em Gramsci, entendida não apenas como a abolição das contradições sociais que impedem a

---

[9] Antonio Gramsci, *Quaderni del carcere*, cit., p. 1.468.

APRESENTAÇÃO | 13

igualdade efetiva entre os homens, visava à subversão da hierarquia que divide a humanidade em dirigentes e dirigidos e contrapõe funções intelectuais e instrumentais[10]. Para ele, essa fratura nada tem de natural, mas é resultado de um longo processo de divisão e especialização do trabalho funcional em certas relações sociais proprietárias. No *Caderno 22*, Gramsci explica como, ao longo da história, o homem foi moldado de acordo com as necessidades produtivas: a progressiva desumanização do trabalho industrial moderno faz do homem uma mercadoria, uma prótese da máquina. Isso atinge seu auge na organização taylorista, que visa a transformar o homem em um "gorila amestrado", eliminando qualquer forma de participação ativa e criativa do trabalhador no processo produtivo. Entretanto, segundo Gramsci, embora a alienação do trabalho transforme o produtor em escravo do produto, essa operação não chega a ponto de criar uma "segunda natureza humana"[11]. Ou seja, na dialética entre o "gorila amestrado" e o "homem filósofo", é este último que prevalece. Segundo Gramsci, a natureza dos seres humanos é intrinsecamente intelectual, cada indivíduo contribui para fortalecer ou questionar certas visões de mundo, independentemente da natureza de seu trabalho; todavia, os subalternos acabam sendo veículos de visões de mundo episódicas e fragmentadas por um conjunto de fatores: a hegemonia cultural das classes dominantes; a sobrevivência de concepções arcaicas e supersticiosas na cultura popular; o condicionamento do ambiente social em que nascemos.

---

[10] A respeito desse tema, sugiro a leitura de um recente aprofundamento: Fabio Frosini, "Egemonia borghese ed egemonia proletaria nei *Quaderni del carcere*: una proposta di riconsiderazione", em Gianni Francioni e Francesco Giasi (orgs.), *Un nuovo Gramsci: biografia, temi, interpretazioni* (Roma, Viella, 2020), p. 279-300.

[11] Antonio Gramsci, *Quaderni del carcere*, cit., p. 2.160-4.

14 | Homens ou máquinas?

Paradigmático e antecipador desse modo de entender a luta para a emancipação é "Homens ou máquinas?", artigo publicado em dezembro de 1916, na edição piemontesa do *Avanti!* e que dá título a este livro. Ele é muito interessante ao menos por três razões: 1) destaca a ausência de uma ideia de reforma escolar no programa do partido do proletariado italiano; 2) descreve a natureza de classe da estrutura escolar italiana e a seleção social gerada por ela; 3) localiza na divisão entre a escola das classes dominantes e as escolas profissionalizantes para as massas populares um instrumento a serviço daquela divisão e especialização do trabalho que tornava intransponível a barreira entre trabalho intelectual e trabalho manual. A bifurcação, imposta desde a infância, entre uma escola de cultura clássica e uma escola de formação profissional foi o selo estabelecido historicamente nas relações produtivas a cujo serviço foi posta a própria instituição que, por sua natureza, deveria favorecer a emancipação humana por meio dos condicionamentos de uma dimensão completa.

Os filhos do proletariado também devem ter diante de si todas as possibilidades, todos os campos livres, para poder realizar sua individualidade da melhor maneira, e, portanto, do modo mais produtivo para si mesmos e para a coletividade. A escola profissionalizante não deve tornar-se uma incubadora de pequenos monstros aridamente instruídos para uma profissão, sem ideias gerais, sem cultura geral, sem alma, apenas com olhos infalíveis e mãos precisas. Também por meio da cultura profissional pode-se fazer da criança um homem, desde que essa cultura seja educativa e não somente informativa, prática e manual[12].

---

[12] Idem, "Uomini o macchine", cit., p. 798.

Na visão de Gramsci, como na de Marx, o desenvolvimento integral do homem só poderia advir da superação dessa fratura historicamente determinada. Nesse sentido, a escola deveria unir o saber teórico ao conhecimento técnico, possibilitando a libertação dos condicionamentos sociais e do estado de necessidade. Sem esse trabalho de transformação molecular da humanidade, não seria possível eliminar o domínio do homem sobre o homem e a divisão entre governantes e governados.

Nessa concepção, o problema que encontramos com mais continuidade na biografia de Gramsci é o de libertar os "simples" da conjunção de heterodireções que impedem a subjetividade autônoma, a independência e a autossuficiência das massas populares. É por isso que Gramsci recorre à ideia *soreliana* de "espírito de cisão", ou seja, um processo de autodeterminação material e espiritual dos subalternos capaz de levá-los à elaboração de sua própria visão crítica e coerente do mundo, uma visão emancipada dos condicionamentos e da interdição das classes dominantes[13]. No *Caderno 11*, ele escreve: "É preciso destruir o preconceito generalizado de que a filosofia é algo muito difícil porque é a atividade intelectual própria de uma determinada categoria de cientistas especializados ou de filósofos profissionais sistemáticos"[14]. Refletindo sobre esses temas, Mario Alighiero Manacorda escreveu que, no pensamento de Gramsci, a

---

[13] "O princípio da intransigência salda-se àquele da distinção do restante do corpo social; implica separação, isolamento das outras expressões da sociedade, das outras classes. Intransigência e distinção são necessariamente correlatas. 'Distinguir-se', 'isolar-se': estas são as máximas comportamentais que Gramsci faz descender das normas da intransigência. Abre-se aqui a perspectiva que visa a Sorel (embora, na verdade, Gramsci faz referência também a Giordano Bruno)." Leonardo Rapone, "Gramsci e il movimento internazionale prima del comunismo", em Paolo Capuzzo e Silvio Pons (orgs.), *Gramsci nel movimento comunista internazionale* (Roma, Carocci, 2019), p. 13.

[14] Antonio Gramsci, *Quaderni del carcere*, cit., p. 1.375.

questão dos intelectuais assume centralidade absoluta na relação pedagógico-política por meio da qual o Estado (sociedade política + sociedade civil) educa o consenso, difunde determinada visão do mundo e, então, cria uma consciência coletiva homogênea: "Os intelectuais são o instrumento da supremacia que em cada sociedade a classe dominante exerce sobre as classes subalternas, que Gramsci define também como direção intelectual e moral ou, muitas vezes e mais sinteticamente, como hegemonia"[15].

Por todas essas razões, Gramsci elabora a ideia do intelectual orgânico e pensa a produção como uma nova sede de soberania política; por essas razões, em sua visão o "moderno Príncipe" não deve ser um órgão externo à classe, dirigido por especialistas em política (por "intelectuais puros", talvez de origem burguesa). O partido deve fazer parte dessa classe, não deve simplesmente representá-la, mas ser composto e dirigido por seus membros. A conquista de uma consciência crítica que transforma grupos subalternos em sujeitos históricos autoconscientes somente é possível, para Gramsci, pela subversão dos "velhos padrões naturalistas" da arte política, pelo completo abandono de uma forma dualista de entender a relação entre a liderança política e as massas[16].

---

[15] Mario Alighiero Manacorda, "Introduzione", em Antonio Gramsci, *L'alternativa pedagogica* (Roma, Riuniti/University Press, 2012), p. 26.

[16] "A pesquisa de Gramsci está voltada para a análise das formas particulares da hegemonia burguesa, com a clara finalidade de encontrar o caminho para a construção da hegemonia operária. Daí seu interesse pela cultura e pela história das classes subalternas, não para louvá-las, mas para encontrar fragmentos de rebeldia e antagonismo ao poder político-econômico estabelecido e incorporar essa experiência à frente única anticapitalista. Da rebeldia 'espontânea' das massas é que se deve partir para a construção de uma nova hegemonia, mas na passagem de um extremo para o outro – da opressão que fundamenta a rebeldia para a nova hegemonia operária e socialista – o caminho é longo e muitas são as mediações." Marcos del Roio, *Gramsci e os subalternos* (São Paulo, Editora Unesp, 2018), p. 166.

APRESENTAÇÃO | 17

Toda a biografia intelectual e política de Gramsci permanece intimamente ligada a este problema histórico: a luta pela emancipação da subalternidade devia passar necessariamente pela elevação e pelo fortalecimento da consciência das massas populares[17]. No marco dessa tarefa, o jovem Gramsci, numa carta a Giuseppe Lombardo Radice, datada de 1918, explicou a concepção e o *modus operandi* do grupo Clube da Vida Moral: favorecer entre os afiliados socialistas o aprofundamento dos problemas éticos e sociais, a discussão em torno das questões culturais históricas e filosóficas, porque, como ele escreveu: "Em Turim, acreditamos que a pregação verbal dos princípios e máximas morais que terão de ser estabelecidos no advento da civilização socialista não é suficiente"[18].

Nesse sentido, nos *Cadernos* Gramsci escreveu que um dos pontos fortes da Igreja católica é sua intenção de manter, na unidade doutrinária, o contato entre os estratos intelectuais mais elevados e as massas[19] – e esse objetivo nunca foi alcançado com um trabalho destinado a elevar as massas ao nível dos intelectuais, mas com uma disciplina férrea sobre os intelectuais, para que não ultrapassassem certos limites na distinção entre eles e as massas. Para Gramsci, o marxismo deveria ser metodologicamente (não apenas ideologicamente) antitético a essa concepção, uma vez que não deveria manter as massas em sua primitiva filosofia de senso comum, mas ter o objetivo de elevá-las a uma concepção superior da vida[20].

---

[17] Umberto Cerroni, *Teoria politica e socialismo* (Roma, Riuniti, 1972), p. 157.

[18] Antonio Gramsci, *Epistolario*, v. 1 (janeiro de 1906-dezembro de 1922), *Edizione Nazionale degli scritti di Antonio Gramsci*, cit., p. 176.

[19] Idem, *Quaderni del carcere*, cit., p. 1.392.

[20] Nessa abordagem percebe-se a grande influência de *O que fazer?*, em que Lênin trata extensivamente da questão. Em tal obra, podemos ler, por exemplo: "A primeira e mais imperiosa de nossas obrigações é contribuir para a formação de operários revolucionários que,

18 | HOMENS OU MÁQUINAS?

Em Gramsci, o problema da relação entre intelectuais e massa subjacente ao movimento operário é enfrentado à luz de uma crítica clara e sem rodeios às modalidades decadentes de direção política no socialismo, que traz consigo a grande influência de Sorel. Como escreveu o Badaloni: "Ele não aceita todas as consequências do *sorelismo*, mas certamente se move em seu horizonte problemático de luta antirreformista e antipositivista"[21]. Ele identifica na natureza instrumental dessa relação as razões de uma radical reorganização político-social, para a qual a autossuficiência da classe operária era uma exigência que já não podia mais ser adiada diante das perspectivas da revolução socialista[22]. Essa crítica se entrelaça estritamente ao tema geral da crise da democracia, vivida pelo

do ponto de vista de sua atividade no partido, estejam no mesmo nível dos revolucionários intelectuais [...]. Por isso, nossa atenção deve voltar-se *principalmente* para *elevar* os operários ao nível dos revolucionários e não para *descermos* nós próprios infalivelmente ao nível da 'massa operária', como querem os 'economistas'". Vladímir I. Lênin, *O que fazer?* (trad. Avante! e Paula Vaz de Almeida, São Paulo, Boitempo, 2020), p. 145. E, ainda nesse sentido, uma citação que Lênin faz de Karl Kautsky: "A consciência socialista moderna não pode surgir senão na base de profundos conhecimentos científicos. [...] O portador da ciência não é o proletariado, e sim a *intelectualidade burguesa*: foi do cérebro de alguns membros dessa camada que surgiu o socialismo moderno e foram eles que o transmitiram aos proletários intelectualmente mais desenvolvidos". Ibidem, p. 55-6, que depois o revolucionário russo comenta em nota de rodapé: "Isso não significa, é claro, que os operários não participem dessa elaboração. Mas participam não como operários, participam como teóricos do socialismo [...]; em outras palavras, só participam no momento e na medida em que conseguem dominar, em maior ou menor grau, a ciência da sua época e fazê-la progredir. E para que os operários o consigam com maior frequência, é preciso esforçar-se o mais possível para elevar o nível de consciência dos operários em geral; é preciso que os operários não se confinem no quadro artificialmente restrito da 'literatura para operários', mas aprendam a assimilar cada vez mais a literatura geral. Seria mesmo mais justo dizer, em vez de 'não se confinem', 'não sejam confinados', porque os próprios operários leem e querem ler tudo quanto se escreve também para a intelligentsia, e só alguns (maus) intelectuais pensam que 'para os operários' basta falar das condições nas fábricas e repisar aquilo que já sabem há muito tempo". Idem.

[21] Nicola Badaloni, *Il marxismo di Gramsci: dal mito alla ricomposizione politica* (Turim, Einaudi, 1975), p. 98.

[22] Massimo Modonesi, *Subalternità, antagonismo, autonomia* (Roma, Riuniti, 2015), p. 21-52.

jovem Gramsci, assim como pela maioria da cultura naquele tempo, como uma "crise de confiança para uma camada política que se torna crise da ideia mesma da relação de representação"[23] dos sistemas parlamentares liberais[24].

Falando da elaboração gramsciana nesse período, Leonardo Paggi analisou de perto o peso da influência *soreliana* em seu *Le strategie del potere in Gramsci* [As estratégias de poder em Gramsci][25]. Ao mesmo tempo, ressaltou que a resposta de Gramsci a esse problema não se expressou na negação do partido político revolucionário[26] enquanto tal, mas buscou "uma estreita correlação entre socialismo e cultura, numa tentativa de destacar o papel que a autoeducação da classe operária poderia desempenhar na escolha de um grupo dirigente capaz de impor barreiras à *ditadura dos intelectuais*"[27]. Para o jovem Gramsci, o marxismo poderia e deveria constituir uma nova modalidade de participação das classes subalternas na vida política, como instrumento de liberação de novas energias humanas, individuais e coletivas, por meio do qual seria substancialmente possível resolver a divisão historicamente determinada entre dirigentes e dirigidos, entre trabalho intelectual e trabalho manual.

---

[23] Luciano Cafagna, "'Figlio di quei momenti'. Il giovane Gramsci e la critica della democrazia", em Franco Sbarberi (org.), *Teoria politica e società industriale: ripensare Gramsci* (Turim, Bollati Boringhieri, 1988), p. 44.

[24] Para aprofundar esses temas em relação ao debate na ciência política italiana daqueles anos, sugiro a leitura do excelente livro de Luciana Aliaga, *Gramsci e Pareto: ciência, história e revolução* (Curitiba, Appris, 2017).

[25] Leonardo Paggi, *Le strategie del potere in Gramsci* (Roma, Riuniti, 1984).

[26] Também Guido Liguori ressaltou como, na concepção e na luta do Gramsci de 1919-1920, a constante localização nas comissões internas como primeiro núcleo do futuro "autogoverno operário" nunca se traduziu numa "contraposição entre o papel dos conselhos e o papel do partido de classe". Guido Liguori, "Da Bordiga a Gramsci", *Critica Marxista*, n. 1-2, jan.-abr. 2021, p. 13.

[27] Leonardo Paggi, *Le strategie del potere in Gramsci*, cit., p. 308.

HOMENS OU MÁQUINAS?

A contraposição à "ditadura dos intelectuais", entendidos estes como personagens políticos dirigentes de um partido, encontra na autoeducação da classe operária sua resposta mais consequente, e isso deveria ocorrer primeiro nos organismos associativos da classe operária, como os conselhos de fábrica, e em sua ascensão, sem mediações, à direção produtiva e política. "Autoeducação" e promoção a um papel dirigente, em primeiro lugar, como meio de tornar as massas autossuficientes diante dos grupos dirigentes e dos aparelhos burocráticos que se sobrepunham de maneira não orgânica.

Gramsci enfatizou a necessidade de se "lançar as bases do processo revolucionário na intimidade da vida produtiva", de modo a evitar que tudo se resumisse a um "apelo estéril à vontade, um mito nebuloso, uma Morgana falaciosa"[28]. Se parte do marxismo da época tivesse concebido a revolução como um ato teatral, ela teria sido entendida como um processo dialético de desenvolvimento histórico, cujo ponto de partida teria sido a criação dos conselhos.

O TEMPO DA REVOLUÇÃO NA "PETROGRADO ITALIANA"

Como sabemos, o encontro com Turim teve importância capital para Gramsci, porque essa cidade representava para ele a vanguarda material e espiritual das forças sociais progressivas em âmbito nacional, graças a sua classe operária[29]. Aqui, após a breve experiência juvenil

---

[28] Antonio Gramsci, *L'Ordine Nuovo (1919-1920)*, cit., p. 207.

[29] A respeito da profunda virada do jovem Gramsci na mudança da Sardenha para Turim, Leonardo Rapone aprofundou com grande eficácia cada implicação humana, cultural e política, mostrando quanto a longa temporada na "Petrogrado italiana" revelou-se fundamental para determinar as atitudes e a conformação intelectual do futuro dirigente comunista. Leonardo Rapone, *Cinque anni che paiono secoli: Antonio Gramsci dal socialismo al comunismo* (Roma, Carocci, 2011), p. 39-104.

no jornal *L'Unione Sarda* [A União Sarda], Gramsci comprometeu-se em nível profissional com sua atividade de publicista, colaborando, a partir de 1915, na redação turinesa do *Avanti!*" e logo em *Il Grido del Popolo* [O Grito do Povo], no qual se tornou um dos mais importantes e prestigiados redatores, distinguindo-se em particular na coluna "Sotto la Mole". "Quando foi contratado pela redação turinesa do *Avanti!*, em dezembro de 1915, Gramsci recebeu, entre outras, a tarefa de editar a rubrica 'Teatri' [Teatros] e, apesar de seus compromissos maiores, ele a dirigiu pessoalmente até 1920"[30]. Lucio Lombardo Radice e Giuseppe Carbone, numa das primeiras tentativas de aprofundamento biográfico sobre ele, sublinharam quanta importância Gramsci atribuía ao trabalho cultural na imprensa socialista. Nesse trabalho, o jovem jornalista demonstrou grande capacidade de buscar um significado político em cada aspecto da vida cotidiana da cidade, tornando a cultura e a arte acessíveis aos trabalhadores menos instruídos, dando um marco social e de classe à crítica literária[31].

Não se tratava apenas de uma tentativa profissional ou de um instrumento de ação militante. Já nos anos de juventude na Sardenha, o jornalismo foi, para Gramsci, uma grande paixão abrangente. Agora, numa realidade tão diferente da de sua terra, o exercício do jornalismo passou a ser um meio de afirmação existencial, graças ao qual sua personalidade e sua capacidade intelectual encontraram uma forma de se expressar e de se impor no panorama do socialismo turinês[32].

---

[30] Maria Luisa Righi, "Un cronista musicale a Torino (1916-1919)", em Gianni Francioni e Francesco Giasi (orgs.), *Un nuovo Gramsci*, cit.

[31] Lucio Lombardo Radice e Giuseppe Carbone, *Vita di Antonio Gramsci* (Roma, Cultura Sociale, 1952), p. 46.

[32] Em seu prefácio a uma recente antologia sobre o jornalismo, Luciano Canfora destacou o valor da declaração de Gramsci durante o interrogatório de 9 de fevereiro de 1927, logo

HOMENS OU MÁQUINAS?

Com a efervescência decorrente da Revolução de 1917, os conflitos tornaram-se acirrados e tumultuosos. As forças populares retomaram a dianteira, agora conscientes de que podiam desempenhar um papel decisivo nos destinos da nação. Manifestavam as expectativas e esperanças num futuro muito próximo, no qual tudo tinha de mudar. Nesse contexto, em 1º de maio de 1919, passava a ser publicado *L'Ordine Nuovo: Rassegna Settimanale di Cultura Socialista* [A Nova Ordem: Revista Semanal de Cultura Socialista]. Seu nascimento certamente estava ligado à força disruptiva dos eventos, à urgência do momento, à necessidade de passar à ação no período mais agudo da expansão revolucionária do século XX. Mas, se a situação de urgência foi decisiva para impulsionar a ação do conselho editorial (composto por Ottavio Pastore, Palmiro Togliatti, Alfonso Leonetti, Leo Galetto e, precisamente, Antonio Gramsci), o entusiasmo militante da época também contribuiu para a aceleração ocorrida mesmo na ausência de uma efetiva homogeneidade político-cultural no interior daquele conselho.

Nos anos de *L'Ordine Nuovo*, Turim era a vanguarda da expansão industrial italiana e vivia de maneira traumática o aumento exponencial da população operária. Era a primeira cidade da Itália a experimentar o processo produtivo taylorista, com tudo o que isso

---

após a sua prisão. Como se sabe, perante o juiz investigador Enrico Macis, Gramsci rejeitou as acusações de conspiração, afirmando a total publicidade de sua atividade como deputado e, sobretudo, como jornalista. Mas, segundo Canfora, não se tratava apenas de uma declaração defensiva, era a reivindicação de uma profissão: "A de jornalista, que Gramsci assumiu como seu trabalho, tendo deixado para trás o mundo universitário, no qual a amizade do linguista Matteo Bartoli também lhe abriu uma significativa alternativa de vida". Luciano Canfora, "Gramsci giornalista", em Antonio Gramsci, *Il giornalismo, il giornalista. Scritti, articoli, lettere del fondatore de "l'Unità"* (org. Gianluca Corradi, Florença, Tessere, 2017), p. xiii.

implicava no plano da organização do trabalho, do ritmo produtivo, das próprias relações sociais.

Em Turim, mais do que em outras cidades italianas, a classe operária, com sua luta, conseguira uma forte subjetividade política, de modo que, já em 1913, pôde impor o contrato coletivo de trabalho. Tudo isso, além de fazer da classe operária turinesa – sobretudo a ligada à Fiat – algo inédito no panorama nacional, permitiu, como escreveu Franco de Felice, "uma verificação em massa das antigas verdades marxistas sobre a socialização da produção e a massificação como outra face do desenvolvimento do capital e da classe trabalhadora como sujeito social definido, capaz de reorganizar a produção e a sociedade com base no trabalho"[33]. Foi nessa realidade que Gramsci desenvolveu a ideia da estreita relação entre produção e revolução como antítese da delegação passiva aos organismos burocráticos, correlacionando a experiência dos conselhos com o desenvolvimento da luta de classes na Europa[34].

Essa necessidade expressou-se na vontade de fazer dos conselhos de fábrica uma primeira forma de autogoverno da classe operária, prelúdio da futura sociedade socialista, com o intuito de afirmar, ainda antes da ruptura revolucionária, sua unidade e sua autonomia[35]. Assim, a autogestão produtiva passou a servir a um objetivo estratégico: levar o proletariado a adquirir uma psicologia de classe dominante. Na visão do Gramsci *ordinovista* e também na do Gramsci dos *Cadernos*, operários e massas

[33] Franco de Felice, "Introduzione", em Antonio Gramsci, *Quaderno 22: americanismo e fordismo* (Turim, Einaudi, 1978), p. viii.

[34] Gianni Fresu, *Il diavolo nell'ampolla. Antonio Gramsci, gli intellettuali e il partito* (Nápoles, Istituto Italiano per gli Studi Filosofici/La Città del Sole, 2005), p. 43-54.

[35] Paolo Spriano, *"L'Ordine Nuovo" e i Consigli di fabbrica* (Turim, Einaudi, 1971), p. 45-6.

populares só poderiam libertar-se de sua própria subalternidade tomando plena consciência da legitimidade, mais que da necessidade histórica, do próprio Estado. Gramsci pensava o sujeito revolucionário como um bloco social no interior do qual, a partir de seu papel na produção, a classe operária deveria assumir a tarefa de dirigir os "estratos subalternos" e os grupos sociais intermediários hesitantes, de modo que, nas fases mais críticas da radicalização revolucionária, eles pudessem desorganizar toda a estrutura estatal burguesa.

Naqueles anos, o movimento operário carecia de uma direção política e de uma estratégia capaz de superar a *psicologia parasitária* da "inevitabilidade da revolução". Para Gramsci, o PSI não se distinguia dos outros partidos e, para além de suas incendiárias proclamações revolucionárias, restringia sua atividade política ao direito de tribuna institucional, sem viabilizar um trabalho destinado a conquistar a maioria dos explorados. Incapaz de desenvolver uma política voltada para os estratos intermediários da cidade e do campo, o PSI limitou-se a absorver em seu programa as questões dos camponeses. Tudo isso explicava o isolamento da classe operária durante o "biênio vermelho", apesar do estado de perene mobilização pré-insurrecional dos trabalhadores agrícolas. As batalhas e as primeiras reflexões de Gramsci sobre a relação entre grupos dirigentes e massas nasceram precisamente dessa dramática contradição entre a forte consciência de viver um período histórico revolucionário e a concomitante percepção da inadequação estrutural do partido político da classe operária italiana.

Franco de Felice chamou atenção para a maneira como Gramsci evidenciou uma das coordenadas essenciais da ordem capitalista, alicerçada na distinção entre sociedade civil e sociedade política:

a diferenciação entre burguesia e cidadão. Para subverter aquela ordem – arraigada na proeminência do momento político –, era necessário "recuperar, como ponto de partida, as relações de produção, as quais, numa sociedade capitalista, evidenciam a divisão em classes e a contradição fundamental da sociedade burguesa"[36], fazendo da produção a fonte do poder e da soberania, porque a economia não se limita à produção de bens, mas envolve também a produção de relações sociais.

Em outras palavras, segundo Gramsci, para se tornar classe dominante, o proletariado deveria fazer coincidir função econômica e função política, ou seja, a ação econômica deveria garantir, ao menos na mesma proporção que a ação política, a efetiva autonomia dos trabalhadores. A autodeterminação econômico-social representava a precondição para que sua ação política assumisse "valor histórico real". O conselho de fábrica era, portanto, a base na qual a classe operária deveria exercer sua direção econômica em função de uma completa direção política. Nesse sentido, a perspectiva do soviete político deveria surgir da construção orgânica dos conselhos de fábrica.

> O conselho de fábrica e o sistema dos conselhos de fábrica põem a prova e revelam em primeira instância as novas posições que a classe operária ocupa no campo da produção; confere à classe operária consciência de seu valor atual, de sua função real, de sua responsabilidade, de seu devir. A classe operária tira as consequências da soma de experiências positivas que os indivíduos singulares vivem pessoalmente, adquire a psicologia e o caráter de classe dominante, organiza-se como tal, isto é, cria o soviete político, instaura sua ditadura.[37]

---

[36] Franco de Felice, "Introduzione", cit., p. xiii.

[37] Antonio Gramsci, "O instrumento de trabalho", p. 139 deste volume.

26 | Homens ou máquinas?

As elaborações de Gramsci naqueles anos refletiam as diversas experiências e teorias sobre a democracia dos conselhos, mas encontravam em Lênin e na revolução soviética seu principal motivo de inspiração[38]. A transformação dos conselhos de fábrica no primeiro núcleo da futura sociedade soviética retirou o movimento operário do abstracionismo ideológico, da fraseologia radical e vazia e da inércia típica da psicologia passiva centrada na inevitabilidade da revolução, transformada em ato de fé.

Não obstante os limites da direção política e sindical, para Gramsci, a classe operária conseguiu alcançar um alto grau de autonomia, criou seus institutos representativos, tomou consciência de si e de suas possibilidades de autogoverno. Graças aos conselhos, "e sem a ajuda dos intelectuais burgueses"[39], a classe operária pôde compreender a fundo o funcionamento de todo o aparelho de produção e troca, transformando em patrimônio coletivo a experiência real de cada um de seus integrantes. A partir da unidade elementar de seu grupo de trabalho, tinha tomado consciência de sua posição no campo econômico, autoeducando-se em sentido socialista. Esse florescimento vital da subjetividade conseguiu sobrepor-se ao pesado legado da guerra, que deixara o país dilacerado, empobrecido e dominado pelas contradições sociais.

Para Gramsci, o soviete não era uma instituição russa, mas uma nova forma institucional de caráter universal, na qual se realizava o

---

[38] Michele Martelli ressaltou que, a partir do exemplo da Revolução Russa, o problema do poder é o ponto central da teoria da democracia dos conselhos de Gramsci, sintetizada pelo princípio "todo o poder do Estado aos conselhos operários e camponeses", no qual se exprimia toda a oposição do jovem revolucionário ao sindicalismo e ao reformismo. Ver Michele Martelli, "Gramsci e la democrazia consiliare", em Ruggiero Giacomini, Domenico Losurdo e Michele Martelli, *Gramsci e l'Italia* (Nápoles, La Città del Sole, 1994), p. 339-40.

[39] Antonio Gramsci, *L'Ordine Nuovo (1919-1920)*, cit., p. 413.

autogoverno das massas, e as comissões internas das fábricas turinesas eram sua tradução italiana. Dessa conclusão nascia um imperativo para *L'Ordine Nuovo*: estudar as comissões internas e as fábricas não apenas como espaço de produção material, mas como organismo político, como território nacional do autogoverno operário.

RENOVAR A FORMA PARTIDO, IR ALÉM DO MONOPÓLIO SINDICALISTA

Foi com base nessa confluência de fatores que Gramsci, com o importantíssimo artigo "Antes de mais nada: renovar o partido", escrito em janeiro de 1920, começou a enfrentar, com prioridade absoluta, as questões relativas ao Partido Socialista diante da rica articulação das organizações proletárias. No cômputo histórico, a organização, em seu desenvolvimento, conseguira trazer para si e para seu programa a atenção dos trabalhadores italianos, suscitando a tomada de consciência e a mobilização. Com o tempo, porém, demonstrou-se incapaz de levar a termo a parte essencial de sua tarefa histórica. O esperado progresso determinou, em última análise, sua letargia e inércia política, levando-o a se distanciar das grandes massas em movimento, dissolvendo-se, de um lado, na fraseologia revolucionária e, de outro, na nulidade do oportunismo: "O partido que se tornara a maior energia histórica na nação italiana caiu numa crise de infantilismo político e hoje é a maior fraqueza da nação italiana"[40].

O PSI precisava renovar-se para não ser esmagado pelos acontecimentos e não frustrar a possibilidade revolucionária, mas essa renovação deveria ocorrer a partir da direção da organização, sem mediações,

---

[40] Ibidem, p. 394.

28 | HOMENS OU MÁQUINAS?

pelos trabalhadores. Uma vez mais, a relação dual entre dirigentes e dirigidos era apontada como a principal causa da degeneração do partido; era necessário, portanto, fazer coincidir a renovação do PSI com a organização das massas para serem estas a classe dirigente[41].

No quadro desse debate, Gramsci escreveu, em maio de 1920, a moção "Para uma renovação do Partido Socialista", aprovada na seção turinesa do PSI. Essa moção, levada à análise do II Congresso da Internacional Comunista, ocorrido em Petrogrado no mês de julho, foi acolhida como plenamente correspondente aos princípios da Internacional, tanto pela crítica à direção do PSI quanto pela proposta política apresentada, a ponto de ser retomada explicitamente no 17º ponto das teses congressuais de Lênin:

> No que concerne ao PSI, o Congresso da Terceira Internacional considera substancialmente justa a crítica do partido e as propostas práticas, publicadas como propostas ao Conselho Nacional do PSI, em nome da seção turinesa do próprio partido, na revista *L'Ordine Nuovo* de 8 de maio de 1920, as quais correspondem plenamente a todos os princípios fundamentais da Terceira Internacional.[42]

Já nessa fase, as reflexões de Gramsci sobre o partido se uniram às elaborações sobre os institutos associativos do movimento operário com a intenção de favorecer uma articulação e uma relação orgânica entre as duas realidades; o desenvolvimento do movimento de conselhos se debatia não apenas com os limites da direção política do Partido Socialista, mas também, e sobretudo, com a pretensão dos sindicatos (cuja central estava nas mãos dos reformistas) de fazer uma gestão burocrática e militarista do movimento. O sindicato empenhava-se em

---

[41] Ibidem, p. 398.

[42] Vladímir I. Lênin, "Tesi sui compiti fondamentali del II Congresso dell'IC", em *Opere complete* (Roma, Riuniti, 1955-1970), v. 25, p. 324.

impedir o crescimento das novas formas associativas dos trabalhadores independentes de seu controle e direção. Assim, além da questão do partido, outro nó a ser desatado era a questão dos sindicatos.

Para Gramsci, historicamente o sindicato é a forma assumida pela mercadoria trabalho no regime capitalista, como forma de reequilibrar a relação entre capital e trabalho em favor da parte mais frágil. Ele surge graças à concentração e à organização da força de trabalho. A tendência do desenvolvimento de sindicatos é arregimentar massas crescentes de trabalhadores para a organização e concentrar o poder, a força e a disciplina do movimento dos trabalhadores na direção central do sindicato. Justamente graças à concentração da força de trabalho num escritório central, que assume na direção uma estabilidade e uma disciplina subtraídos dos caprichos e da volubilidade da espontaneidade das massas desorganizadas, o sindicato tem condições de assumir compromissos e negociar legalmente com o patrão para obter resultados capazes de melhorar as condições de vida e trabalho das massas por ele representadas. A afirmação dessa "legalidade industrial" e da força contratual do mundo do trabalho foi uma grande conquista histórica: acabou com a condição atomista e desagregada de isolamento em que antes se encontravam os trabalhadores e deu início a uma época extraordinária para seu crescimento e emancipação. No entanto, a "legalidade industrial" não era para Gramsci a última e definitiva conquista da classe operária, mas apenas uma forma de concessão necessária quando as relações de força não lhe eram favoráveis.

Se o sindicato tende a reforçar, universalizar e perpetuar a "realidade industrial", o conselho de fábrica, surgido da condição servil e tirana do trabalho, universaliza as formas de rebelião contra a exploração, fazendo da classe operária fonte do poder industrial. Ele tende, portanto, a aniquilar a condição de "legalidade industrial". Assim, se o sindicato trata de dirigir o conflito de classe para extrair dele resultados favoráveis, o conselho, por meio de sua espontaneidade revolucionária, tende a incentivar e desenvolver o conflito. A relação entre essas duas instituições do movimento operário deve se dar de modo a conciliar o choque de duas tendências opostas: o sindicato deve evitar que qualquer capricho ou veleidade do conselho possa resultar num retrocesso das condições dos trabalhadores; o conselho, por sua vez, deve aceitar e tomar para si a disciplina do sindicato, mas, ao mesmo tempo, com seu caráter revolucionário, deve estimulá-lo e empurrá-lo constantemente para fazê-lo sair de sua tendência natural a burocratizar-se no tecnicismo do funcionalismo sindical.

Foi precisamente a necessidade dessa relação equilibrada que levou Gramsci, em contraste com Angelo Tasca, a rejeitar uma relação de mera "dependência hierárquica" entre as duas instituições.

> Se a concepção que faz do conselho um mero instrumento de luta sindical se materializa numa disciplina burocrática e numa capacidade de controle direto do sindicato sobre o conselho, o conselho se esgota como expansão revolucionária [...]. Como o conselho nasce da posição que a classe operária vem conquistando no campo da produção industrial, a tentativa de subordiná-lo hierarquicamente ao sindicato levaria, cedo ou tarde, à colisão entre as duas instituições. A força do conselho consiste no fato de que ele adere à consciência da massa operária, a mesma consciência da massa operária que deseja se emancipar autonomamente, que deseja afirmar sua liberdade de iniciativa na criação da história.[43]

No decorrer de 1920, os eventos impulsionaram o debate teórico, acelerando e pulverizando o tempo normal da elaboração e da discussão política, provocando convergências improvisadas e polêmicas

---

[43] Antonio Gramsci, *L'Ordine Nuovo (1919-1920)*, cit., p. 549.

acirradas. A crise do movimento socialista em todos os seus componentes – partido, sindicato e frações diversas – expressou-se na atomização cada vez maior, na incomunicabilidade que levava cada um a seguir autonomamente seu próprio caminho.

Dia após dia, a relação problemática entre a Terceira Internacional e o PSI passou a ser uma questão mais explosiva[44], ao passo que o tema da renovação tendia a transformar-se cada vez mais numa discussão sobre a oportunidade ou não de fundar um partido comunista autônomo na Itália. Embora naquele momento ainda não tivesse em mente a cisão, Gramsci desenvolvia reflexões sobre os elementos constitutivos da ação comunista – e do que se devia entender por partido comunista –, nas quais estavam presentes fortes elementos de distinção do componente abstencionista de Bordiga, que já pretendia trabalhar pela cisão comunista no seio do PSI.

Intervindo nesse debate, Gramsci afastou-se das "discussões doutrinárias e acadêmicas" sobre a construção de um partido "verdadeiramente comunista" e, com mais veemência, afastou-se das "aberrantes" simplificações do abstencionismo eleitoral, definidas como "alucinações particularistas"[45]. A seu ver, a tarefa dos comunistas não era perder-se em discussões ociosas, mas trabalhar as condições das massas para o desenvolvimento orgânico da revolução. Um partido comunista devia ser um partido de ação, trabalhar em meio às massas, erguer-se dialeticamente da "iniciativa histórica" de "autonomia industrial" das massas, não das intuições

---

[44] Para aprofundar o tema, remeto a Vladímir I. Lênin, *Sul movimento operaio italiano* (org. Felice Platone e Paolo Spriano, Roma, Riuniti, 1970).

[45] Segundo Gramsci, o Partido Comunista não pode se abster de participar das eleições para as instituições representativas burguesas, porque deve organizar todas as classes oprimidas em torno da classe operária e tornar-se o partido de governo, "em sentido democrático", dessas classes.

HOMENS OU MÁQUINAS?

intelectuais de doutrinadores e políticos que pensam *bem* e se expressam *bem* acerca do comunismo. Essas reflexões configuravam um claro distanciamento da concepção do partido comunista como um organismo separado das massas – que fazia de seus dirigentes e intelectuais os depositários sacerdotais da pureza revolucionária comunista – e constituíam uma importante antecipação dos temas mais candentes relacionados ao partido, que caracterizaram a elaboração de Gramsci nas *Teses de Lyon**, em 1926.

O partido deveria nascer das classes oprimidas e manter contato permanente com elas, estruturar-se mediante uma relação orgânica com a autonomia dos produtores no campo industrial, a qual assumia uma forma peculiar nos conselhos de fábrica. Para os comunistas, a revolução não era apenas um esquema abstrato dado pela repetição monótona das certezas do materialismo histórico, mas um processo dialético no qual o poder político possibilitava o poder industrial e o poder industrial possibilitava o poder político. Por essa razão, os comunistas não deveriam se prender às discussões de um pensamento abstrato, mas viver a realidade e compreendê-la tal como ela é, viver a luta para fazer dela um estímulo, para dar organização e forma positiva ao grau de autonomia espiritual e ao espírito de iniciativa que o próprio desenvolvimento industrial determinou nas massas.

> É necessário promover a constituição orgânica de um partido comunista que não seja uma aglomeração de doutrinários ou pequenos Maquiavéis, mas um partido de ação comunista revolucionária [...] que talvez seja o partido das massas que se libertarão por seus próprios meios, autonomamente, da escravidão política e industrial por intermédio da organização

---

* Ed. bras.: "A situação italiana e as tarefas do PCI: Teses de Lyon", *Revista de Ciências Sociais*, v. 35, n. 2, 2004. (N. E.)

da economia social e não por intermédio de um partido que se sirva das massas para tentar imitações heroicas dos jacobinos franceses.[46]

Nessas reflexões, já se destacam três aspectos fundamentais da elaboração política de Gramsci: 1) a questão da relação dual entre dirigentes e dirigidos no movimento operário; 2) a centralidade e a autonomia dos produtores, ou seja, a ideia de um partido que surja de sua concreta experiência associativa e de luta na produção; 3) a negação de uma concepção mecânica e determinista do materialismo histórico e da revolução.

Para Gramsci, o PSI não conseguia estar na direção da história, governando e coordenando a iniciativa de massas de seus próprios filiados. Seu malogrado pronunciamento sobre as agitações para a revisão do contrato coletivo dos metalúrgicos no verão de 1920 era a confirmação disso. De fato, a experiência dos conselhos e das ocupações das fábricas representara uma mudança profunda no método de luta do movimento operário, pois até então, ao fazer algum movimento para melhorar sua situação econômica ou suas condições de trabalho, os operários se limitavam a adotar o instrumento da greve, em virtude da confiança expressa nos dirigentes. Ao ocupar a fábrica e dirigir a produção por conta própria, os trabalhadores assumiram contorno e valor diferentes: "Os líderes sindicais já não podem dirigir, os líderes sindicais desapareceram na imensidão do quadro, a massa deve resolver os problemas da fábrica por si própria, com seus próprios meios, com seus próprios homens"[47].

Foi essa mudança profunda no método de luta e na própria psicologia das massas que levou Gramsci a considerar ultrapassados

---

[46] Antonio Gramsci, *L'Ordine Nuovo (1919-1920)*, cit., p. 573.

[47] Ibidem, p. 669.

e inadequados os velhos entendimentos sobre partido e sindicato diante da nova consciência das massas. Os sindicatos e os partidos socialistas, nascidos no quadro da Segunda Internacional, desempenharam uma função fundamental nos primórdios da história do movimento operário, quando as massas ainda não tinham voz. A Primeira Guerra Mundial, a Revolução de Outubro e a experiência concreta de luta do proletariado ocidental suscitaram nas massas um espírito de iniciativa inédito e uma aspiração sem volta ao protagonismo de sua própria emancipação. Aqueles eventos impingiram uma vitalidade e uma riqueza nas formas de vida e participação das classes subalternas que já não podiam se encaixar nos esquemas clássicos do sindicalismo tradicional, naquela ideia de partido socialista. As massas não queriam mais ser "carne de canhão", matéria inerte nas mãos de grupos sociais que conduziam seu destino a bel-prazer. Essa era, para Antonio Gramsci, a maior de todas as lições que se podia tirar da experiência dos conselhos de fábrica, e dessa lição deveria partir qualquer proposta de renovação das organizações dos trabalhadores.

Num regime capitalista, a fábrica era um pequeno Estado dominado por um senhor despótico, no qual se reservava ao operário uma função meramente instrumental, sem nenhuma possibilidade de arbítrio. A ocupação das fábricas expulsara esse poder despótico, fazendo da unidade produtiva um Estado ilegal, uma república proletária. O primeiro problema com o qual esse Estado se deparava era a defesa militar, e isso já ocorria em termos totalmente originais, uma vez que no Estado burguês o exército se estrutura sobre três ordens sociais: as massas populares, que constituem a massa militar; a grande burguesia e a aristocracia, que representam a oficialidade superior; e a pequena burguesia, que é o comando subalterno. Nesse exército, encontra-se

APRESENTAÇÃO | 35

a mesma forma de hierarquia que, tanto num caso como no outro, relega as classes subalternas a uma condição passiva de massa de manobra. Na república-fábrica, o exército é constituído por uma única classe, ao mesmo tempo massa e direção, e nele as formas de hierarquização da fábrica e do Estado burguês não têm o mesmo valor. A mesma modalidade hierárquica da fábrica e do exército burguês preside a organização política e institucional da sociedade burguesa: tanto num caso como no outro, o surgimento de um novo poder de base industrial e administrativa destrói a modalidade de hierarquização social entre dirigentes e dirigidos em todas as suas formas.

Os partidos políticos nascidos da revolução burguesa decompõem-se até se tornarem meros conluios pessoais, e o Partido Socialista, atendo-se ao terreno da atividade parlamentar e reproduzindo em seu interior as mesmas modalidades de diferenciação entre dirigentes e dirigidos, também passa por esse processo de decomposição[48]. Para Gramsci, o Partido Comunista deveria surgir do núcleo do Partido Socialista, do repúdio a essa decomposição em todas as suas formas e expressões.

A seu ver, no interior do PSI já existia um partido comunista, faltava apenas a organização explícita. Dele faziam parte todos aqueles grupos de "comunistas conscientes" que, nas seções, nas fábricas,

---

[48] "Na verdade, o Partido Socialista Italiano, pela origem histórica das várias correntes que o constituíram, [...] pela autonomia ilimitada concedida ao grupo parlamentar, é revolucionário somente nas afirmações gerais de seu programa. Ele é um conglomerado de partidos políticos; move-se e não pode mover-se de outra maneira que não preguiçosa e demoradamente; expõe-se continuamente a tornar-se o terreno de conquista dos aventureiros, dos carreiristas, dos ambiciosos sem seriedade e capacidade política; por sua heterogeneidade, pelos inumeráveis atritos de suas engrenagens, desgastado ou sabotado pelos puxa-sacos do patrão, já não está em condições de assumir para si o peso e a responsabilidade das iniciativas e das ações revolucionárias que os acontecimentos impõem. Isso explica o paradoxo histórico segundo o qual na Itália são as massas que empurram e educam o partido da classe operária e não é o partido que guia e educa as massas." Ibidem, p. 659.

36 | Homens ou máquinas?

nas vilas, trabalhavam contra a decomposição socialista e a completa derrota das classes subalternas. Agora Gramsci entendia que a tarefa de todos os comunistas, tendo em vista o Congresso Nacional, previsto inicialmente para acontecer em Florença, era constituir-se em fração organizada e centralizada. Todavia, ainda em setembro de 1920, isto é, quatro meses antes do Congresso de Livorno, Gramsci, diferentemente de Bordiga, ainda não falava de maneira explícita de uma cisão. Seu objetivo continuava a ser a transformação do PSI em partido comunista e a dissolução de todas as ambiguidades quanto à plataforma de adesão à Terceira Internacional.

No entanto, apenas um mês depois, a fração comunista constituiu-se em Milão e, em novembro, ocorreu a unificação dos diversos componentes comunistas do Partido Socialista, entre eles a fração bordiguista, que na reunião de Milão, em 1º de outubro de 1920, renunciou às teses abstencionistas, adequando-se às diretivas da Terceira Internacional. Baseado na mudança do nome do partido, na expulsão dos reformistas e na total aceitação da plataforma de adesão à Terceira Internacional Comunista, o acordo entre os três componentes fundadores do Partido Comunista da Itália (PCI) (bordiguistas, ordinovistas e maximalistas de esquerda) levou à constituição do Comitê Provisório da fração comunista do PSI, composta por Bordiga, Repossi, Fortichiari, Gramsci, Terracini, Bombacci e Misiano, e na eleição do Comitê Executivo ficaram Bordiga, Fortichiari e o maximalista de esquerda Bombacci.

Na verdade, o ponto de partida da progressiva unificação da esquerda do PSI, que levou ao nascimento do PCd'I, foi a reunião ocorrida três anos antes, exatamente no dia 18 de novembro de 1917, poucos dias após a tomada do Palácio de Inverno. Uma reunião clandestina que foi realizada em Florença, entre vinte delegados socialistas da ala maximalista, para discutir os acontecimentos da Rússia e as perspectivas revolucionárias na Itália. Dessa reunião não participaram apenas dirigentes maximalistas, como Serrati e Lazzari, mas também dois jovens revolucionários: um proveniente de Turim, com apenas 26 anos de idade, e outro de Nápoles, com 28. Eram Antonio Gramsci e Amadeo Bordiga. De acordo com a reconstituição deste último, a diferenciação dos maximalistas de tendência comunista e a progressiva organização destes sobre uma base estratégica diferente nasceram nessa reunião, na qual tanto Gramsci como Bordiga mostraram a premente necessidade de aprender com a experiência revolucionária russa, enquanto a maioria dos maximalistas insistia na tradicional abordagem da espera revolucionária, reafirmando a tática de não aderir nem sabotar a guerra.

Nessa fração, seja na Conferência de Milão, seja na de Ímola em 30 de novembro e 1º de dezembro de 1920, assim como na primeira fase da vida do PCd'I, o grupo de Gramsci ainda tinha um papel subalterno e não organizado, sendo até mesmo dominado por certa confusão interna (sobretudo no que toca à relação com Angelo Tasca), enquanto os componentes do soviete de Nápoles, em particular graças aos talentos organizativos de Amadeo Bordiga, constituíam o grupo preponderante. O próprio Gramsci mencionou esse fato numa carta que escreveu a Palmiro Togliatti em 18 de maio de 1923:

> Nós, velho grupo turinês, tínhamos cometido muitos erros nesse campo. Evitamos levar às últimas consequências as divergências ideais e práticas que tínhamos com Angelo [Tasca], não esclarecemos a situação e hoje chegamos a este ponto: que uma pequena fração de companheiros explora por conta própria a tradição e a força que construímos em Turim, o que é uma prova contra nós mesmos. No campo geral, por termos rejeitado a ideia de criar uma fração em 1919-1920, acabamos isolados, simples

HOMENS OU MÁQUINAS?

indivíduos ou quase, enquanto no outro grupo, que era abstencionista, a tradição de fração e trabalho coletivo deixou traços profundos que até agora têm reflexos ideais e práticos muito consideráveis para a vida do partido.[49]

CONCLUSÕES

Para encerrar esta apresentação e nos encaminhar diretamente para os escritos de Gramsci, vamos utilizar uma advertência metodológica que Domenico Losurdo considerou necessária para abordar o pensamento gramsciano. Ao estudar um autor, podemos utilizar métodos hermenêuticos diferentes e opostos: um deles consiste em concentrar nossa atenção nas leituras e nos textos que mais o influenciaram; outro poderia chamar nossa atenção para os problemas concretos colocados pelo período histórico em que ele está inserido. No primeiro, corremos o risco de chegar a um "resultado tautológico", descobrindo que nosso autor foi influenciado pela cultura de seu tempo; no segundo, podemos chegar a "resultados mais fecundos", compreendendo melhor como as percepções teóricas não têm necessariamente um caráter arbitrário, sendo, em vez disso, o resultado da tomada de consciência da realidade concreta. No caso de Gramsci, a única maneira de compreender a originalidade teórica e política de seu pensamento consiste precisamente em avaliar como ele lidou com os problemas concretos da realidade[50].

---

[49] Antonio Gramsci, "Lettera a Palmiro Togliatti del 18 maggio 1923", em Palmiro Togliatti, *La formazione del gruppo dirigente del Partito Comunista Italiano (1923-24)* (Roma, Riuniti, 1984), p. 63.

[50] Domenico Losurdo, *Dal liberalismo al comunismo critico* (Roma, Gamberetti, 1997), p. 17-8.

Como afirma Eugenio Garin, "Gramsci não pretendia ser um acadêmico erudito: sua concepção do pensamento e do histórico estava impregnada da situação concreta, das escolhas reais"[51]. Gramsci, continua Garin, "era um político e não um filósofo, por isso não se preocupou em enfeixar em singelos buquês temas intocados, por serem alheios a todos, mas lutou no terreno real, na situação real"[52]. Sua produção não é um plano linear, pronto e acabado de um intelectual brilhante; é um trabalho que nasce no campo de batalha, em meio às lutas sociais, a partir da experiência direta de uma condição de miséria e marginalização social[53].

Segundo Losurdo, a categoria de contradição objetiva tem um papel central na definição da concepção da filosofia da práxis, enquanto não tinha nenhuma na filosofia de Benedetto Croce e Giovanni Gentile. Isso explica por que a dialética hegeliana é, para Gramsci, um ponto de referência irrefutável, enquanto o neoidealismo dos dois filósofos italianos não o é, embora sua função na formação intelectual de Gramsci seja inegável. Para Gramsci, a revolução não pode surgir da pura iniciativa do sujeito, encontrando sua condição prévia indispensável em contradição objetiva. Em virtude de sua batalha contra abordagens deterministas e positivistas no movimento socialista, Gramsci passou a ser considerado um "metafísico do sujeito e da práxis subjetiva"[54]. No entanto, em Marx

---

[51] Eugenio Garin, *Con Gramsci* (Roma, Riuniti, 1997), p. 48.

[52] Idem.

[53] "Quem conhece o pensamento e a ação de Gramsci entenderá que é certo afirmar que a origem desse pensamento e ação não se encontra apenas nas fábricas de Turim, mas também na Sardenha, nas condições estabelecidas pelo capitalismo italiano para a ilha." Palmiro Togliatti, "Ho conosciuto Gramsci sotto il portico dell'Università di Torino", em Cesare Pillon, *I comunisti nella storia d'Italia* (Roma, Calendario, 1967), p. 81.

[54] Domenico Losurdo, *Dal liberalismo al comunismo critico*, cit., p. 127.

e Gramsci o tema da práxis não pode de forma alguma ser pensado isoladamente do tema da objetividade material. Esta pequena seleção de escritos pode nos ajudar bastante a entender essa questão, não suficientemente compreendida nas recentes interpretações culturalistas e pós-modernas. Alguns usos incoerentes das categorias gramscianas, apoiados não apenas na falta de cuidado filológico, mas também em interpretações baseadas em leituras indiretas, com frequência são fruto de uma descontextualização leviana. Em nosso modesto modo de ver, não é possível compreender bem e a fundo o legado gramsciano prescindindo do debate teórico que o alimentou e da discussão política em que Gramsci esteve imerso durante toda a sua existência. Assim, por exemplo, a relação Norte e Sul, tal como a de Leste e Oeste, é indissociável em Gramsci da concepção materialista da história, ou seja, da centralidade das relações sociais de produção na definição dos conceitos de hegemonia e domínio. Qualquer uso do pensamento do intelectual, tanto para interpretar a realidade quanto para pensar sua transformação, jamais poderá prescindir de um relacionamento orgânico, coerente e de reciprocidade dialética entre necessidades filológicas e exigências de tradutibilidade filosófica (do universal no nacional e da teoria na práxis).

Cagliari, 27 de outubro de 2021

SOBRE A TRADUÇÃO

Nesta edição estão reunidos 33 textos escritos por Antonio Gramsci entre 1916 e 1920, dos quais dezesseis se veem publicados em língua portuguesa pela primeira vez. Em sintonia com os mais recentes estudos das técnicas de tradução, buscou-se apresentar ao leitor um texto compatível com os usos da língua portuguesa no Brasil contemporâneo e, ao mesmo tempo, fiel ao pensamento gramsciano.

De modo geral, dado o objetivo de agitação e polêmica política, os artigos aqui reunidos foram escritos por Gramsci em linguagem clara e acessível, destinados a circular em jornais partidários e a atingir a militância socialista e operária. São textos que não apresentam as mesmas dificuldades de *Cadernos do cárcere*, cuja linguagem, por vezes cifrada, e o caráter de notas de estudo e reflexões filosóficas impõem grandes desafios a quem os traduz e ensejam certas polêmicas.

No entanto, nos raros casos em que não foi possível uma tradução suficiente da ideia pretendida pelo autor, optou-se por manter o termo em italiano, com a adição de uma explicação, de forma a evitar soluções que alterassem o sentido exato do texto. Nos artigos inéditos, traduzidos por Rita Coitinho[1], mantiveram-se as notas

---

[1] São eles: "Recordações das histórias e acontecimentos dos cotonifícios", "O sindicalismo Integral", "Arsenaleide", "Primeiro livres", "O Pacto de Aliança", "Os propósitos e as necessidades",

HOMENS OU MÁQUINAS?

originais das edições italianas – *Scritti giovanili (1914-1918)* (Turim, Einaudi, 1975) e *L'Ordine Nuovo* (1919-1920) (Turim, Einaudi, 1972). No caso das traduções de Carlos Nelson Coutinho[2], permaneceram as notas que já constavam quando seu texto circulou anteriormente, em *Antonio Gramsci: escritos políticos* (Rio de Janeiro, Civilização Brasileira, 2004). As novas notas de rodapé (sem siglas de identificação), em todos os artigos, foram inseridas por Luciana Aliaga.

O livro inteiro foi preparado por Mariana Echalar a fim de ser adequado às normas da Boitempo e padronizado em termos estilísticos; na sequência, passou por revisão de tradução de Marcos Del Roio e revisão ortográfica de Laura Vecchioli.

LEGENDA

N. E. I. – nota da edição italiana
N. E. O. – nota da edição original, da Civilização Brasileira
N. T. – nota da tradução da Boitempo
Notas sem indicação foram produzidas para esta edição

"O problema do poder", "O instrumento de trabalho", "Partido de governo e classe de governo", "O problema da força", "O fim de um poder", "O Relatório Tasca e o Congresso Cameral de Turim", "Aonde vai o Partido Socialista?", "Partido e sindicatos", "Domingo Vermelho" e "Capacidade política".

[2] "Homens ou máquinas?", "O dever de sermos fortes", "Democracia operária", "Aos comissários de seção das fábricas Fia Centro e Brevetti", "Sindicatos e conselhos", "Os sindicatos e a ditadura", "Sindicalismo e conselhos", "O partido e a revolução", "Antes de mais nada, renovar o partido", "O operário fabril", "Superstição e realidade", "Por uma renovação do Partido Socialista", "O conselho de fábrica", "Sindicatos e conselhos", "O movimento turinês dos conselhos de fábrica", "O programa de *L'Ordine Nuovo*" e "O partido comunista".

homens ou máquinas?

escritos de 1916 a 1920

RECORDAÇÕES DE HISTÓRIAS E ACONTECIMENTOS DOS COTONIFÍCIOS[1]

Mazzonis, Poma, Hofmann, Leumann, Wild etc. Esses nomes ressurgem diante de nossos olhos. Dez anos se passaram[2]. As organizações operárias se fortaleceram, a consciência de classe transformou o proletariado. O operário não é apenas poeira no caos da sociedade capitalista; é o guerreiro de uma ideia, é o cruzado que se move rumo à conquista da terra prometida, e sabe o que quer, e estreitou suas fileiras e impôs o reconhecimento de seu valor, e agora passa para o ataque bem disciplinado, bem equipado, decidido a esmagar qualquer resistência, decidido a impor sua vontade. Sua dor, seu sofrimento, tornou-se consciência clara de um direito, virou elemento de força combativa, enquanto há tão pouco tempo era razão de humildade, de resignação. A greve das operárias dos cotonifícios demonstra, afirma isso. Dez anos de trabalho produziram esse resultado. É verdade: Mazzonis, Poma, Hofmann, Leumann, Wild, esses nomes ressurgem para nós, mas como mudou seu sentido; até mesmo a consciência patronal se modificou. O castelo medieval foi

---

[1] Assinado A. G., *Il Grido del Popolo*, ano XXII, n. 646, 9 de dezembro de 1916. Seção "Battaglie proletarie" [Batalhas proletárias].

[2] O artigo se refere à greve geral operária do setor têxtil de Turim e a uma série de manifestações ocorridas entre os meses de abril e maio de 1906, cuja repressão deixou um operário morto e oito feridos. Mazzonis, Poma, Hofmann, Leumann e Wild eram as famílias proprietárias das manufaturas em greve. Não obstante as baixas, o movimento se concluiu com importantes conquistas, como redução de jornada, aumento de salários e melhores condições de trabalho.

demolido, em grande parte, pelos golpes assíduos da organização, o fosso foi aterrado, o trono do senhor feudal apodreceu no depósito de lixo, e são agora duas forças que se enfrentam: capital e trabalho, e este é tão ou mais nobre que aquele, e este não se humilha mais diante daquele, mas está a par com ele, e seu olhar já não tem nada de servil, mas tem a força de fazer curvar-se diante dele os falcões que roem seu fígado, que se alimentam de seu sangue vermelho--encarnado, de sua energia vital.

O ano 1906 assinala a data do levante dos trabalhadores das fábricas de algodão. O sangue ainda cimenta o novo edifício que está por construir. A greve geral é o testemunho concreto de que cada categoria de trabalhadores encontra e deve encontrar em toda a classe a solidariedade que é necessária à vitória. Recordemos os fatos. Reforcemos nossa consciência com memórias, com a imersão de nosso espírito no rio da *nossa* tradição, da *nossa* história.

A organização operária ainda se encontra no período crítico de crescimento: não é reconhecida pelos patrões. Os patrões tentam matá-la no berço, não a levando em conta. Querem conservar intacto o patrimônio de seus privilégios. Sentem quanto ela se assenta sobre bases pouco sólidas e como, ao primeiro tijolo que cair no abismo do esquecimento, outros poderão segui-lo e todo o edifício pode desabar. Por isso são tenazes na resistência. Na primeira semana de janeiro de 1906, explode uma greve no estabelecimento Hofmann (departamento técnico). Apresenta-se à direção uma comissão de operários liderada pelo companheiro Francesco Barberis. Recusam-se a receber Barberis. Os operários têm de voltar imediatamente ao trabalho. Os diretores se reservam o direito de admitir ou não os operários que julgam oportunos. A greve é estrangulada.

A uma operária do cotonifício de Druent (esposa do companheiro Pietro Vietti), que pede um atestado de bons serviços, o diretor responde: "Você o merece, mas não o dou; e se viesse também seu marido, que é socialista, ou se viessem os policiais, eu me recusaria a dá-lo do mesmo modo. *Não demonstra a submissão devida dos operários aos patrões para merecer boas referências*".

Em 1º de março, no cotonifício Poma, os trabalhadores atribuídos às rodas de fiar são avisados de que a partir daquele momento cada um terá de operar cinquenta máquinas. Eles fazem seus justos protestos. Poma realiza um experimento de seleção e demite todos aqueles que declaram não poder operar pelo menos 25 rodas de fiar.

Desse modo, são feitos esforços para reforçar a organização e poder responder dignamente às provocações patronais. E a propaganda, por meio dos jornais e dos comícios, se intensifica. Em 28 de março, Luigi Mainardi, secretário da seção turinesa da Confederação Nacional das Artes Têxteis, faz uma conferência sobre um tema específico: "O dever de organização têxtil".

Os patrões correm para se defender. Na primeira quinzena de abril, os industriais têxteis de Turim e entorno, Wild, Mazzonis, Leumann, Hofmann, demitem e deixam na miséria os operários que participaram das comissões de greve. A indústria têxtil vinha tendo um desenvolvimento milagroso. Novas fábricas surgem, as já existentes multiplicam sua produção. E os capitalistas, nessa vida exuberante, cercam seus interesses com redes espinhosas: a vida de seus empregados é um verdadeiro inferno: salários, tratamento e horários vergonhosos, e os diretores e os capatazes dos verdugos, dos lacaios, castigam a menor falta com multa. E ai de quem se queixa, de quem resmunga, mesmo em voz baixa: a demissão é fulminante. O estabelecimento Mazzonis é o mais feroz

48 | Homens ou máquinas?

nas represálias, na tirania. Tornou-se odiado entre a massa operária. Uma greve de assalariados, em 1904, evidenciou a exploração exorbitante e infame a que são submetidas as mulheres em suas fábricas. As estatísticas agora públicas causam estremecimento. Os pagamentos dificilmente ultrapassam 1,20 por dia, e esse salário miserável ainda é frequentemente reduzido por multas, retenções, demissões arbitrárias. O anuário estatístico da Secretaria de Saúde mostra esses números por mil para mortes devidas a tuberculose pulmonar.

Ano	Mulheres ricas	Modistas e costureiras	Tecelãs e fiandeiras
1899	57,27	390,95	342,07
1900	47,62	246,45	410,26
1901	35,09	266,36	250,72
1902	52,17	304,76	357,10
1903	50,91	253,97	484,85

Em outras palavras, em 1903, a cada mil mortes por tísica pulmonar, 484, ou quase a metade, eram de fiandeiras e tecelãs. O desenvolvimento capitalista na indústria têxtil tornou-se um holocausto terrível de vidas proletárias.

A firma Poma competia com a firma Mazzonis. O "fabricón" tornou-se sinônimo de prisão perpétua. Em uma canção dialetal socialista, o fabricón é recorrente, retorna a todo instante no refrão[3] e está dolorosamente fixado no cérebro do proletariado turinês.

---

[3] O refrão dizia: *"En t'iufficine, n't'iufficine ai manca l'aria./ En t'le suffiette, n't' le suffiette ai manca l'pan./ Custa l'è vita pruletaria/ che l'uvrié, che l'uvrié a fa tut l'an"* (N. E. I.) [Na fábrica, na fábrica, falta o ar./ No sótão, no sótão, falta o pão!/ Essa é a vida proletária/ que os operários, que os operários que tudo fazem têm. Gramsci apresenta a canção no dialeto original e em seguida a traduz para o italiano – N. T.].

Por volta de 15 de abril, a firma Mazzonis demite sem motivo plausível 25 companheiros, aqueles que mais chamaram atenção por suas atividades, com oito dias de aviso prévio. A Liga das Artes Têxteis envia à imprensa socialista um comunicado que é ao mesmo tempo um grito de dor e um protesto enérgico. A agitação se intensifica. De resto, naquele 1906, todo o mundo proletário socialista de Turim estava em ebulição; o ambiente se incendiava com uma série de agitações. Houve a greve dos metalúrgicos, houve as eleições administrativas e a vitória de uma minoria socialista com cerca de 11 mil votos, precedida de uma furiosa polêmica com os jornais e os representantes da burguesia; houve o processo contra os antimilitaristas, houve o grandioso cortejo pelas vítimas do desastre nas minas de Courrières, na França. Por meio desses episódios, no ambiente inflamado por uma sucessão de ações de classe, as consciências se fortaleceram, a solidariedade se tornou um sentimento muito vivo e sensível.

Em 22 de abril, ocorreu, na sede do Círculo Socialista de Borgo Vittoria, uma grande reunião pelas vítimas e pela organização. A convocatória da Seção dos Artesãos Têxteis dizia que a reunião se destinava a "fortalecer validamente a organização das tecelãs, de modo que possam enfrentar eventuais batalhas contra a ganância perversa dos proprietários das fábricas de tecidos, povoadas por cerca de 10 mil mulheres".

No começo de maio, a agitação se torna ameaçadora. Em todas as fábricas têxteis, as mulheres, mesmo desorganizadas, são solidárias na reivindicação de um tratamento mais humano. A principal exigência era a redução da jornada de trabalho de onze para dez horas, sem redução dos salários. Os industriais tergiversam, e as autoridades, com suas intervenções, não conseguem acalmar os ânimos.

Começa a greve; uma a uma, as fábricas se esvaziam, cessam a produção. A massa se concentra no entorno da Câmara do Trabalho. É declarada a greve geral do setor têxtil, e ela vai se espalhando; é, na verdade, uma fagulha irrefreável que conquista a todos os trabalhadores, em sua maioria desorganizados. Um manifesto da Câmara do Trabalho termina com estas palavras:

> Que as operárias tragam na luta a tenacidade e a fé de quem sabe que a razão está a seu lado, que tragam o fervor de sua alma, o palpitar de seu coração de mãe, esposa, *decididas a acabar com um trabalho que as mata.* Nessa mesma vigília, pronto a dar o seu apoio, está todo o proletariado de Turim.

No domingo 6 de maio, os grevistas fizeram um longo cortejo na direção da colina do Cavoretto, desde o Corso Siccardi. Falaram Allasia, Castellano, Barberis. Na segunda-feira, intensificou-se a abstenção no trabalho também nos estabelecimentos de outras indústrias, em especial as mecânicas. Grupos de manifestantes atravessam a cidade rumo ao Corso Siccardi e começam os incidentes com as forças públicas, que intervêm em quantidades relevantes; a cavalaria gira, tentando dissolver a massa que se aglomera nas instalações e nas proximidades da Casa do Povo, no Corso Siccardi. Acontecem os incidentes habituais. Por volta das 18h30, depois de uma das muitas fugas da massa de jovens diante da cavalaria, uma terrível multidão se forma junto ao portão. Voam algumas pedras. Guardas à paisana avançam. Um deles corre com revólver na mão. Soam os primeiros tiros, que se sucedem e se intensificam. A multidão busca refúgio no interior. Oito feridos. Giovanni Cravero, o mais grave, perde parte do osso craniano, a massa cerebral se espapaça e é seguida de uma hemorragia terrível. Os outros sete apresentam melhor condição, feridos a balas, sabres, adagas. O portão é crivado de balas. A Câmara do Trabalho foi invadida, 22 pessoas foram presas. O palácio foi ocupado por militares. À noite, os representantes do escritório central da Câmara do Trabalho e muitos companheiros da organização política se reúnem na sede da Seção Dora, votam a favor da proclamação da greve geral e redigem o manifesto alusivo. No dia seguinte, terça-feira, a greve torna-se ainda mais imponente.

A conquista das dez horas teve, assim, seu batismo de sangue. Na segunda-feira após os trágicos acontecimentos, os industriais se reuniram e votaram a seguinte decisão: "Em nome da paz, os industriais têxteis, face à agitação dos cidadãos, concedem as dez horas de trabalho. Os estabelecimentos serão reabertos amanhã, terça-feira". Mas, em razão da greve geral, os trabalhadores têxteis não foram trabalhar. E as negociações continuaram durante toda a terça-feira, de modo que as concessões dos industriais se concretizassem. Somente mais tarde, por volta das 23h30, os industriais enviaram uma declaração ao presidente do sindicato, assinada por Poma, Mazzonis, Wild, Abegg e Bass, na qual reconfirmavam a redução do horário de trabalho a dez horas, com a garantia de que isso não implicava nenhuma redução de salário. Na quarta-feira, ao meio-dia, termina a greve geral. Pela manhã, um enorme cortejo, com 40 mil pessoas, desfila pelas ruas e se concentra na praça Vittorio.

Assim, as mulheres trabalhadoras conquistaram um de seus direitos. Mas o sangue secou sobre as pedras dos corredores da Casa do Povo. Seu odor ocre já não assustava os industriais, tristes chacais da mais vil exploração. E eles tentaram a revanche. O industrial Poma prestou-se a bancar o agente provocador. A declaração de 8 de maio, que assegurava que as trabalhadoras têxteis não sofreriam redução de salário, teve pela boca de Poma uma nova interpretação.

52 | Homens ou máquinas?

A não redução, segundo ele, referia-se ao preço pago por hora, não pela jornada. Procurou-se tomar das operárias parte de sua conquista: tentou-se diminuir um décimo de seu já escasso salário. Poma foi de uma impertinência única. Seus trocadilhos, suas escusas, permanecem, todavia, como testemunhos de sua vergonhosa falta de retidão moral. Mas sua autoridade havia mudado; o treinamento da greve, primeiro de uma categoria, depois geral, produzira efeitos, consolidara um espírito de classe. E suas duzentas dependentes abandonaram outra vez o trabalho e resistiram vigorosamente até a vitória decisiva. E os outros industriais calaram-se para não ter de enfrentar mais problemas. Cinquenta e seis dias de greve; a intervenção dos clérigos que organizaram o *krumiraggio** e trataram, com uma atraente propaganda, conquistar a opinião pública para os pobres industriais. Mas as grevistas atraíram toda a solidariedade de seus companheiros: 40 mil liras de subsídios foram distribuídas, e o espectro da greve geral reapareceu. Em 18 de julho, as assalariadas do cavalheiro Anselmo Poma retomavam, após dois meses, o trabalho, tendo obtido tudo o que reivindicaram.

Por meio dessa luta, retomada rapidamente pela necessidade do momento, as têxteis criaram sua organização compacta de classe. Encontram-se novamente com seus diretores. E estamos certos de que novamente serão os chefes a comer poeira.

---

* *Krumiraggio* ou *crumiraggio* refere-se ao que, no Brasil, se conhece como "fura-greve". (N. T.)

HOMENS OU MÁQUINAS?[1]

A breve discussão ocorrida na última sessão da Câmara de Vereadores entre nossos companheiros e alguns representantes da maioria a respeito de programas para o ensino profissional merece ser comentada, ainda que de modo breve e sumário. A observação do companheiro Zini ("As correntes humanista e profissional ainda se chocam no campo do ensino popular: é preciso fundi-las, mas não se deve esquecer que, antes do operário, há o homem, ao qual não é preciso impedir a possibilidade de varrer nos mais amplos horizontes do espírito, para submetê-lo de imediato à máquina") e os protestos do vereador Sincero contra a filosofia (a filosofia encontra adversários sobretudo quando afirma verdades que atingem interesses particulares) não são simples episódios polêmicos

---

[1] Sem assinatura, *Avanti!*, ed. piemontesa, ano XX, n. 351, 24 de dezembro de 1916. Seção "La scuola e i socialisti" [A escola e os socialistas]. O tema a que o artigo se refere foi debatido nas sessões da Câmara dos Vereadores nos dias 13, 20 e 22 de dezembro de 1916 e propunha a criação de um instituto público para oferecer educação profissional ao operariado, função até então desempenhada pela iniciativa privada. Gramsci, à época com 25 anos, havia três anos membro da seção turinesa do Partido Socialista Italiano (PSI), já demonstrava firmeza naquele que seria um traço permanente de sua atividade intelectual e prática: a convicção de que a subalternidade se apoiava sobre uma base também intelectual, moral e cultural, não apenas imediatamente econômica e política. Haveria a necessidade, portanto, de que a educação formal e a formação intelectual e cultural constituíssem frentes de luta no partido e no sindicato, elementos que um pouco mais tarde (em especial a partir de 1919) tornaram-se fontes de discórdia com diferentes frações do PSI. Em *Cadernos do cárcere* (1926-1935), Gramsci retomou o tema estabelecendo uma linha de continuidade entre a política, a escola e os intelectuais.

ocasionais: são confrontos necessários entre os que representam princípios fundamentalmente diversos[2].

1) Nosso partido ainda não se pronunciou sobre um programa escolar concreto que se diferencie dos programas habituais. Contentamo-nos até agora em afirmar o princípio genérico da necessidade da cultura, seja elementar, seja profissional, seja superior, e esse princípio foi por nós desenvolvido e propagandeado com vigor e energia. Podemos afirmar que a diminuição do analfabetismo na Itália deve-se menos à lei sobre a instrução obrigatória que à vida espiritual, ao sentimento de certas necessidades da vida interior, que a propaganda socialista soube suscitar nos estratos proletários do povo italiano. Mas não fomos além disso. A escola, na Itália, continuou sendo um organismo genuinamente burguês, no pior sentido da palavra. A escola média e superior, que são do Estado, ou seja, são pagas com os recursos do tesouro nacional e, portanto, também com os impostos diretos pagos pelo proletariado, só podem ser frequentadas pelos jovens filhos da burguesia, que desfrutam da independência econômica necessária para a tranquilidade dos estudos. Um proletário, ainda que seja inteligente, ainda que tenha todas as condições necessárias para tornar-se um homem de cultura, é obrigado a desperdiçar suas qualidades em outra atividade ou tornar-se um obstinado, um autodidata, ou seja, com as devidas exceções, um meio homem, um homem que não pode dar tudo o que poderia dar caso tivesse se completado e fortalecido na disciplina da escola. A

---

[2] Zino Zini (1868-1937), professor de filosofia, vereador socialista em Turim entre 1906 e 1919, foi mais tarde estreito colaborador de *L'Ordine Nuovo*. O vereador liberal Francesco Sincero defendia um ensino profissional utilitário, o que permitia uma instrução muito limitada dos proletários. Em sua réplica a Zini, reconhecia a exigência "formativa" também na preparação dos futuros operários, mas não aceitava que tal preparação se fundasse no "humanismo". (N. E. O.)

cultura é um privilégio. A escola é um privilégio. E não queremos que seja assim. Todos os jovens deveriam ser iguais perante a cultura. O Estado não deve pagar com o dinheiro de todos a escola também para os medíocres e estúpidos filhos dos ricos, enquanto exclui os inteligentes e capazes filhos dos proletários. As escolas média e superior devem ser dirigidas apenas para os que se mostram dignos delas. Se é do interesse geral que existam e sejam mantidas e regulamentadas pelo Estado, é também do interesse geral que possam ter acesso a elas todos os que são inteligentes, qualquer que seja sua condição econômica. O sacrifício da coletividade só se justifica quando se dá em benefício dos que o merecem. Por isso, o sacrifício da coletividade deve servir, sobretudo, para dar às pessoas de valor a independência econômica necessária a fim de que possam dedicar tranquilamente seu tempo aos estudos e para que possam fazê-lo com seriedade[3].

2) O proletariado, que é excluído das escolas de cultura média e superior em razão das atuais condições da sociedade, que determinam certa especialização entre os homens – especialização antinatural, já que não é baseada nas diferentes capacidades e, por isso, destrói e prejudica a produção –, tem de ingressar nas escolas paralelas: técnicas e profissionais. As escolas técnicas, instituídas

---

[3] A crítica do caráter de classe da escola, pública ou privada, assim como a cisão ideológica entre trabalho intelectual e manual, encontram importantes desenvolvimentos na produção do cárcere. Cada vez mais se tornou nítida na percepção de Gramsci a relação entre a educação e o "fundamento elementar" de Maquiavel – cf. Antonio Gramsci, *Quaderni del carcere: edizione critica dell'Istituto Gramsci a cura di Valentino Gerratana* (Turim, Einaudi, 1975), p. 1.752 –, isto é, a separação entre governantes e governados como uma realidade política. Desse modo, a superação dessa "realidade efetiva" passaria necessariamente por uma reforma estrutural no sistema escolar que permitisse a criação de uma "escola única" para todas as frações sociais, capaz de equilibrar de modo justo "o desenvolvimento da capacidade de trabalhar manualmente (ténica, industrialmente) e o desenvolvimento das capacidades de trabalho intelectual". Ibidem, p. 1.531.

56 | Homens ou máquinas?

com critérios democráticos pelo ministro Casati, sofreram, em virtude das necessidades antidemocráticas do orçamento estatal, uma transformação que em grande medida as desnaturou[4]. São agora, em grande parte, uma repetição inútil das escolas clássicas, e um inocente desaguadouro do empreguismo pequeno-burguês. As taxas de matrícula cada vez mais altas – e as possibilidades concretas que dão para a vida prática – fizeram também delas um privilégio. De resto, o proletariado, em sua esmagadora maioria, é automaticamente excluído de tais escolas, em razão da vida incerta e aleatória que o assalariado é obrigado a levar: uma vida que certamente não é a mais propícia para seguir com proveito um ciclo de estudos.

3) O proletariado precisa de uma escola desinteressada[5]. Uma escola na qual seja dada ao infante a possibilidade de formar-se, tornar-se homem, adquirir aqueles critérios gerais que servem para o desenvolvimento do caráter. Em suma, uma escola humanista, tal como a entendiam os antigos e, mais recentemente, os homens do Renascimento. Uma escola que não hipoteque o futuro da criança e não constrinja sua vontade, sua inteligência, sua consciência em formação a mover-se por trilhos com estação prefixada. Uma escola de liberdade e livre iniciativa, não uma escola de escravidão e mecanicidade. Também os filhos dos proletários devem ter diante de si todas as possibilidades, todos os terrenos livres para poder realizar

---

[4] Ministro da Educação Nacional do governo do Piemonte, Gabrio Casati (1798-1873) organizou, em 1859, um sistema de ensino que continuava em vigor no momento em que Gramsci escrevia este texto. (N. E. O.)

[5] A escola desinteressada tinha como principal alicerce a formação humana integral, de cultura geral. Ela se colocava, portanto, em oposição direta ao tipo de instrumentalização e rebaixamento a que a educação dos trabalhadores estava submetida à época, tendência que se tornou ainda mais dramática a partir de 1922 com a instauração do regime fascista e a reforma do ensino levada a cabo entre 1922 e 1924, por Giovanni Gentile, então ministro da Instrução Pública. Gramsci desenvolverá esse tema no cárcere, especialmente no *Caderno 12*.

a própria individualidade da melhor maneira possível e, por isso, da maneira mais produtiva para eles mesmos e para a coletividade. A escola profissional não deve se tornar uma incubadora de pequenos monstros aridamente instruídos para um ofício, sem ideias gerais, sem cultura geral, sem alma, apenas com o olho certeiro e a mão firme. Mesmo pela cultura profissional é possível fazer com que do infante surja o homem, contanto que seja cultura educativa e não só informativa, ou não só prática manual. O vereador Sincero, que é industrial, é um burguês demasiado tacanho quando protesta contra a filosofia.

Decerto, para os industriais tacanhamente burgueses, pode ser mais útil ter operários-máquinas, em vez de operários-homens. Mas os sacrifícios a que o conjunto da coletividade se sujeita voluntariamente para melhorar a si mesma e fazer brotar de seu seio os melhores e mais perfeitos homens, que a elevem ainda mais, devem espalhar-se beneficamente pelo conjunto da coletividade e não apenas por uma categoria ou uma classe.

É um problema de direito e de força. E o proletariado deve estar atento para não sofrer um novo abuso, além dos tantos que já sofre.

O SINDICALISMO INTEGRAL[1]

NACIONALISMO REVOLUCIONÁRIO

A má-fé dos inovadores populares, escreve Maurizio Maraviglia no *Idea Nazionale* [Ideia Nacional][2], deu crédito ao preconceito de que o nacionalismo é uma doutrina conservadora, a qual tende a manter e consolidar os privilégios de classe.

O nacionalismo, ao contrário, é essencialmente revolucionário; aliás, é a única *verdadeira* doutrina revolucionária, porque tem como ponto de referência a nação – em sua unidade política, econômica e espiritual –, enquanto as demais doutrinas não têm ponto de referência ou têm um muito menor: a classe, o partido, a facção e talvez a pessoa dos próprios inovadores. O nacionalismo é um princípio de energia e, como tal, não se esquiva das mais ousadas inovações: um economista nacionalista – Filippo Carli[3] – tornou-se

---

[1] Assinado A. G., *Il Grido del Popolo*, ano XXIII, n. 713, 23 de março de 1918; *Avanti!*, ed. milanesa, ano XXII, n. 90, 30 de março de 1918.

[2] O semanário *Idea Nazionale*, fundado em Roma em 1911, era um órgão da Associazione Nazionalista Italiana (ANI), da qual Maurizio Maraviglia foi um dos fundadores. De orientação política antiliberal e antissocialista, a ANI apoiou a guerra na Líbia e, a partir de 1914, por meio do *Idea Nazionale*, já como jornal diário, atuou como firme defensora da intervenção italiana na Primeira Guerra Mundial. Em 1923, a ANI se fundiu com o Partido Nacional Fascista.

[3] Filippo Carli (1876-1938), economista e sociólogo nacionalista. Crítico do liberalismo e do socialismo, membro da ANI até 1919, foi o elaborador das linhas fundamentais da economia corporativa do regime fascista entre 1929 e 1938.

promotor do "participacionismo" e do "ativismo social", e sua propaganda encontrou grande eco no campo nacionalista.

Maurizio Maraviglia, como os demais nacionalistas, acredita ter concluído triunfalmente sua demonstração, afirmando a "historicidade" do ponto de referência de sua doutrina. Mas as afirmações têm valor dogmático, e esse é um modo estranho de ser historicista e revolucionário. A distinção efetiva entre a doutrina nacionalista e as outras doutrinas é implicitamente colocada por Maraviglia como uma questão de "dignidade", não de historicidade; a nação é mais digna que a classe, o partido, os indivíduos singulares. O revolucionismo internacionalista reduz-se, assim, a uma elegante questão retórica, semelhante em tudo às questões que os velhos literatos apresentavam no belo tempo antigo para estabelecer a maior dignidade de um gênero poético em vez de outro, de uma obra de arte em vez de outra.

Na história não há o mais ou menos digno: há somente o necessário, o vivo, e o inútil, o cadáver. A classe, o partido e o indivíduo têm tanta dignidade quanto a nação; na verdade, são a própria nação, que não é abstrata entidade metafísica, mas concreta luta política de indivíduos que se associam para alcançar um fim. O fim é a única determinante possível de "dignidade". E o fim não é um feito, mas uma ideia que se realiza por meio dos feitos. O fim revolucionário é a liberdade, entendida como organização espontânea dos indivíduos que aceitam uma disciplina para encontrar do modo mais adequado e oportuno os meios necessários ao desenvolvimento de sua humanidade espiritual, entendida como máximo incremento do próprio indivíduo, de todos os indivíduos, obtido de forma independente pelos próprios indivíduos. Os nacionalistas são conservadores, são a morte espiritual, porque de "uma" organização fazem a organização "definitiva", porque têm como objetivo não uma ideia, mas um fato do passado, não um universal, mas um particular, definido no espaço e no tempo.

O revolucionarismo nacionalista é, portanto, somente confusionismo. Se os partidos, as classes, os indivíduos são necessários historicamente, têm tarefas a cumprir, a proposição de sua anulação significa também anular o ponto de referência que tanto dizem ter: a nação. E o verdadeiro fim que os nacionalistas efetivamente revelam ter não é outro senão a consolidação e a perpetuação dos privilégios de um estrato econômico: os industriais de hoje, e de um estrato político, aquele constituído pela própria pessoa dos autodenominados inovadores. Em detrimento das energias econômicas e políticas que a luta política, no livre jogo da concorrência, pode suscitar e validar. Em detrimento da nação, que não é estável e definitiva, mas unicamente um momento da organização econômico-política dos homens, uma conquista cotidiana, um contínuo desenvolvimento em direção a momentos mais completos, a fim de que todos os homens possam encontrar nela o reflexo do próprio espírito, a satisfação de suas próprias necessidades. A nação se expandiu da comuna artesanal para o Estado nacional, do feudo nobiliário para o Estado nacional burguês, em uma frenética busca de liberdade e autonomia. Tende a alargar-se mais, porque a liberdade e a autonomia até agora alcançadas não bastam, tende a organizações mais vastas e mais abrangentes: a Liga das Nações Burguesas, a Internacional Proletária.

O revolucionarismo nacionalista, a historicidade da doutrina nacionalista, é retórica e confusão.

UM ROMANCE ECONÔMICO-POLÍTICO

O nacionalismo é princípio de energia e não se esquiva das mais ousadas inovações. Uma dessas inovações ousadas seria, para Maraviglia, o "sindicalismo integral" de Filippo Carli.

Filippo Carli escreveu, em vários episódios, um deliciosíssimo romance econômico-político. Trata-se de uma construção ciclópica que não negligencia nada: a economia, as finanças, a moral e a política encontram ali um plano preestabelecido. Esquece apenas uma coisa: a história – a história italiana em particular. Para Carli, o maior delito já perpetrado *in omnibus saeculis saeculorum** é o assassinato das guildas de artesãos da Idade Média. Seu sindicalismo integral nada mais é, na verdade, que um programa das corporações e é integral porque não se limita às comunas, mas estende-se a toda a nação.

Carli propugna nada menos que a instauração de um Estado de acordo com a razão, um Estado *a priori*, extraído da consciência da classe dirigente. Isso levaria à supressão da luta de classes, do dito partidarismo, da demagogia. Porque essas coisas terríveis não existiam, para Carli, nas comunas medievais. E, de fato, não existiam na comuna como circunscrição territorial fechada (ao menos em determinado período), mas existiam entre a comuna e o castelo feudal, entre o artesão e o senhor feudal, entre a cidade e o condado.

Em certos momentos, as classes se viram divididas também territorialmente, eis a questão, e é natural que no interior de cada comunidade territorial não existisse luta de classes, porque a comunidade era homogênea e a luta de classes era a guerra intercomunal,

---

* Em latim no original: "Para sempre e sempre". (N. T.)

62 | Homens ou máquinas?

ou entre guelfos e gibelinos[4]. A restauração do corporativismo e o sindicalismo integral não têm, portanto, nenhum ponto de referência histórica no passado que não seja ilusório e arbitrário.

No presente, sua arbitrariedade não é menor. O proletariado deveria renunciar à luta política. Sua colaboração seria obtida mediante a "coparticipação" e o "ativismo social": o proletariado deveria tornar-se economicamente solidário com a burguesia e, portanto, não pensar mais em revolução social, em abolição dos privilégios. O proletariado seria submetido a uma "cultura" intensiva, seria educado para a compreensão das finalidades sociais da produção e da vida nacional. Carli tem um conceito muito vago e empírico de educação e cultura: ele as imagina como uma veste exterior, como uma roupa de festa para a feira nacionalista. De fato, estabelece como objetivo educativo duas exterioridades, dois fatos: a nação e a produção enquanto instrumentos da vida moral, não como fins morais. A nação-hipótese de Carli seria uma Alemanha habitada por italianos; um Estado germânico no qual os italianos substituiriam a barbárie moral pela gentil civilidade latina; um luteranismo católico, uma garrafa de vinagre cheia de vinho marsala.

DILETANTISMO NACIONALISTA

Carli pertence àquele certo número de estudiosos que, pela admiração por determinados fenômenos econômico-políticos alemães, acabam por confundir neles toda a vida alemã, toda a atividade alemã.

---

[4] Referência à disputa dinástica, gerada pela morte do imperador Henrique V (1081-1125), entre a casa de Welf e a dinastia de Hohenstaufen, senhores do castelo de Waiblingen, a primeira apoiada pelo papado e a segunda pelo particularismo feudal.

Não levam em conta os dissensos, os antagonismos que existem também na Alemanha; imaginam que a Alemanha deverá perpetuar seu sistema atual e, aperfeiçoado, propõem-no como modelo universal. A verdade, no entanto, é muito diversa, e, mesmo na Germânia, a burguesia estava passando fatalmente por sua evolução liberal, estava destruindo suas corporações: a guerra foi a tentativa máxima de conservação de um sistema antieconômico de produção, a tentativa de integrar o déficit social com o espólio da vitória. Carli, hipnotizado pelas aparências, confunde-as com o tecido histórico vivo, e sua obra literária, que se apresenta repleta de demonstrações logicamente distorcidas, é viciada pelo diletantismo, pelas amplificações gratuitas, pelo abstracionismo ideológico.

Inovação realmente ousada! Mas o próprio Maraviglia lhe faz justiça. Maraviglia chama de "ousada" a inovação, mas não a aceita, e tal adjetivo não é compreendido se não se referir ao amadorismo e ao método acadêmico das demonstrações nacionalistas: também se chama "ousado" o que se verifica falso, o que se presta a comprovar a energia vital de uma doutrina, uma construção que parece barroca e inconsistente. Maraviglia chamaria esse método de partidário e demagógico nos socialistas. Nos nacionalistas, nós nos contentaremos em denominá-lo confusionismo e diletantismo.

"ARSENALEIDE"[1]

Os operários do Arsenal[2] conseguiram concretizar uma iniciativa que em muito honra sua vontade e seu espírito prático. Um deles, Gioachino Quarello[3], compôs uma publicação satírica: "Arsenaleide". Outro operário, Calamaro, adaptou seu texto às canções mais populares da época e fez a orquestração.

A peça, depois de alguns ensaios, foi representada no domingo, no teatro Rossini, e a seus dois espetáculos, diurno e noturno, afluiu a massa dos trabalhadores do Arsenal.

Sucesso genuíno e merecido. Os atores em cena interpretavam a si mesmos; e, embora seja difícil representar na comédia aquilo que se faz espontaneamente quando se está imerso na realidade, os operários atores alcançaram uma notável eficácia artística de simplicidade e naturalidade.

A iniciativa foi elogiada em todos os aspectos. Forneceu um bom dinheiro ao Fundo de Subsídios da Federação Nacional dos

---

[1]   Sem assinatura, *Avanti!*, ed. piemontesa, ano XXII, n. 160, 11 de junho de 1918. Seção "Gli spettacoli" [Os espetáculos].

[2]   Os arsenais eram fábricas utilizadas para produção e estoque de armas e equipamentos militares desde a Idade Média na Europa. O Arsenal de Turim, cuja construção data de 1580, tornou-se um importante centro de fabricação de artilharia na Itália, principalmente em função de seu rápido desenvolvimento durante a Primeira Guerra Mundial. Foi bombardeado durante a Segunda Guerra Mundial e, depois, reconstruído. Desde 1983, tornou-se um mosteiro metropolitano e hospeda o "Arsenale della Pace" [Arsenal da Paz].

[3]   Hoje deputado democrata-cristão. (N. E. I.)

Trabalhadores do Estado, Seção Guerra. E a soma não foi obtida com loteria, na qual se estimula o instinto egoísta de um lucro qualquer, nem com coleta, forma essa igualmente desagradável de apelar ao espírito de solidariedade, porque repousa no medo de causar má impressão e obriga as pessoas a se privarem de uma soma que talvez represente o meio de satisfazer a alguma necessidade urgente. A quantia veio de um trabalho, trouxe um benefício.

Os trabalhadores de uma categoria se reuniram para uma finalidade que não era apenas utilitária. *Riram juntos.* Parece pouco? É mais fácil chorar e queixar-se juntos que rir: o riso tem uma natureza exclusiva e, portanto, quando explode espontaneamente de uma sociedade, que não tem nele seu objetivo, indica um grau superior, alcançado na comunhão dos espíritos. Sentiram esses operários, em sua coletividade, uma capacidade nova: a capacidade de criar, de instruir-se com as próprias forças, com os próprios meios. Sentiram a própria "inteligência", o próprio "gosto".

Por isso é que agrada especialmente a iniciativa dos operários do Arsenal. Ela indica alto grau de progresso obtido por meio da organização. Indica que necessariamente a organização como nova forma de civilidade dá lugar, em sua evolução, a todas as manifestações da vida de relações dos homens. A cultura e a arte acabam por encontrar seu lugar na atividade proletária – não como dádiva exterior da sociedade já existente, mas como energia vital do próprio proletariado, como sua atividade específica. Apresentam-se cruas e confusas no início, mas com a experiência se refinam e se tornam mais claras.

A revista de Quarello é… uma revista; não é possível analisá-la. É uma sátira política, cheia de saudável ironia popular, argúcia mordaz e picante. Representa a vida do Arsenal, no momento em que se deve constituir uma comissão que apresente a um deputado as "demandas" da classe. E desenrolam-se as tragicômicas peripécias pelas quais passa a comissão para ao fim descobrir que foi belamente ridicularizada. Os argumentos cômicos abundam sem esforço: o autor criou alguns (como a personagem "Via Caserta") que demonstram a fertilidade de sua fantasia artística, a qual elabora a realidade, não a prende e a deixa crua e elementar. Entre os atores, alguns exibiram qualidades notáveis de desenvoltura e espontaneidade: o próprio Quarello, o operário Giovanni Gaidano, as operárias Alice Tonelli, Lina Fea e outras.

A experiência realizada não deve ficar sem continuidade. Sabendo manter-se nos limites da possibilidade e da capacidade, se deveria obter, de iniciativas desse tipo, efeitos que talvez fizessem maravilhar pela fecundidade.

PRIMEIRO LIVRES[1]

Certamente não é essa a tese que o *Grido* [Grito] sempre sustentou, e os leitores que nos acompanham podem facilmente ver onde está a debilidade do artigo de Leonetti[2].

Leonetti abstrai da organização, isto é, não leva em conta o fenômeno social por meio do qual o socialismo se realiza. E não reflete que a organização é, até agora, um modo de ser que determina uma forma de consciência, aquela forma de consciência que Leonetti supõe que não pode desenvolver-se a menos que sejamos "livres", ou seja, quando conquistarmos os poderes do Estado e estabelecermos a ditadura do proletariado.

Leonetti, portanto, fala de "nós" e de "povo" como de duas entidades distintas: nós (quem, afinal?), partido de ação; o povo, bando de cegos

---

[1] Breve nota acerca de um artigo assim intitulado, de autoria de Alfonso Leonetti, no qual este afirma a impossibilidade de se educar politicamente o proletariado e de se opor eficazmente à propaganda antissocialista da burguesia e defende a necessidade de se passar de imediato à ação revolucionária. (N. E. I.) Não assinado, *Il Grido del Popolo*, ano XXIII, n. 736, 31 de agosto de 1918.

[2] Alfonso Leonetti (1895-1984), membro do PSI, desenvolveu atividades redacionais ao lado de Gramsci no jornal *Il Grido del Popolo* e depois na seção turinesa do *Avanti!*. Em 1917, Gramsci entrou no comitê provisório que dirigiu a seção turinesa do PSI, assumindo também a redação de *Il Grido del Popolo*. As experiências decorridas a partir desse ano e seus desdobramentos – a Revolução Russa e a crítica de Gramsci ao economicismo e ao positivismo no interior do movimento socialista, a crise dos anos finais da Primeira Guerra e as lutas operárias em Turim – estimularam o jovem Gramsci a desenvolver algumas de suas preocupações latentes sobre a relação entre cultura, educação, organização e a função política dos intelectuais. Isso favoreceu a formulação de uma concepção original do socialismo como ativação intelectual e moral de massa. Noções que estão na base do conceito de "Reforma intelectual e moral", que será desenvolvido nos *Cadernos do cárcere* a partir de 1929.

68 | Homens ou máquinas?

e ignorantes. E entende partido de ação como o compreendiam os carbonários de 1848[3], não como hoje, como o molda a luta política moderna, feita publicamente, da qual participam multidões inumeráveis, não coalizão partidária de quatro conjurados com quatro militantes.

O problema para os socialistas é outro. No que se refere ao desenvolvimento da individualidade, Carena o define com rigor e precisão[4]. Mas, para nós, ele é também e especialmente um problema social e, nesse sentido, apenas pode ser resolvido com organização.

O individualismo econômico do regime capitalista determina o associativismo político. Essa necessidade imanente do regime foi sintetizada por Marx na conclamação "Proletários de todo o mundo, uni-vos!". Marx fez da necessidade uma volição; da obscura e vaga carência, uma consciência crítica. O instinto tornou-se e torna-se, por meio da propaganda socialista, espiritualidade, vontade. A "união" não é somente aproximação de corpos físicos: é comunhão de espíritos, é colaboração de pensamento, é apoio mútuo no trabalho de aperfeiçoamento individual, é educação e controle recíprocos.

Essa atividade implícita na organização econômica e política tende a tornar-se ela mesma específica, a assumir forma própria. O movimento socialista se desenvolve, agrupa multidões cujos indivíduos são preparados em graus diversos para a ação consciente, são

---

[3] O Partido da Ação foi um agrupamento político de inspiração democrática e republicana criado por Giuseppe Mazzini (1805-1872) e Giuseppe Garibaldi (1807-1882) entre 1853 e 1859, no contexto da unificação da Itália, processo que ficou conhecido como Risorgimento. Os carbonários pertenciam a uma sociedade secreta (Carboneria), nascida entre 1807 e 1812 provavelmente a partir de uma cisão da maçonaria. Sob inspiração de Napoleão I, opunha-se aos governos absolutos em favor do estabelecimento de regimes republicanos.

[4] Attilio Carena (1899-1945), colunista de *Il Grido del Popolo* e colaborador de Gramsci no Club di Vita Morale [Clube de Vida Moral], destinado a educação de jovens socialistas, no artigo "Libera la tua volontà" [Libere a sua vontade], que precede o texto de Leonetti, no mesmo número de *Il Grido del Popolo*.

PRIMEIRO LIVRES | 69

preparados em graus distintos para a convivência social no regime futuro. Essa preparação é pequena entre nós, pois a Itália não passou pela experiência liberal, conheceu poucas liberdades, e, até hoje, o analfabetismo é mais difundido do que informam as estatísticas. É maior no proletariado organizado o dever de educar-se, de desencadear de seu reagrupamento o prestígio necessário para assumir a gestão social, sem preocupar-se com as revoltas vendeanas* que possam destruir as conquistas do partido de ação.

A educação, a cultura e a organização difusa do saber e da experiência são a independência das massas em face dos intelectuais. A fase mais inteligente da luta contra o despotismo dos intelectuais de carreira e das competências por direito divino é constituída pela obra para intensificar a cultura, para aprofundar a consciência. E essa obra não pode ser deixada para amanhã, para quando formos livres politicamente. Ela é a própria liberdade, o próprio estímulo à ação e a condição para a ação. A consciência do próprio despreparo, o temor de falhar no teste de reconstrução não é o mais férreo dos grilhões que impedem a ação? E não pode ser de outra maneira; o socialismo é organização, não apenas política e econômica, mas também e especialmente de saber e de vontade[5], obtida por meio da atividade de cultura.

---

* Referência à Revolta da Vendea, insurreição camponesa pró-restauração do Antigo Regime ocorrida em 1793, na França revolucionária. (N. T.)

[5] A função política da "vontade individual" e, sobretudo, da "vontade coletiva" constitui um tema duradouro no pensamento de Gramsci. Em seu desenvolvimento teórico, a vontade será inserida mais tarde no conjunto conceitual que articula Marx e Maquiavel e ambos ao partido político (o Moderno Príncipe) como organização capaz de articular a diversidade das vontades num programa político unitário, selando a organicidade entre cultura, política e educação – cf. Antonio Gramsci, *Quaderni del carcere: edizione critica dell'Istituto Gramsci a cura di Valentino Gerratana*, (Turim, Einaudi, 1975), Q. 13. Sobre esse tema, consultar Rita Medici, *Giobbe e Prometeo – filosofia e politica nel pensiero di Gramsci* (Florença, Alínea, 2000); Carlos Nelson Coutinho, *De Rousseau a Gramsci: ensaios de teoria política* (São Paulo, Boitempo, 2011).

O PACTO DE ALIANÇA[1]

O dissídio entre a Confederação Geral do Trabalho e o Partido Socialista Italiano se resolveu "juridicamente" num Pacto de Aliança[2] no qual se fixaram as competências recíprocas e se estabeleceram as relações e as normas segundo as quais as duas organizações do movimento socialista e proletário realizarão suas atividades, evitando colisões e atritos.

A composição nos alegra pela boa vontade que revela nos homens. Mas não nos iludamos acreditando que entramos numa era

---

[1] Não assinado, *Il Grido del Popolo*, ano XXIII, n. 742, 12 de outubro de 1918.

[2] Com o fim da guerra, os conflitos internos ao movimento operário tornaram-se mais evidentes, erodindo a frágil unidade até então sustentada no interior do PSI e entre o partido e as direções sindicais. No interior do partido, a cisão se dava, sobretudo, entre a direita, ligada ao grupo parlamentar e ao movimento sindical, apoiado pela Confederação Geral do Trabalho (CGT), e a extrema esquerda dos "intransigentes-revolucionários". Enquanto o primeiro grupo defendia uma linha política reformista de colaboração com o Estado e com frações da burguesia, os segundos reivindicavam que o PSI mantivesse um posicionamento classista de enfrentamento ao Estado. A dificuldade de estabelecer uma linha política unitária no partido refletia-se na relação com a CGT ou, pode-se dizer, nas relações entre a luta política e a econômica. Era necessário resguardar a autonomia das duas organizações e ao mesmo tempo garantir a articulação das lutas. As contendas foram formalmente resolvidas em setembro de 1918 pelo Pacto de Aliança, que definia as funções do PSI e da CGT em greves e mobilizações. Contudo, como sublinhou Gramsci, o problema não estava na forma, nas regras, e sim na política. Era necessário superar a burocratização, a baixa participação do operariado e a direção de restritas minorias. Problemas definidos pela problemática e histórica separação entre representantes e representados no Estado e no partido de massas, tema que Gramsci retomará no cárcere principalmente sobre as polêmicas com Robert Michels. Ver Salvo Mastellone e Giorgio Sola (orgs.), *Gramsci: il partito politico nei Quaderni* (Florença, Toscano, 2001).

de perfeito acordo e idílio. O dissídio, mais que nos homens, estava nas coisas. Os homens podem facilmente, quando são sinceros e aspiram ao trabalho fecundo, pôr-se de acordo em sua boa vontade; a composição "jurídica" é suficiente para isso. Mas as coisas são menos dúcteis e maleáveis, e moldá-las para um fim programático é operação muito difícil e complicada. E por coisas entendemos (excluindo qualquer intenção de ofender ou diminuir o valor e a consciência de quem quer que seja) as organizações, os homens que fazem parte delas, o complexo movimento de resistência, que na Itália é aquilo que se encontra – sem que a boa vontade dos particulares possa transformá-lo de imediato – na dependência do grau de desenvolvimento econômico e cultural que a sociedade italiana alcançou.

As organizações italianas de resistência estão muito longe de representar aquelas forças democráticas capazes de controle recíproco que são o pressuposto de uma ação de classe política e econômica, sistemática e ordenada, tal como o Partido Socialista gostaria que acontecesse para que ele pudesse representar verdadeiramente uma energia revolucionária que transforma a história. As organizações italianas são débeis e desconexas, não apenas no exterior, mas em especial do ponto de vista da cultura individual, da preparação e da consciência individual das responsabilidades e dos deveres democráticos. Na vida interna das ligas e das câmaras do Trabalho participa uma exígua minoria dos filiados; a maioria é regularmente ausente, o que não lhe tira, no entanto, a possibilidade, inerente a seus direitos sociais, de intervir nos momentos decisivos da vida da organização, trazendo nos sufrágios a leviandade e a imprudência de quem, por não ter contribuído nada para a atividade cotidiana da organização, não compreendendo o alcance e as possíveis consequências de uma decisão, não tem senso de responsabilidade por seus atos.

Essa é, portanto, a realidade, e ela cria condições particulares de vida. Os dirigentes adquirem uma autoridade e uma importância que não deveria existir, de acordo com o espírito igualitário e essencialmente democrático das organizações. Os dirigentes deliberam muito, com demasiada frequência, em vez de serem, pura e unicamente, órgãos executivos e administrativos; e, note-se, excluímos que esse fato dependa de uma vontade despótica e autocrática, reconhecemo-lo como uma necessidade, mas por isso [o] denunciamos menos e tentamos [nos] convencer de que é preciso [o] destruir. A boa ou a má vontade dos indivíduos pouco importa; o que importa é o conjunto das condições pelas quais uma vontade perversa pode triunfar e uma vontade benigna pode ser reprimida, esgarçada, corrompida.

Sendo assim, o Pacto de Aliança entre a Confederação do Trabalho e o partido, se nos alegra como sinal de boa vontade individual, de fato não nos tranquiliza e não nos induz à inércia. As condições aqui descritas continuam a existir, a operar; os entes diretivos da resistência podem ser conduzidos por elas (e excluímos qualquer trama ardilosa da parte das pessoas) a um obstrucionismo nos confrontos do pacto, a adulterações e objeções tais que, em momentos decisivos, quando urge deliberar por um acordo espontâneo determinado pela coincidência de vontades, o pacto se dissolva automaticamente e permaneça, como um resíduo doloroso, um legado de polêmicas venenosas, deletérias para o movimento operário. Portanto os companheiros que desejam que a Confederação do Trabalho se torne um organismo de classe puro e vigoroso, cooperativo com o partido em solidariedade não apenas "jurídica" e dependente do arbítrio individual, mas necessária a sua organização interna e à vontade concorde dos proletários associados, devem prosseguir e intensificar o trabalho no interior das ligas, das federações, das câmaras do trabalho, para que se democratizem, se solidifiquem por uma maior atividade dos filiados; para isso, é necessário também intensificar a propaganda individual (a mais eficaz) a fim de que adquiram uma consciência e uma educação socialista adequada à tarefa que se deve desenvolver, à responsabilidade social que se deve assumir.

OS PROPÓSITOS E AS NECESSIDADES[1]

O Comitê de Mobilização Industrial[2] também lançou – por ocasião dos inauditos acontecimentos dos últimos dias[3] – um manifesto aos trabalhadores do Piemonte. Esse manifesto não mereceria destaque se fosse apenas expressão de indivíduos particulares ou de correntes sociais irresponsáveis: mas é do Comitê de Mobilização, isto é, de um órgão do poder Executivo responsável diante da nação e da Câmara eletiva; estamos autorizados a crer que se relacione a um programa geral de governo que as classes dirigentes se propõem a

---

[1] Não assinado, *Avanti!*, ed. piemontesa, ano XXII, n. 314, 12 de novembro de 1918.

[2] A Lei n. 271, de maio de 1915, conferiu ao governo poderes extraordinários em função da adesão da Itália à Primeira Guerra Mundial; com isso, tornou-se possível a criação dos comitês de mobilização industrial pelo Ministério da Guerra. O objetivo dos comitês era planejar a produção bélica e de infraestrutura, podendo nacionalizar indústrias privadas ou apenas coordenar sua produção. A estrutura administrativa foi lotada por militares, formada por um comitê central e onze comitês regionais. As funções de planejamento cabiam ao primeiro, enquanto as funções executivas e de fiscalização ficavam a cargo dos regionais, como o do Piemonte, mencionado no artigo. Nas fábricas sob comando dos comitês foi instaurada uma disciplina militar, abolido o direito de greve e reprimido o absenteísmo, além de instauração de arbitragem obrigatória do comitê central em caso de litígio entre operários e empresas. A urgência da produção e a necessidade de arbitragem junto aos operários, contudo, abriu espaço para a mediação dos sindicatos e o surgimento das comissões internas de fábrica, que abrangiam o conjunto dos operários, sindicalizados ou não. Essas comissões foram os germens dos conselhos de fábrica que se formaram no pós-guerra e constituíram instrumentos políticos fundamentais para organização do operariado, especialmente entre 1919 e 1920, contando com importante atuação do grupo de *L'Ordine Nuovo*.

[3] O fim da guerra. (N. E. I.) Em 11 de novembro de 1918 ocorreu o armistício entre a Alemanha e as Forças Aliadas, selando o fim da Primeira Guerra Mundial, a ser formalizado com o Tratado de Versailles em 1919.

executar no período do pós-guerra, impondo-o talvez com o auxílio das forças estatais.

Diz o manifesto:

> De agora em diante, e ainda mais com o fim da guerra, impor-se-á a rápida transformação das indústrias bélicas naquelas dos tempos de paz: problema grandioso e complexo, que requer da parte de todos, das autoridades centrais ao mais modesto operário, unidade de intenções, fé nos propósitos, fervor disciplinado de obras. Quem não estiver informado dessa linha de conduta será indigno de ser italiano e de compartilhar a admiração do mundo por nossa pátria triunfante. O bom senso dos operários piemonteses e seu comprovado sentimento de patriotismo e de disciplina afiançam que, também no próximo e novo período da vida industrial do país, os operários do Piemonte se darão conta das novas e altas exigências e, conscienciosamente, se envolverão na busca do tranquilo retorno à atividade normal da indústria, fonte segura de prosperidade progressiva e geral.

O que significam essas expressões nebulosas e vagas: "unidade de intenções"; "fé nos propósitos", "fervor disciplinado de obras"?

A atividade industrial é atividade prática levada a cabo por indivíduos singulares ou associados em ligas patronais, os quais se *propõem* tirar do capital investido o máximo lucro possível. O "propósito" se concretiza pelo preço de venda e pelo salário dos operários: preço de venda máximo e salário mínimo para a maior jornada de trabalho possível.

É um pouco difícil nos persuadirmos de que esse "propósito" possa ser fixado também pelos operários; a unidade de intenções e a fé nos propósitos revelam-se expressões retóricas e triviais, vazias de qualquer substância concreta.

As "intenções" não podem coincidir sem que uma das partes se suicide. De resto, somente enquanto os operários e os industriais têm objetivos divergentes, a civilização, tanto a mecânica como a espiritual, se desenvolve, a riqueza e a cultura aumentam. Os trabalhadores demandam salário máximo e jornada mínima; demandam que o esforço humano na produção se reduza ao menor possível, continuando, assim reduzido, a assegurar ao operário um salário não apenas suficiente para as necessidades imprescindíveis da existência fisiológica, mas o bastante para que ele e os que dele dependam possam desenvolver sua humanidade civil.

Com essas demandas, os operários não impedem em nada o incremento da produção. Esta não depende apenas do esforço humano. Uma vez que as oficinas ainda não são socializadas e a produção ainda não é organizada internacionalmente, os capitalistas, se querem preservar e aumentar os lucros, terão de dirigir sua atenção para as máquinas, terão de aperfeiçoar a técnica do trabalho e da organização capitalista.

Somente enquanto os operários tiverem um objetivo divergente e antagônico com o objetivo dos capitalistas, estes melhorarão a técnica, introduzirão inovações úteis, estancarão a hemorragia de riqueza que se verifica hoje pela burocracia, pelos enormes impostos, pelo custo dos transportes, pela preguiça de explorar mercados e criar o tipo de mercadoria que os mercados preferem. E, dado que muitas das condições de improdutividade da indústria (impostos, burocracia, alianças protecionistas etc.) se devem à forma atual do Estado liberal, essa divergência nos objetivos das duas classes terá também consequências políticas na forma: os capitalistas, em busca de lucros, tendem a uma forma de Estado na qual a máxima centralização política corresponda a uma ampla descentralização administrativa. Essa forma de Estado é útil também para o desenvolvimento da democracia social e das organizações profissionais:

ela é contemplada no programa mínimo do Partido Socialista como ambiente favorável à propaganda revolucionária e momento de desenvolvimento da sociedade humana rumo ao comunismo.

Nenhuma das vias pelas quais os capitalistas buscam o incremento dos lucros pode ser derrotada pelos operários – os interesses são necessariamente antagônicos: a boa vontade não pode nada. Se os operários organizados aceitassem "unir-se" nos propósitos, "concordar" nas intenções de um contrato que anulasse sua vontade específica de classe, a mola do progresso econômico se esgarçaria; de resto, os proletários não "se propõem" à luta de classe; esta lhes é "imposta" pelas condições de produção em que atuam. Os operários "resistem" ao ambiente econômico para não serem esmagados; resistem e refletem, e da reflexão crítica deriva o fim maximalista como consciência, como força organizada e política, objetivação daquela consciência.

Intrinsecamente, o manifesto do Comitê de Mobilização não tem nenhum valor. Expressa uma vaga democracia jacobina[4] abstrata e anti-histórica que deseja apresentar o Estado como regulador imparcial dos contrastes de classe. No manifesto há uma ameaça vaga: "Quem não estiver informado etc., será indigno etc.". O juízo de indignidade será pronunciado por quem e de que forma? Com

---

[4] Por democracia jacobina deve-se entender aqui democracia burguesa. A referência imediata é a atuação do jacobinismo revolucionário na direção dos trabalhadores da cidade e do campo durante a Revolução Francesa. Posteriormente, a partir de 1921, quando o autor tomou conhecimento da interpretação historiográfica de Albert Mathiez (1874-1932), e especialmente em *Cadernos do cárcere*, o jacobinismo recebeu maior atenção e desenvolvimento, passando a constituir uma categoria histórico-interpretativa que expressa a capacidade de direção política e constituição de consenso entre o conjunto das classes subalternas da cidade e do campo para a construção de uma vontade coletiva nacional-popular. Sobre isso, consultar Sabrina Areco, *Passado e presente: a Revolução Francesa no pensamento de Gramsci* (Curitiba, Appris, 2018).

pena de morte, com prisão, com domicílio compulsório? A democracia jacobina é terrível nas consequências; é a negação da liberdade e da autonomia. E uma vez que é difícil golpear o anônimo acionista de uma empresa capitalista, somente os operários serão condenados à morte, ao cárcere, ao domicílio compulsório. E também essa conclusão é necessária. O Estado é o órgão executivo dos interesses capitalistas, e a boa vontade individual não lhe vai mudar a essência.

O DEVER DE SERMOS FORTES[1]

A paz já começa a produzir frutos. Revogado o decreto Sacchi, as relações entre os indivíduos e o Estado voltam a ser reguladas pelas leis ordinárias estabelecidas pelo Estatuto[2]. A luta política volta a se desenvolver num ambiente de relativa liberdade, condição indispensável para que os cidadãos conheçam a verdade, possam reunir-se, discutir os problemas e os programas econômicos e políticos, possam associar-se depois de identificar sua vontade e sua consciência com uma vontade e uma consciência social organizada em partido.

Um trabalho imenso impõe-se aos operários e aos camponeses que reconhecem no Partido Socialista e na Confederação do Trabalho os organismos necessários e suficientes para o desenvolvimento disciplinado e consciente da luta de classe.

---

[1] Não assinado, *Avanti!*, ed. piemontesa, ano XXII, n. 326, 25 de novembro de 1918.

[2] Estatuto outorgado pelo rei Carlos Alberto, do reino da Sardenha, em 1848, e que viria a ser o estatuto político do reino da Itália unificada. O decreto Sacchi, promulgado em 4 de outubro de 1917, a pretexto da guerra, limitava ainda mais as já restritas liberdades de expressão e de imprensa existentes na Itália. A revogação desse decreto, portanto, afroxou, sem soltar, os nós que buscavam opor resistências às lutas que já estavam em curso no primeiro pós-guerra na Europa e que tendiam a se acirrar. Em alguns meses, o ano 1919 inauguraria uma série de eventos de importância capital para a história do movimento operário: a fundação da Internacional Comunista (ou Terceira Internacional), os assassinatos de Rosa Luxemburgo e Karl Liebknecht, o acirramento das lutas operárias na Itália no *biennio rosso* [biênio vermelho, 1919-1920], a aprovação no congresso do PSI da criação dos conselhos operários propostos pelo grupo de *L'Ordine Nuovo*, sob a direção de Gramsci, assim como a fundação dos primeiros *fasci di combatimento*, por Mussolini.

80 | Homens ou máquinas?

É necessário que, no mais breve espaço de tempo, o Partido Socialista e a confederação alcancem a máxima potência permitida pelo grau de desenvolvimento econômico a que chegou a Itália nos quatro anos de guerra. Nosso dever mais urgente é o de sermos fortes, de agruparmos em torno dos núcleos existentes de organização política e econômica todos os cidadãos que estão conosco, que aceitam nossos programas, que votam em nossos candidatos nas eleições, que vão às ruas por nossas palavras de ordem. Esses cidadãos são muito numerosos, atingem certamente a cifra de alguns milhões: o partido não tem, neste momento, mais que 30 mil filiados. Número irrisório, número que é o símbolo de nossa preguiça, de nossa insuficiência para difundir e fazer penetrar nas mentes os postulados da doutrina socialista. Número que é o documento mais clamoroso de nossa fraqueza em face do Estado burguês, que queremos subverter e substituir pela ditadura do proletariado.

É inútil investigar agora quais são as razões dessa nossa fraqueza. Sabemos que a causa maior foram, no passado, as condições atrasadas da economia nacional; num país onde ainda predominavam a agricultura patriarcal, o artesanato e a pequena oficina, não podia se formar e se afirmar, com características permanentes de um processo histórico normal, uma democracia social densa e conscientemente disciplinada. Havia na Itália um ambiente de rebelião instintiva, devido às atrasadas condições do Estado despótico, opressor das iniciativas individuais, devido ao peso da vida econômica, que obrigava os indivíduos a emigrarem para se sustentar; não era o ambiente da luta de classe definida e consciente entre capitalismo e proletariado. O Partido Socialista teve momentos de enorme prestígio político junto às massas, mas não conseguiu (e não podia conseguir) suscitar organismos que agrupassem permanentemente as grandes massas; as rebeliões das massas eram mais fenômenos de individualismo que manifestações proletárias de classe, eram revoltas contra o Estado que sangrava a nação com tributação excessiva e não contra o Estado reconhecido enquanto expressão jurídica da classe proprietária que impõe seu privilégio por meio da violência.

Quatro anos de guerra mudaram rapidamente o ambiente econômico e espiritual. Uma gigantesca mão de obra foi improvisada, e a violência inata nas relações entre assalariados e empresários revelou-se de modo evidente e reconhecível até mesmo pelas mentes mais decadentes. E revelou-se de modo não menos espetacular como o Estado burguês é instrumento dessa violência, em todos os seus poderes e ordenamentos: desde o governo que estende aos comitês de mobilização, às delegacias de polícia, aos carabineiros, aos carcereiros, até o ordenamento judiciário que se presta às violações constitucionais promovidas pelos ministros democráticos, até o Parlamento eletivo que, com sua imensa covardia, permite que sejam violadas as liberdades mais elementares.

O crescimento industrial tornou-se um milagre graças à saturação dessa violência de classe elevada. Mas a burguesia não pôde evitar oferecer aos explorados uma terrível lição prática de socialismo revolucionário. Surgiu uma nova consciência, uma consciência de classe; e não só na fábrica, mas também na trincheira, que oferece muitas condições de vida semelhantes àquelas da fábrica. Essa consciência é elementar; a consciência doutrinária ainda não a formou. É matéria bruta ainda não modelada. O artífice dessa modelagem deve ser nossa doutrina.

O movimento proletário deve absorver essa massa; deve discipliná-la, deve ajudá-la a tornar-se consciente das próprias necessidades materiais e espirituais, deve educar os indivíduos que a compõem no sentido de solidarizar-se entre si de modo permanente e orgânico, deve difundir nas consciências individuais a convicção firme, precisa, racionalmente adquirida, de que somente na organização política e econômica reside o caminho da salvação individual e social, de que a disciplina e a solidariedade nos limites do Partido Socialista e da Confederação são deveres imprescindíveis, são os deveres de quem se afirma defensor da democracia social.

O Partido Socialista deveria contar hoje com pelo menos 250 mil filiados; a Confederação do Trabalho deveria ter pelo menos 2 milhões de aderentes; o *Avanti!* deveria difundir-se às centenas de milhares de exemplares e ter milhões de leitores. O dever tornou-se hoje possibilidade; o ambiente espiritual não é mais refratário à disciplina e à ação paciente e perseverante. Cabe a nós transformar essa possibilidade em realidade, nos tornarmos o partido mais poderoso da nação não só em sentido relativo, mas em sentido absoluto, nos tornarmos o anti-Estado preparado para substituir a burguesia em todas as suas funções sociais de classe dirigente. Os operários e os camponeses, que já lutam juntos, devem intensificar a propaganda individual; as seções e os grupos ativos de companheiros devem promover uma ação de propaganda sistemática e incansável (conferências públicas, debates, reuniões) a fim de que todos os assalariados adiram às organizações de resistência, a fim de que todos os socialistas ingressem no partido.

DEMOCRACIA OPERÁRIA[1]

Um problema incômodo se impõe hoje a cada socialista que tenha vivo o sentido da responsabilidade histórica que incumbe à classe trabalhadora e ao partido que representa a consciência crítica e operante da missão dessa classe.

Como dominar as imensas forças sociais que a guerra desencadeou? Como discipliná-las e dar-lhes uma forma política que tenha em si a virtude de desenvolver-se normalmente, de integrar-se de modo contínuo, até tornar-se a ossatura do Estado socialista no qual se encarnará a ditadura do proletariado[2]? Como ligar o presente ao futuro, satisfazendo as urgentes necessidades do presente e trabalhando com eficácia para criar e "antecipar" o futuro?

Este escrito quer ser um estímulo ao pensamento e à ação; quer ser um convite aos melhores e mais conscientes operários para que reflitam e, cada um na esfera da própria competência e da própria

---

[1] Não assinado, em colaboração com Palmiro Togliatti, *L'Ordine Nuovo*, ano I, n. 7, 21 de junho de 1919. Sobre o significado deste artigo, que o próprio Gramsci definirá depois como um "golpe de Estado redacional", ver "O programa de *L'Ordine Nuovo*", p. 233 deste volume.

[2] Importante notar o impacto teórico e prático da Revolução Russa sobre o jovem Gramsci, que no cárcere reconheceu ter sido tendencialmente crociano na juventude, pelo menos até 1917. Cf. Antonio Gramsci, *Quaderni del carcere: edizione critica dell'Istituto Gramsci a cura di Valentino Gerratana*, (Turim, Einaudi, 1975), Q. 10, § 11. Contudo, a partir da imersão nas lutas operárias, Gramsci passou a identificar-se sempre mais com o marxismo. Mostra disso é o uso frequente do conceito marxista e leninista de "ditadura do proletariado". Para o autor, ela se concretizaria a partir da organização no local de trabalho, na fábrica, por meio dos conselhos, posição sempre minoritária no PSI.

ação, colaborem para a solução do problema, fazendo convergir para os termos em que ele se apresenta a atenção dos companheiros e das associações. Somente de um trabalho comum e solidário de esclarecimento, de persuasão e de educação recíproca nascerá a ação concreta de construção.

O Estado socialista existe já potencialmente nas instituições de vida social características da classe trabalhadora explorada. Articular entre si essas instituições, coordená-las e subordiná-las em uma hierarquia de competências e poderes, centralizá-las fortemente, respeitando ao mesmo tempo as necessárias autonomias e articulações, significa criar já uma verdadeira democracia operária, em contraposição eficiente e ativa ao Estado burguês, preparada desde já para substituir o Estado burguês em todas as suas funções essenciais de gestão e domínio do patrimônio nacional[3].

O movimento operário é dirigido hoje pelo Partido Socialista e pela Confederação do Trabalho, mas o exercício do poder social do Partido e da Confederação se realiza, para a grande massa trabalhadora, de forma indireta, por força do prestígio e do entusiasmo, por pressão autoritária e até mesmo por inércia. A esfera de prestígio do partido se amplia a cada dia, atinge estratos populares até agora inexplorados, gera consenso e desejo de trabalhar proficuamente pelo advento do comunismo em grupos e indivíduos antes ausentes da luta política. É preciso dar uma forma e uma disciplina permanentes a essas energias desordenadas e caóticas, absorvê-las,

---

[3] Encontra-se aqui expressa a noção leninista de "dualidade de poder", que colocou em questão o poder do Estado burguês e inseriu a necessidade da afirmação dos sovietes como um governo embrionário, composto de camponeses, operários e soldados, com caráter político de "ditadura revolucionária". Cf. Vladímir I. Lênin, "O poder dual", *Pravda*, abr. 1917.

compô-las e potencializá-las, fazer da classe proletária e semiproletária uma sociedade organizada que se eduque, que se faça uma experiência, que adquira uma consciência responsável dos deveres que incumbem às classes que chegam ao poder de Estado.

O Partido Socialista e os sindicatos profissionais não podem absorver toda a classe trabalhadora a não ser por um trabalho de anos e dezenas de anos. Eles não se identificarão de imediato com o Estado proletário; com efeito, nas repúblicas comunistas, eles continuam a existir independentemente do Estado, como instituições de propulsão (o partido) ou de controle e realização parcial (os sindicatos). O partido deve continuar a ser o órgão da educação comunista, o cadinho da fé, o depositário da doutrina, o poder supremo que harmoniza e conduz ao objetivo as forças organizadas e disciplinadas da classe operária e camponesa. Precisamente para poder desempenhar com rigor esse seu papel, o partido não pode abrir suas portas à invasão de novos aderentes não habituados ao exercício da responsabilidade e da disciplina.

Mas a vida social da classe trabalhadora é rica em instituições, articula-se em múltiplas atividades. É necessário que precisamente essas instituições e atividades sejam desenvolvidas, organizadas de modo global, vinculadas num sistema amplo e agilmente articulado, que absorva e discipline toda a classe trabalhadora.

A fábrica com suas comissões internas, os círculos socialistas, as comunidades camponesas são os centros de vida proletária nos quais é preciso trabalhar diretamente.

As comissões internas são órgãos de democracia operária que é necessário libertar das limitações impostas pelos empresários e para as quais ocorre infundir vida nova e energia. Hoje, as comissões internas limitam o poder do capitalista na fábrica e desempenham

86 | Homens ou máquinas?

funções de arbitragem e disciplina. Desenvolvidas e enriquecidas, deverão ser amanhã os órgãos do poder proletário que substituirá o capitalista em todas as suas funções úteis de direção e de administração.

Desde já, os proletários deveriam proceder à eleição de amplas assembleias de delegados, escolhidos entre os melhores e mais conscientes companheiros, com base na palavra de ordem "Todo o poder da fábrica aos comitês de fábrica", coordenada com: "Todo o poder de Estado aos conselhos operários e camponeses"[4].

Um vasto campo de propaganda revolucionária concreta se abriria para os comunistas organizados no partido e nos círculos de bairro. Os círculos, em acordo com as secções urbanas, deveriam fazer um recenseamento das forças operárias da zona e tornar-se a sede do conselho de bairro dos delegados de fábrica, o gânglio que articula e centraliza todas as energias proletárias do bairro. Os sistemas eleitorais poderiam variar em função do tamanho das fábricas; porém, dever-se-ia tentar eleger um delegado para cada quinze operários divididos por categoria (como ocorre nas fábricas inglesas), chegando-se, assim, por eleições graduais, a um comitê de delegados de fábrica que compreenda representantes de todo o conjunto de trabalhadores (operários, empregados, técnicos). No comitê de bairro, o objetivo deveria ser a incorporação de delegados também de outras categorias, de trabalhadores que habitam o bairro:

---

[4] Os conselhos de fábrica eram concebidos por Gramsci a partir de suas funções não apenas produtivas, mas potencialmente revolucionárias, capazes de fornecer condições concretas, necessárias para a formação militante e intelectual dos operários, unificando trabalho, política e cultura. Essas reflexões se desenvolveram fundamentalmente com base nos sovietes, cuja experiência poderia ser traduzida na Itália caso os conselhos assumissem um caráter político-revolucionário. Sobre isso, consultar Leonardo Rapone, *Cinque anni che paiono secoli: Antonio Gramsci dal socialismo al comunismo (1914-1919)* (Roma, Carocci, 2011).

garçons, cocheiros, motorneiros, cobradores, ferroviários, lixeiros, empregados domésticos, comerciários etc.

O comitê de bairro deveria ser a emanação de toda a classe trabalhadora que habita o bairro, emanação legítima e dotada de autoridade, capaz de fazer respeitar uma disciplina, investida do poder espontaneamente delegado, e de ordenar a suspensão imediata e integral de todo trabalho no âmbito de todo o bairro.

Os comitês de bairro se ampliariam em comissariados urbanos, controlados e disciplinados pelo Partido Socialista e pelas federações de categoria.

Tal sistema de democracia operária (integrado a organizações equivalentes de camponeses) daria uma forma e uma disciplina permanente às massas, seria uma magnífica escola de experimentação política e administrativa, englobaria as massas até o último homem, habituando-as à tenacidade e à perseverança, habituando-as a considerar-se um exército em campo, que necessita de uma firme coesão, se não quer ser destruído e escravizado.

Cada fábrica construiria um ou mais regimentos desse exército, com seus cabos, seus serviços de ligação, seu corpo de oficiais, seu estado-maior, formando poderes delegados por eleições livres, não impostos de forma autoritária. Com os comícios, realizados no interior da fábrica, com uma ação incessante de propaganda e persuasão desenvolvida pelos elementos mais conscientes, obter-se-ia uma transformação radical da psicologia operária, far-se-ia com que a massa se tornasse mais preparada e capacitada para o exercício do poder, difundir-se-ia uma consciência concreta e eficaz dos deveres e dos direitos do companheiro e do trabalhador, porque gerada espontaneamente a partir da experiência viva e histórica.

88 | Homens ou máquinas?

Já dissemos: essas rápidas observações têm apenas o objetivo de estimular o pensamento e a ação. Cada aspecto do problema mereceria um amplo e profundo tratamento, esclarecimentos, complementações subsidiárias e coordenadas. Mas a solução concreta e integral dos problemas de vida socialista só pode ser obtida mediante a prática comunista: a discussão em comum, que modifica as consciências por meio da simpatia, unificando-as e dotando-as de ativo entusiasmo. Dizer a verdade, chegar em comum à verdade, é realizar ação comunista e revolucionária. A fórmula "ditadura do proletariado" deve deixar de ser apenas uma fórmula, uma ocasião para dar vazão à fraseologia revolucionária. Quem quer o fim deve também querer os meios. A ditadura do proletariado é a instauração de um novo Estado, tipicamente proletário, no qual confluem as experiências institucionais da classe oprimida, no qual a vida social da classe operária e camponesa se torna sistema difundido e fortemente organizado. Esse Estado não se improvisa: os comunistas bolcheviques russos trabalharam oito meses para divulgar e tornar concreta a palavra de ordem "Todo o poder aos sovietes"; e os operários russos conheciam os sovietes desde 1905. Os comunistas italianos devem assimilar a experiência russa e economizar tempo e trabalho: a obra de reconstrução exigirá tanto tempo e tanto trabalho quanto a cada dia e a cada ato possam lhe ser destinados.

AOS COMISSÁRIOS DE SEÇÃO DAS FÁBRICAS FIAT CENTRO E BREVETTI[1]

Companheiros,

A nova forma que a comissão interna assumiu em vossa fábrica, com a nomeação dos comissários de seção e as discussões que precederam e se seguiram a essa transformação, não passou despercebida no campo operário e patronal de Turim[2]. Por um lado, apressam--se a imitá-los os operários de outros estabelecimentos da cidade e da província; por outro, os proprietários e seus agentes diretos, os organizadores das grandes empresas industriais, olham esse movimento com crescente interesse e se perguntam e lhes perguntam qual seria a finalidade, qual programa a classe operária turinesa se propõe realizar.

---

[1] Assinado L'Ordine Nuovo, *L'Ordine Nuovo*, ano I, n. 18, 13 de setembro de 1919.

[2] A oficina metalúrgica Fiat-Brevetti foi a primeira na Itália a constituir conselhos de fábrica, abrindo caminho para sua multiplicação em Turim e um avanço fundamental na organização das lutas operárias entre 1919 e 1920, *biennio rosso*. O fato representou um importante passo também na concretização das propostas formuladas por *L'Ordine Nuovo*, nascido em maio de 1919. Em agosto do mesmo ano, a comissão interna (*comissione interna*) da Fiat Centro, que representava 10 mil operários, pediu demissão. A nova comissão – seguindo sugestões de *L'Ordine Nuovo*, conforme Gramsci registra – decidiu eleger "delegados de seção" (*comissari di reparto*), encaminhando a constituição de "conselhos de fábrica" (*consigli di fabbrica*). Tomando como base o exemplo das 42 seções da Fiat, delegados de seção foram eleitos na maioria das empresas metalúrgicas de Turim. Eles eram eleitos por todos os trabalhadores, incluídos os técnicos, sindicalizados ou não. Em meados de outubro de 1919, reuniu-se a primeira assembleia dos comitês executivos dos conselhos de fábrica de Turim, representando mais de 30 mil operários. Em novembro de 1919, os conselhos adquiriram maior ossatura organizativa ao serem aprovados pela assembleia da Federação Italiana dos Operários Metalúrgicos (Fiom) a partir da proposta de *L'Ordine Nuovo*.

Sabemos que, para suscitar esse movimento, não foi pequena a contribuição de nosso jornal. Nele não só examinamos a questão de um ponto de vista teórico e geral, como coletamos e expusemos os resultados das experiências de outros países, a fim de fornecer os elementos para o estudo das aplicações práticas. Sabemos, contudo, que nossa obra só teve valor na medida em que satisfez uma necessidade, em que favoreceu a concretização de uma aspiração já latente na consciência das massas trabalhadoras. Por isso nos entendemos tão rapidamente; por isso foi possível passar com tanta segurança da discussão à realização.

A necessidade e a aspiração da qual se origina o movimento renovador da organização operária que vocês iniciaram estão, acreditamos, nas próprias coisas, são uma consequência direta do ponto a que chegou, em seu desenvolvimento, o organismo social e econômico baseado na apropriação privada dos meios de troca e de produção. Hoje, o operário fabril e o trabalhador do campo, o mineiro inglês e o mujique russo, os trabalhadores de todo o mundo intuem com mais ou menos segurança, sentem mais ou menos diretamente aquela verdade que os teóricos haviam previsto e da qual vinham adquirindo uma certeza cada vez maior, quando observam os eventos deste período da história da humanidade: chegamos ao ponto em que a classe trabalhadora, se não quer fracassar na tarefa de reconstrução que está em seus fatos e sua vontade, deve começar a organizar-se de modo positivo e adequado ao fim a ser alcançado.

E, se é verdade que a nova sociedade será baseada no trabalho e na coordenação das energias dos produtores, então os locais onde se trabalha, onde os produtores vivem e atuam em comum, serão amanhã os centros do organismo social e deverão tomar o lugar das entidades dirigentes da atual sociedade. Assim como, nos primeiros estágios da luta operária, a organização por profissão era a que mais convinha aos objetivos de defesa, às necessidades das lutas pelo melhoramento econômico e disciplinar imediato, assim também hoje, quando começam a se delinear e a adquirir consistência cada vez maior na consciência dos operários os objetivos de reconstrução, é necessário que surja, ao lado e em apoio da primeira, uma organização por fábrica, verdadeira escola das capacidades reconstrutivas dos trabalhadores.

A massa operária deve preparar-se efetivamente para a conquista do completo domínio de si mesma; e o primeiro passo nesse caminho consiste em disciplinar-se com mais firmeza na fábrica, de modo autônomo, espontâneo e livre. Não se pode negar que a disciplina que será instaurada com o novo sistema levará a um melhoramento da produção, mas isso não é mais que a comprovação de uma das teses do socialismo: quanto mais as forças produtivas humanas, emancipando-se da escravidão a que o capitalismo pretende condená-las para sempre, tomarem consciência de si, se libertarem e livremente se organizarem, tanto melhor tende a se tornar o modo de sua utilização: o homem livre sempre trabalhará melhor que o escravizado. Portanto, aos que objetam que desse modo colaboramos com nossos adversários, com os proprietários das empresas, respondemos que, ao contrário, esse é o único meio de fazer com que eles sintam concretamente que está próximo o fim de sua dominação, porque a classe operária vislumbra agora a possibilidade de *fazer por si mesma* e fazer bem feito; assim, ela conquista dia a dia, com mais clareza, a certeza de ser a única força capaz de salvar o mundo inteiro da ruína e da desolação. Por isso, cada ação que vocês empreendem, cada batalha que for travada sob sua direção será iluminada pela luz do objetivo final que está no espírito e na intenção de todos vocês.

Enorme valor adquirirão, portanto, os atos aparentemente de pouca importância nos quais se realizará o mandato que lhes foi conferido. Eleitos por uma massa operária na qual são ainda numerosos os elementos não organizados, o primeiro cuidado de vocês será certamente fazê-los ingressar nas fileiras da organização, tarefa que sem dúvida lhes será facilitada pelo fato de que eles encontrarão em vocês pessoas sempre dispostas a defendê-los, a guiá-los, a orientá-los na vida da fábrica. Vocês lhes mostrarão, por meio do exemplo, que toda a força do operário reside na união e na solidariedade com seus companheiros.

Assim, também caberá a vocês vigiar para que nas seções sejam respeitadas as regras de trabalho fixadas pelas federações de categoria e ratificadas nos contratos, já que, nesse terreno, até mesmo um ligeiro descumprimento dos princípios estabelecidos pode às vezes constituir uma ofensa grave aos direitos e à personalidade do operário, dos quais vocês serão rígidos e tenazes defensores e guardiães. E, dado que vocês viverão continuamente em meio aos operários e ao trabalho, estarão em condições de conhecer as modificações que deverão ser feitas nos regulamentos, modificações impostas tanto pelo progresso técnico da produção quanto pela evolução da consciência e da capacidade dos próprios trabalhadores. Desse modo, ver-se-á constituir-se um *costume* de fábrica, germe inicial da verdadeira e efetiva legislação do trabalho, ou seja, das leis que os produtores vão elaborar e estabelecer para si mesmos. Estamos certos de que a importância desses fatos não lhes escapa, que isso é evidente no espírito de todos os operários que, com presteza e entusiasmo, compreenderão o valor e o significado da obra que vocês se propõem realizar: inicia-se a intervenção ativa, no campo técnico e disciplinar, das próprias forças do trabalho.

No campo técnico, vocês poderão realizar, antes de mais nada, um utilíssimo trabalho de informação, recolhendo dados e materiais preciosos tanto para as federações de categoria quanto para os órgãos centrais e dirigentes das novas organizações de fábrica. Além disso, cuidarão para que os operários da seção sejam cada vez mais capazes e farão com que desapareçam os mesquinhos sentimentos de ciúme profissional que ainda dividem e opõem os operários. Desse modo, vocês os educarão para o dia em que, tendo de trabalhar não mais para o patrão, e sim para si mesmos, eles terão de estar unidos e solidários para aumentar a força do grande exército proletário, do qual são as primeiras células. Por que não fazer surgir, na própria fábrica, seções de instrução, verdadeiras escolas profissionais, nas quais cada operário, recuperando-se do cansaço que embrutece, possa abrir a mente ao conhecimento dos processos de produção e, assim, melhorar a si mesmo?

Decerto, para fazer tudo isso, a disciplina é necessária. Mas a disciplina que vocês solicitarão à massa operária será bem diversa daquela que o patrão impunha e exigia, apoiado no direito de propriedade que lhe concede uma posição de privilégio. Vocês se apoiarão em outro direito, o direito do trabalho, daquele trabalho que, depois de ter sido por séculos um instrumento nas mãos dos exploradores, quer hoje redimir-se, quer dirigir a si mesmo. O poder de vocês, oposto ao do patrão e seus servidores, representará, em contraste com as forças do passado, as forças livres do futuro, que esperam sua hora e a preparam, sabendo que será a hora da redenção de toda escravidão.

Desse modo, os órgãos centrais que surgirão para cada grupo de seções, para cada grupo de fábricas, para cada cidade, para cada região, até chegar a um supremo Conselho Operário nacional, prosseguirão, ampliarão e intensificarão a obra de controle, de preparação e de organização de toda a classe, com objetivos de conquista e de governo.

Sabemos que o caminho não será breve nem fácil; muitas dificuldades surgirão e se oporão a vocês, e, para superá-las, será preciso usar de grande habilidade, recorrer por vezes à força da classe organizada, ser sempre movido e estimulado por uma grande fé. Mas o que mais importa, companheiros, é que os operários, sob sua orientação e dos que os imitarão, conquistarão a viva confiança de que agora caminham, certos do objetivo final, pela grande estrada que conduz ao futuro.

SINDICATOS E CONSELHOS[1]

A organização proletária que se reassume como expressão total da massa operária e camponesa nos organismos centrais da Confederação do Trabalho atravessa uma crise constitucional semelhante, por natureza, à crise em que se debate em vão o Estado democrático parlamentar. A crise é crise de poder e de soberania. A solução de uma será a solução da outra, porque, resolvendo o problema da vontade de poder no âmbito de sua organização de classe, os trabalhadores conseguirão criar a estrutura orgânica de seu Estado e contrapô-la vitoriosamente ao Estado parlamentar.

Os operários sentem que o conjunto de "sua" organização se tornou um aparato tão gigantesco que terminou por obedecer a leis próprias, imanentes a sua estrutura e a seu complicado funcionamento, mas estranhas à massa que adquiriu consciência de sua missão histórica de classe revolucionária. Sentem que sua vontade de poder não consegue se expressar, num sentido nítido e preciso, pelas atuais hierarquias institucionais. Sentem que, mesmo em casa, na casa que construíram com tenacidade, com esforços pacientes, cimentando-a com sangue e lágrimas, a máquina esmaga o homem, o burocratismo esteriliza o espírito criador e o diletantismo banal e retórico tenta inutilmente esconder a ausência de

---

[1] Não assinado, *L'Ordine Nuovo*, ano I, n. 21, 11 de outubro de 1919.

conceitos precisos sobre as necessidades da produção industrial e a completa falta de compreensão da psicologia das massas operárias. Os operários se irritam com tais condições, mas são individualmente impotentes para modificá-las; as palavras e a vontade dos indivíduos têm muito pouco peso em face das férreas leis inerentes à estrutura funcional do aparelho sindical.

Os *leaders* da organização não se dão conta dessa crise profunda e generalizada. Quanto mais se revela que a classe operária não está organizada de forma aderente a sua real estrutura histórica, quanto mais se evidencia que a classe operária não está enquadrada numa configuração que se adapta incessantemente às leis que governam o processo imanente de desenvolvimento histórico real da própria classe, tanto mais esses *leaders* se obstinam na cegueira e se esforçam para resolver "juridicamente" os dissídios e os conflitos. Espíritos eminentemente burocráticos acreditam que uma condição objetiva, enraizada na psicologia tal como esta se desenvolveu a partir das experiências vivas da fábrica, pode ser superada por um discurso que mobilize os afetos e por uma resolução votada por unanimidade numa assembleia embrutecida pela barulheira e pela oratória infindável. Esforçam-se por estar "à altura do momento" e, para demonstrar que são também capazes de "meditar duramente", reavivam as velhas e gastas ideologias sindicalistas, insistindo penosamente em afirmar que o sistema atual de organização sindical já constitui a armação da sociedade comunista, [que] constitui o sistema de forças no qual deve encarnar-se a ditadura proletária.

O sindicato, na forma em que existe hoje nos países da Europa ocidental, é um tipo de organização não apenas essencialmente diverso do soviete, mas diverso também, e de modo notável, do sindicato que sempre vem se desenvolvendo mais na República comunista russa[2].

Os sindicatos profissionais, as câmaras do trabalho, as federações industriais e a Confederação Geral do Trabalho são o tipo de organização proletária específico do período histórico dominado pelo capital. Em certo sentido, pode-se afirmar que esse tipo de organização é parte integrante da sociedade capitalista e tem uma função que é inerente ao regime de propriedade privada. Nesse período, no qual os indivíduos valem enquanto são proprietários de mercadorias e comercializam sua propriedade, também os operários tiveram de obedecer às leis férreas da necessidade geral e se tornaram mercadores de sua única propriedade, a força de trabalho e a qualificação profissional. Mais expostos aos riscos da concorrência, os operários acumularam suas propriedades em "empresas" cada vez maiores e mais abrangentes, criaram esse enorme aparato de concentração de carne para a labuta, impuseram preços e horários e disciplinaram o mercado. Recrutaram de fora ou geraram do

---

[2] Sob o impacto da Revolução Russa e especialmente dos sovietes, Gramsci assumiu a perspectiva dos conselhos de fábrica como germens do novo Estado proletário. Nas condições específicas das lutas de classes na Itália, somente os conselhos de fábrica seriam capazes de unir de modo orgânico a técnica e o trabalho à autoeducação e à formação cultural e política operária, abrindo as vias para o autogoverno dos produtores. Esse posicionamento, no entanto, enfrentrou duas batalhas importantes no interior do PSI: à direita com as frações reformistas, representadas principalmente por Angelo Tasca (1892-1960); à extrema esquerda, com a fração intransigente revolucionária de Amadeo Bordiga (1889-1970). Bordiga defendia que o órgão político da revolução seria o partido e que os conselhos teriam um papel econômico que seria relevante somente depois da liquidação do poder burguês. Para Tasca, por sua vez, as organizações fundamentais do mundo do trabalho seriam os sindicatos. Desse modo, os conselhos consistiriam apenas na expressão da organização sindical na indústria. Em grande medida, a derrota do movimento conselhista em 1920 refletiu essas divisões no interior do PSI, que culminarão com a própria crise do partido e a fundação do Partido Comunista da Itália (PCd'I) em 1921. Sobre o assunto, consultar Edmundo Dias, *Gramsci em Turim: a construção do conceito de hegemonia* (São Paulo, Xamã, 2000).

98 | HOMENS OU MÁQUINAS?

próprio seio um pessoal administrativo de confiança, especialista nesse tipo de negociação, capaz de dominar as condições de mercado, estipular contratos, avaliar as flutuações comerciais, iniciar operações economicamente rentáveis. A natureza essencial do sindicato é concorrencial, não é comunista. O sindicato não pode ser instrumento de renovação radical da sociedade: pode fornecer ao proletariado burocratas experientes, especialistas em questões industriais de natureza geral, mas não pode ser a base do poder proletário. O sindicato não oferece nenhuma possibilidade de seleção das individualidades proletárias capazes e dignas de dirigir a sociedade, não pode fazer emergir de seu seio as hierarquias em que se encarna o impulso vital, o ritmo do progresso da sociedade comunista.

A ditadura proletária pode se encarnar num tipo de organização específico da atividade própria dos produtores e não dos assalariados, escravos do capital. O conselho de fábrica é a célula primeira dessa organização. Na medida em que estão representados no conselho todos os ramos do trabalho, na proporção da contribuição que cada categoria profissional e cada ramo do trabalho dão à elaboração do objeto que a fábrica produz para a coletividade, essa instituição é de classe, é social. Sua razão de ser está no trabalho, na produção industrial, ou seja, num fato permanente e não mais no salário, na divisão de classes, isto é, num fato transitório, que se trata precisamente de superar.

O conselho, por isso, realiza a unidade da classe trabalhadora, dá às massas uma coesão e uma forma que são da mesma natureza da coesão e da forma que a massa assume na organização geral da sociedade.

O conselho de fábrica é o modelo do Estado proletário. Todos os problemas inerentes à organização do Estado proletário são inerentes à organização do conselho. Num e noutro, cai o conceito de cidadão e assume o conceito de companheiro: a colaboração para produzir bem e de modo útil desenvolve a solidariedade, multiplica os vínculos de afeto e de fraternidade. Cada um é indispensável, cada um está em seu lugar, cada um tem uma função e um posto. Até mesmo o mais ignorante e atrasado dos operários e até mesmo o mais vaidoso e "bem-educado" dos engenheiros terminam por se convencer dessa verdade nas experiências da organização de fábrica: todos adquirirem uma consciência comunista, por compreender o grande progresso representado pela economia comunista quando comparada à economia capitalista. O conselho é o mais idôneo órgão de educação recíproca e de desenvolvimento do novo espírito social que o proletariado foi capaz de gerar a partir da experiência viva e fecunda da comunidade de trabalho. A solidariedade operária, que no sindicato se desenvolvia na luta contra o capitalismo, no sofrimento e no sacrifício, torna-se positiva no conselho, torna-se permanente, e está encarnada até mesmo no mais ínfimo momento da produção industrial, contida na alegre consciência de fazer parte de um todo orgânico, de um sistema homogêneo e compacto que, trabalhando utilmente, produzindo desinteressadamente a riqueza social, afirma sua soberania, realiza seu poder e sua liberdade criadora de história.

A existência de uma organização na qual a classe trabalhadora esteja enquadrada em sua homogeneidade de classe produtora e que torne possível um espontâneo e livre florescimento de hierarquias e individualidades ricas e capazes, terá reflexos importantes e fundamentais na constituição e no espírito que anima a atividade dos sindicatos.

O conselho de fábrica também se funda na profissão. Em cada seção, os operários se distinguem em equipes e cada equipe é uma unidade de trabalho (de profissão): o conselho é constituído precisamente pelos comissários que os operários elegem segundo a profissão (equipe) da seção. Mas, enquanto o sindicato se baseia no indivíduo, o conselho se baseia na unidade orgânica e concreta da profissão, que se realiza no disciplinamento do processo industrial. A equipe (a profissão) sente-se distinta no corpo homogêneo da classe, mas, ao mesmo tempo, sente-se entrosada no sistema de disciplina e ordem que possibilita, com seu funcionamento exato e preciso, o desenvolvimento da produção. Enquanto interesse econômico e político, a categoria profissional é parte indistinta e perfeitamente solidária com o corpo da classe; distingue-se desse corpo pelo interesse técnico e pelo desenvolvimento do instrumento especifico que emprega no trabalho. Do mesmo modo, todas as indústrias são homogêneas e solidárias no objetivo de realizar perfeitas produção, distribuição e acumulação social da riqueza; mas cada indústria tem interesses distintos no que se refere à organização técnica de sua atividade específica.

A existência do conselho dá aos operários a responsabilidade direta da produção, leva-os a melhorar seu trabalho, instaura uma disciplina consciente e voluntária, cria a mentalidade do produtor, do criador de história. Os operários transportam essa nova consciência para o sindicato, que, além da simples atividade da luta de classe, passa a se dedicar ao fundamental trabalho de imprimir uma nova configuração à vida econômica e à técnica de trabalho, dedica-se a elaborar a forma de vida econômica e de técnica profissional que é própria da civilização comunista. Nesse sentido, os sindicatos, que são formados pelos melhores e mais conscientes operários, realizam o momento supremo da luta de classe e da ditadura do proletariado: criam as condições objetivas nas quais as classes não mais podem existir nem renascer.

É o que fazem na Rússia os sindicatos de indústria. Eles se tornaram os organismos nos quais se amalgamam todas as empresas singulares de determinado ramo industrial, conectando--se, articulando-se, formando uma grande unidade industrial. As concorrências perdulárias são eliminadas, os grandes serviços de administração, abastecimento, distribuição e armazenamento são unificados em grandes centros. Os sistemas de trabalho, os segredos de fabricação, as novas técnicas tornam-se imediatamente comuns a toda a indústria. A multiplicidade de funções burocráticas e disciplinares, inerente às relações de propriedade privada e à empresa individual, é reduzida às estritas necessidades da indústria. A aplicação dos princípios sindicais à indústria têxtil permitiu que, na Rússia, a burocracia fosse reduzida de 100 mil para 3.500 empregados.

A organização por fábrica estrutura a classe (toda a classe) numa unidade homogênea e coesa, que adere plasticamente ao processo industrial de produção e o domina, para dele se apropriar em definitivo. Na organização por fábrica, portanto, encarna-se a ditadura proletária, o Estado comunista que destrói a dominação de classe nas superestruturas políticas e em suas engrenagens gerais.

Os sindicatos profissionais e de indústria são as sólidas vértebras do grande corpo proletário. Elaboram as experiências individuais e locais, acumulando-as, realizando assim aquele nivelamento nacional das condições de trabalho e produção no qual se baseia concretamente a igualdade comunista.

102 | HOMENS OU MÁQUINAS?

Todavia, para que seja possível imprimir aos sindicatos essa direção positivamente classista e comunista, é necessário que os operários dirijam toda a sua vontade e sua fé para a consolidação dos conselhos, para a unificação orgânica da classe trabalhadora. Com base nesse fundamento homogêneo e sólido florescerão e se desenvolverão todas as estruturas superiores da ditadura e da economia comunista.

OS SINDICATOS E A DITADURA[1]

A luta de classe internacional obteve, até agora, a vitória dos operários e dos camponeses de dois proletariados nacionais. Na Rússia e na Hungria, os operários e os camponeses instauraram a ditadura proletária; e, tanto na Rússia como na Hungria, a ditadura teve de travar uma áspera batalha não só contra a classe burguesa, mas também contra os sindicatos. O conflito entre a ditadura e os sindicatos, aliás, foi uma das causas da queda do regime soviético húngaro, já que os sindicatos, embora jamais tenham tentado abertamente derrubar a ditadura, atuaram sempre como organismos "derrotistas" da revolução e semearam incessantemente o mal-estar e a covardia entre os operários e os soldados vermelhos[2]. Um exame, ainda que rápido, das razões e das condições desse conflito é útil para a educação revolucionária das massas, as quais devem se convencer não apenas de que o sindicato é talvez o organismo proletário mais importante da revolução comunista – já que deve ser a base da

[1] Não assinado, *L'Ordine Nuovo*, ano I, n. 23, 15 de outubro de 1919.

[2] Com base numa aliança entre comunistas e sociais-democratas, instaurou-se na Hungria, em março de 1919, uma república soviética que durou apenas até agosto do mesmo ano, quando foi militarmente derrotada pela reação interna apoiada por tropas romenas. Os sindicatos húngaros, a que Gramsci se refere, eram controlados pelos sociais-democratas. (N. E. O.) Nas páginas de *L'Ordine Nuovo*, 21 de agosto de 1920, ano II, n. 13, p. 99-101, encontra-se uma polêmica entre Karl Radek (1885-1939) e Paul Levi (1883-1930), ambos membros do Partido Comunista Alemão (KPD), sobre os motivos da breve vida da República Soviética húngara. Apesar das inúmeras discordâncias, eles convergiam na avaliação de que o erro fatal teria sido a coalisão com a social-democracia.

104 | HOMENS OU MÁQUINAS?

socialização da indústria, já que lhe cabe criar as condições nas quais a empresa privada desaparece e não pode mais renascer –, mas também de que é necessário criar, antes da revolução, as condições psicológicas e objetivas nas quais se torne impossível qualquer conflito e qualquer dualismo de poder entre os vários organismos em que se encarna a luta da classe proletária contra o capitalismo.

A luta de classe assumiu, em todos os países da Europa e do mundo, um caráter nitidamente revolucionário. A concepção, própria da Terceira Internacional, de que a luta de classe deve estar dirigida para a instauração da ditadura proletária triunfou contra a ideologia democrática e difunde-se irresistivelmente entre as massas. Os partidos socialistas aderem à Terceira Internacional ou, pelo menos, comportam-se segundo os princípios fundamentais elaborados no Congresso de Moscou; os sindicatos, ao contrário, permaneceram fiéis à "verdadeira democracia"[3] e não deixam passar nenhuma ocasião para induzir ou obrigar os operários a se declararem adversários da ditadura e se absterem de manifestações de solidariedade à Rússia dos sovietes. Esse comportamento dos sindicatos logo foi superado na Rússia, já que, ao desenvolvimento das organizações profissionais e industriais, seguiu-se paralelamente, e em ritmo mais acelerado, o desenvolvimento dos conselhos de fábrica. Ao contrário, na Hungria, tal comportamento dos sindicatos erodiu a base do poder proletário; na Alemanha, gerou imensas

---

[3] Nesta passagem, torna-se evidente a ironia de Gramsci para caracterizar o conteúdo burguês dos sindicatos ao indicar a oposição entre "a verdadeira democracia" e a ditadura do proletariado, que, ao contrário, para Lênin, estariam unidas. Para o revolucionário russo, a ditadura do proletariado coincidia com uma democracia mais completa e seria, assim, a democracia dos oprimidos contra os opressores, do proletariado contra a burguesia. Cf. Vladímir I. Lênin, *O Estado e a revolução: a doutrina do marxismo sobre o Estado e as tarefas do proletariado na revolução* (trad. Avante!, São Paulo, Boitempo, 2017).

carnificinas de operários comunistas, bem como o nascimento do fenômeno Noske[4]; na França, determinou o fracasso da greve geral de 20-21 de julho[5] e a consolidação do regime de Clemenceau[6]; na Inglaterra, impediu até agora qualquer intervenção direta dos operários ingleses na luta política; e ameaça cindir de modo profundo e perigoso as forças proletárias em todos os países.

Os partidos socialistas adquirem cada vez mais um perfil nitidamente revolucionário e internacionalista; os sindicatos, ao contrário, tendem a encarnar a teoria (!) e a tática do oportunismo reformista e tornar-se organismos meramente nacionais. Disso resulta um estado de coisas insustentável, uma condição de confusão permanente e debilidade crônica para a classe trabalhadora, que aumenta o desequilíbrio geral da sociedade e favorece a proliferação dos fermentos de desagregação moral e barbarismo.

Os sindicatos organizaram os operários segundo os princípios da luta de classe e foram eles mesmos as primeiras formas orgânicas dessa luta. Os organizadores sempre disseram que só a luta de classe pode levar o proletariado a sua emancipação e que a organização

---

[4] Gustav Noske (1868-1947), de origem sindical, foi um importante dirigente do Partido Social-Democrata Alemão. No fim da Primeira Guerra Mundial, com o colapso da monarquia alemã em 9 de novembro de 1818, assumiu o Ministério da Defesa do governo republicano provisório, formado por sociais-democratas de direita. Nessa condição, em janeiro de 1919, chefiou uma dura ação repressiva contra os revolucionários insurretos, a qual culminou no assassinato de Rosa Luxemburgo e Karl Liebknecht. (N. E. O.)

[5] Gramsci refere-se à greve internacional, convocada para a mesma data pela Terceira Internacional. (N. E. O.)

[6] Georges Clemenceau (1841-1929) foi duas vezes primeiro-ministro da França, em 1906- -1909 e 1917-1920. Quando ingressou no Parlamento, em 1871, era um republicano anticlerical. Contudo, seu primeiro governo caracterizou-se pela repressão contra greves e manifestações populares. Foi presidente da Conferência de Paz de Versalhes, em 1919, quando lutou pela imposição de duras condições de paz à Alemanha derrotada, defendendo ganhos territoriais para a França. Perdeu a eleição presidencial de 1920. (N. E. O.)

106 | HOMENS OU MÁQUINAS?

sindical tem precisamente como meta a supressão do lucro individual e da exploração do homem pelo homem, já que se propõe eliminar o capitalista (o proprietário privado) do processo industrial de produção e, portanto, eliminar as classes. Mas os sindicatos não podiam realizar imediatamente essa meta e, por conseguinte, dirigiram todas as suas forças para o objetivo imediato de melhorar as condições de vida do proletariado, reivindicando maiores salários, diminuição da jornada de trabalho, um conjunto de leis sociais. Sucederam-se movimentos, realizaram-se muitas greves; houve uma melhora relativa da condição de vida dos trabalhadores. Mas todos os resultados, todas as vitórias da ação sindical, fundam-se em bases antigas: o princípio da propriedade privada permanece intacto e forte, permanecem intactas a ordem da produção capitalista e a exploração do homem pelo homem, ou melhor, tornam-se mais complexas sob novas formas. A jornada de oito horas, o aumento do salário, os benefícios da legislação social não atingem o lucro; os desequilíbrios que, num primeiro momento, a ação sindical provoca na taxa de lucro são superados e encontram um novo arranjo no jogo da livre concorrência – para as nações de economia mundial, como a Inglaterra e a Alemanha – ou no protecionismo – para as nações de economia fechada, como a França e a Itália. Ou seja: o capitalismo faz recair o aumento dos gastos gerais da produção industrial ou sobre as massas nacionais amorfas ou sobre as massas coloniais.

A ação sindical revela-se, assim, absolutamente incapaz de superar, em seu terreno e com seus meios, a sociedade capitalista; revela-se incapaz de conduzir o proletariado a sua emancipação, à realização da meta superior e universal que de início se propusera.

Segundo as doutrinas sindicalistas, os sindicatos deveriam servir para educar os operários na gestão da produção. Afirmou-se que, como os sindicatos de indústria são o reflexo integral de uma determinada indústria, eles se tornariam o quadro da qualificação operária para a gestão daquela determinada indústria. Os cargos sindicais serviriam para tornar possível uma seleção dos melhores operários, dos mais estudiosos, dos mais inteligentes, dos mais capazes de assenhorear-se do complexo mecanismo da produção e das trocas. Os líderes operários da indústria do couro seriam os mais capazes para gerir essa indústria, o mesmo podendo-se dizer para a indústria metalúrgica, do livro etc.

Colossal ilusão! A escolha dos líderes sindicais jamais ocorre por critérios de competência industrial, mas de competência meramente jurídica, burocrática ou demagógica. E, quanto mais cresceram as organizações, quanto mais frequente tornou-se sua intervenção na luta de classes, quanto mais ampla e profunda foi sua ação, tanto mais se fez necessário reduzir os postos de direção a postos puramente administrativos e contábeis, tanto mais a capacidade técnica industrial tornou-se um desvalor e passou a predominar a capacidade burocrática e comercial. Foi-se, desse modo, constituindo uma verdadeira casta de funcionários e jornalistas sindicais, com uma psicologia corporativa em absoluto contraste com a psicologia dos operários. Essa casta terminou por assumir em face dos operários a mesma posição da burocracia governamental em face do Estado parlamentar: é a burocracia que reina e governa.

A ditadura proletária quer suprimir a ordem da produção capitalista, quer suprimir a propriedade privada, porque só assim pode ser suprimida a exploração do homem pelo homem. A ditadura proletária quer suprimir a diferença das classes, a luta das classes, porque só assim pode ser completa a emancipação social da classe trabalhadora. Para alcançar essa meta, o Partido Comunista educa o proletariado para organizar seu poder de classe e servir-se desse poder armado para dominar a classe burguesa e criar as condições nas quais a classe exploradora seja suprimida e não possa renascer. A tarefa do Partido Comunista na ditadura, portanto, é a seguinte: organizar poderosa e definitivamente a classe dos operários e dos camponeses em classe dominante, zelar para que todos os organismos do novo Estado desempenhem efetivamente uma ação revolucionária e romper com os direitos e as velhas relações inerentes ao princípio da propriedade privada. Mas essa ação destrutiva e de controle deve ser imediatamente seguida de uma obra positiva de criação e produção. Se essa obra não se cumpre, é inútil a força política, a ditadura não pode se sustentar: nenhuma sociedade pode se sustentar sem a produção, e menos ainda a ditadura: realizando-se nas condições de esfacelamento econômico provocado por cinco anos de intensa guerra e meses e meses de terrorismo armado burguês, ela necessita precisamente de uma intensa produção.

E temos aqui a vasta e magnífica tarefa que deveria abrir-se para a atividade dos sindicatos de indústria. São precisamente eles que deverão realizar a socialização, iniciar uma nova ordem de produção, na qual a empresa se baseie não na vontade de lucro do proprietário, mas no interesse solidário da comunidade social que, em cada ramo industrial, emerge da indistinção genérica e se concretiza no correspondente sindicato operário.

No soviete húngaro, os sindicatos se abstiveram de qualquer trabalho criador. Politicamente, os funcionários sindicais criaram contínuos obstáculos para a ditadura, formando um Estado no interior do Estado, permanecendo economicamente inertes: mais de uma vez, as fábricas tiveram de ser socializadas contra a vontade dos sindicatos, embora a socialização fosse o dever por excelência dos sindicatos. Mas os líderes das organizações húngaras eram limitados espiritualmente, tinham uma psicologia burocrático-reformista e temiam perder o poder que até então tinham exercido sobre os operários. Dado que a função para a qual o sindicato se desenvolvera até a ditadura era inerente ao predomínio da classe burguesa e que os funcionários não tinham uma capacidade técnica industrial, eles afirmavam que a classe operária era imatura para a gestão direta da produção; defendiam assim a "verdadeira democracia", ou seja, a conservação da burguesia em suas posições principais de classe proprietária. Queriam perpetuar e expandir a era dos acordos, dos contratos de trabalho, da legislação social, para serem capazes de fazer valer suas qualificações. Queriam que se aguardasse a... revolução internacional, não podendo compreender que a revolução internacional manifestava-se precisamente na Hungria com a revolução húngara, na Rússia com a revolução russa, em toda a Europa com as greves gerais, com os pronunciamentos militares, com o fato de que as condições de vida, em consequência da guerra, haviam se tornado insuportáveis para a classe trabalhadora.

Um dos mais influentes líderes dos sindicatos húngaros assim expôs, na última sessão do soviete de Budapeste, o ponto de vista dos derrotistas da revolução:

> Quando o proletariado húngaro assumiu o poder e proclamou a República dos Sovietes, pôs suas esperanças em três fatos: 1) na eclosão iminente da revolução mundial; 2) na ajuda do Exército Vermelho da Rússia; 3) no espírito de sacrifício do proletariado húngaro. Mas a revolução mundial demorou a eclodir, as tropas vermelhas da Rússia não puderam chegar à Hungria e o espírito de sacrifício do proletariado húngaro não foi maior que o espírito de sacrifício do proletariado da Europa ocidental.

No atual momento histórico, o governo dos sovietes se retira para dar ao país a possibilidade de entrar em negociações com a Entente; retira-se para não deixar sangrar o proletariado húngaro, para salvá-lo e conservá--lo no interesse da revolução mundial, para que *um dia* a grande hora da revolução socialista mundial possa *realmente* eclodir.

No último número do comunista *Vörös Ujsàg* [Jornal Vermelho] (2 de agosto), a situação criada para o proletariado húngaro por seus organismos tradicionais foi assim descrita:

> Será que o proletariado húngaro sabe o que o espera, se não suprimir imediatamente os assassinos que tem em casa? O proletariado de Budapeste sabe o destino que o espera, se não encontrar forças para rejeitar o bando de saqueadores que se introduziu no Estado proletário? O terror branco e o terror romeno unirão suas forças para reinar sobre o proletariado húngaro; o chicote suavizará as torturas da fome; o trabalho produtivo será favorecido pelo saque de nossas máquinas e pela demolição de nossas fábricas.
>
> A "aristocracia" da classe operária – *todos os que*, durante a ditadura proletária, *só uma vez* dirigiram a palavra ao proletariado – prestará contas de suas ações às baionetas e às metralhadoras dos romenos. A "verdadeira" democracia será instaurada na Hungria, já que todos os que podiam dizer algo se tornarão iguais no repouso da tumba e os outros gozarão de iguais direitos ao chicote dos boiardos. A disputa entre partido e sindicato cessará porque, durante muito tempo, não haverá na Hungria nem partido nem sindicatos; a disputa para decidir se a ditadura deve servir-se da força ou da doçura cessará, pois a burguesia e os boiardos já terão decidido quais serão os métodos de *sua* ditadura: centenas de forcas anunciarão que a disputa terminou em favor da burguesia, por causa da fraqueza do proletariado.

SINDICALISMO E CONSELHOS[1]

Somos sindicalistas? Será que o movimento dos comissários de seção, iniciado em Turim, não passa da enésima encarnação localista da teoria sindicalista? É mesmo essa a pequena turbulência que prenuncia as devastações do ciclone sindicalista[2] de marca autóctone, daquele conglomerado de demagogia, de enfático verbalismo pseudorrevolucionário, de espírito indisciplinado e irresponsável, da agitação maníaca de uns poucos indivíduos de inteligência limitada (pouco cérebro e muita garganta) que conseguiram algumas vezes apropriar-se da vontade das massas? Será que, nos anais do movimento operário italiano, ele ficará marcado com a etiqueta "sindicalismo italiano"?

---

[1] Não assinado, *L'Ordine Nuovo*, ano I, n. 25, 8 de novembro de 1919.

[2] A expressão *"bluffisti ciclonici"* [ciclones blefadores] já havia aparecido no artigo "Torino, città di província", *Avanti!*, ano XXII, 17 agosto de 1918. Tanto lá como aqui, Gramsci se referiu aos sindicalistas revolucionários e, de acordo com Sergio Caprioglio, provavelmente à greve dos metalúrgicos turineses de janeiro de 1912. Cf. Antonio Gramsci, *Il Nostro Marx (1918-1919)* (org. Sergio Caprioglio, Turim, Einaudi, 1984), p. 258. O sindicalismo revolucionário derivava das elaborações de Georges Sorel, que valorizava a greve geral como instrumento prático da revolução socialista, rejeitando, portanto, as funções organizativas e programáticas dos partidos políticos – sobre isso, consultar Georges Sorel, *Réflexions sur la violence* (Paris, Rivière, 1908); Leandro Galastri, *Gramsci, marxismo e revisionismo* (Campinas, Autores Associados, 2015). Nos dois artigos Gramsci polemiza com o voluntarismo demagógico que caracterizava o movimento; contudo, o sindicalismo, para o autor, em geral desempenhava funções específicas, incapazes de superar os limites corporativos sem articular-se às elaborações teóricas e programáticas coletivas que ocorriam no interior dos conselhos de fábrica e no partido político.

HOMENS OU MÁQUINAS?

A teoria sindicalista fracassou completamente na experiência concreta das revoluções proletárias. Os sindicatos demonstraram sua orgânica incapacidade de encarnar a ditadura proletária. O desenvolvimento normal do sindicato é marcado por uma linha de decadência do espírito revolucionário das massas: aumenta a força material, esmorece ou desaparece na íntegra o espírito de conquista, debilita-se o impulso vital. À intransigência heroica sucede-se a prática do oportunismo, a prática do "pão e manteiga". O aumento quantitativo determina um empobrecimento qualitativo e uma acomodação fácil às formas sociais capitalistas, determina o surgimento de uma psicologia operária nojenta, estreita, da pequena e da média burguesias. Não obstante, a tarefa elementar do sindicato é a de recrutar "toda" a massa, absorver em seus quadros todos os trabalhadores da indústria e da agricultura. Portanto, o meio não é adequado ao fim e, dado que o meio é apenas um momento do fim que se realiza, que se faz, deve-se concluir que o sindicalismo não é o meio para a revolução, não é um momento da revolução proletária, não é a revolução que se realiza, que se faz: o sindicalismo só é revolucionário pela possibilidade gramatical de juntar as duas palavras.

O sindicalismo revelou-se nada mais que uma forma da sociedade capitalista, não uma superação potencial da sociedade capitalista. Ele organiza os operários não como produtores, mas como assalariados, ou seja, como criaturas do regime capitalista de propriedade privada, como vendedores da mercadoria trabalho. O sindicalismo une os operários segundo o instrumento de trabalho ou segundo a matéria a transformar, isto é, o sindicalismo une os operários segundo a forma que lhes imprime o regime capitalista, o regime do individualismo econômico. Servir-se de um instrumento de trabalho e não de outro, modificar determinada matéria e não outra, revela capacidade e aptidões diversas para o trabalho e o ganho; o operário fixa-se nessa sua capacidade, nessa sua aptidão, e a concebe não como um momento da produção, mas como um puro meio de ganho.

O sindicato de profissão ou de indústria, unindo o operário a seus companheiros de profissão ou de indústria, àqueles que usam no trabalho o mesmo instrumento ou transformam a mesma matéria que ele, contribui para fortalecer essa psicologia, para afastá-lo cada vez mais de uma possível concepção de si como produtor, levando-o a considerar-se "mercadoria" de um mercado nacional e internacional que, pelo jogo da concorrência, estabelece seu preço, seu valor.

O operário só pode se conceber como produtor caso se conceba como parte inseparável de todo o sistema de trabalho que se consolida no objeto fabricado, caso vivencie a unidade do processo industrial que demanda a colaboração do trabalhador manual, do qualificado, do empregado da administração, do engenheiro, do diretor técnico. O operário só pode se conceber como produtor se, depois de ter se inserido psicologicamente no específico processo produtivo de determinada fábrica (por exemplo, em Turim, de uma fábrica automobilística) e ter se concebido como um momento necessário e insuprimível da atividade de um complexo social que produz o automóvel, superar essa fase e visualizar toda a atividade turinesa da indústria automobilística, concebendo Turim como uma unidade de produção caracterizada pelo automóvel, concebendo uma grande parte do trabalho turinês como existindo e desenvolvendo-se somente porque existe e se desenvolve a indústria automobilística e, portanto, concebendo os trabalhadores dessas múltiplas atividades gerais como sendo também eles produtores da indústria automobilística, já que são os criadores das condições necessárias e suficientes para a existência dessa indústria. Partindo dessa célula, da fábrica vista como unidade, como ato criador de determinado produto, o operário eleva-se à compreensão de unidades cada vez mais amplas, até chegar à nação, que, em seu conjunto, é um gigantesco aparelho de produção, caracterizado por exportações, pela soma de riquezas que troca por uma soma equivalente de riquezas provenientes de todas as partes do mundo, dos outros vários gigantescos aparelhos de produção nos quais se diferencia o mundo. Nesse momento, o operário é produtor, já que adquiriu consciência de sua função no processo produtivo, em todos os graus, desde a fábrica até a nação, até o mundo; nesse momento, ele sente a classe e se torna comunista, já que a propriedade privada não é função da produção; e se torna revolucionário, já que concebe o capitalismo, o proprietário privado, como um ponto morto, como um estorvo a ser eliminado. Nesse momento, ele concebe o "Estado", concebe uma organização complexa da sociedade, uma forma concreta da sociedade, porque ela não é mais que a forma do gigantesco aparelho de produção que reflete, com todas as novas e superiores relações e funções exigidas por sua imensa magnitude, a vida da fábrica, que representa o conjunto, harmonizado e hierarquizado, das condições necessárias para que sua indústria, sua fábrica, sua personalidade de produtor viva e se desenvolva.

A prática italiana do sindicalismo pseudorrevolucionário, assim como a prática do sindicalismo reformista, é negada pelo movimento turinês dos comissários de seção: é negada duplamente, já que o sindicalismo reformista representa a superação do sindicalismo pseudorrevolucionário. Com efeito, se o sindicato só pode dar aos operários "pão e manteiga", se o sindicato, em regime burguês, só pode assegurar um mercado salarial estável e eliminar alguns dos riscos mais perigosos para a integridade física e moral do operário, é evidente que a prática reformista obteve esses resultados melhor que a prática pseudorrevolucionária. Se se pede a um instrumento mais do que ele pode dar, se se faz crer que um instrumento é capaz de dar mais do que sua natureza permite, cometem-se nada além de despropósitos, efetiva-se uma ação puramente demagógica. Os sindicalistas pseudorrevolucionários da Itália são levados muitas vezes a discutir se não convém fazer do sindicato (por exemplo, do sindicato dos ferroviários) um círculo fechado, compreendendo apenas os "revolucionários", a minoria audaciosa que arrasta as massas frias e indiferentes; eles são levados, em outras palavras, a renegar o princípio elementar do sindicalismo, isto é, a organização de toda a massa. E isso porque, íntima e inconscientemente, intuem a inutilidade da propaganda que fazem, a incapacidade do sindicato de dar uma forma concretamente revolucionária à consciência do operário. E isso porque jamais se propuseram, com clareza e precisão, o problema da revolução proletária, já que eles, os defensores da teoria dos "produtores", jamais tiveram consciência de produtores. São demagogos, não revolucionários, são agitadores... cujo sangue se põe em tumulto no fogo-fátuo dos discursos, não educadores, não formadores de consciências.

Será que o movimento dos comissários nasceu somente para substituir Borghi, Buozzi ou D'Aragona[3]? O movimento dos comissários é a negação de qualquer forma de individualismo e personalismo. É o início de um grande processo histórico, no qual a massa

---

[3] Armando Borghi era secretário da União Sindical Italiana (USI), de orientação anarcossindicalista; Bruno Buozzi era secretário-geral da Federação Italiana dos Operários Metalomecânicos (Fiom), e Ludovico d'Aragona, de orientação reformista, foi por muitos anos secretário-geral da Confederação Geral do Trabalho (CGL), a maior central sindical italiana da época, estreitamente ligada ao Partido Socialista, em particular à corrente reformista. (N. E. O.)

trabalhadora adquire consciência de sua inseparável unidade baseada na produção, no ato concreto do trabalho, e empresta uma forma orgânica a essa consciência, construindo para si uma hierarquia, expressando essa hierarquia a partir do mais profundo de si mesma, para que ela mesma se torne vontade consciente de uma meta precisa a atingir, de um grande processo histórico que, apesar dos erros que indivíduos possam cometer, apesar das eventuais crises geradas pelas condições nacionais e internacionais, culminará irresistivelmente na ditadura proletária, na Internacional Comunista.

A teoria sindicalista jamais expressou tal concepção do produtor e do processo de desenvolvimento histórico da sociedade dos produtores; jamais indicou que a organização dos trabalhadores devesse adquirir essa direção e esse sentido. Teorizou uma forma particular de organização, o sindicato profissional e de indústria, e certamente a construiu com base numa realidade, mas uma realidade cuja forma era impressa pelo regime capitalista da livre concorrência da propriedade privada da força de trabalho; construiu, portanto, apenas uma utopia, um grande castelo de abstrações.

A concepção do sistema dos conselhos, fundado no poder da massa trabalhadora organizada por local de trabalho, por unidade de produção, tem suas origens nas experiências históricas concretas do proletariado russo. É o resultado do esforço teórico dos companheiros comunistas russos, que não são sindicalistas, mas socialistas revolucionários.

O PROBLEMA DO PODER[1]

A posição histórica atualmente alcançada pela classe dos explorados italianos resume-se em geral nos seguintes termos:

Ordem pública: conjunto de cerca de 3,5 milhões de operários, camponeses e empregados, correspondendo a cerca de 15 milhões da população italiana, representada no Parlamento por 155 deputados socialistas. Na ordem política, a classe produtora italiana, que não possui os instrumentos de trabalho e os meios de produção e troca do aparato econômico nacional, conseguiu concretizar uma concentração de forças que põe fim à funcionalidade do Parlamento como base do poder estatal, como forma constitucional de governo político; portanto, a classe italiana dos explorados conseguiu infligir um tremendo golpe no aparato político da supremacia capitalista, que se baseia no revezamento de partidos conservadores e democráticos, na alternância no governo das diversas sociedades políticas que tingem de cores diversas o banditismo capitalista e o domínio dos cofres-fortes.

Ordem econômica. O movimento operário em suas várias tendências[2]:

---

[1] Em 15 de novembro ocorreram as eleições para a XXV Legislatura. O Partido Socialista obteve uma fortíssima votação (1.840.593 votos e 156 cadeiras de 508). Cem assentos foram conquistados pelo Partido Popular. Desse modo, os partidos governantes tradicionais perderam a maioria. (N. E. I.) Não assinado, *L'Ordine Nuovo*, ano I, n. 28, 29 de novembro de 1919.

[2] No pós-guerra existiam quatro centrais sindicais que congregavam a massa heterogênea de trabalhadores e de seções sindicais. Além da CGT, havia a Unione Sindacale Italiana [União

Homens ou máquinas?

- o movimento dos operários industriais na vanguarda, pois são assalariados da mais avançada indústria moderna, e dos operários agrícolas das áreas de cultivo intensivo, que se concentram na Confederação Geral do Trabalho;
- o movimento dos trabalhadores industrialmente atrasados, portanto eternamente inquietos e indisciplinados, que substituem a concreta ação revolucionária permanente pela fraseologia revolucionária, e abrigados sob as tendas nômades da União Sindical Italiana[3];
- o Sindicato dos Ferroviários, massa amorfa de operários industriais de vanguarda, de empregados pequeno-burgueses, de técnicos negligentes e de uma quantidade incerta e indistinta de jornaleiros e assalariados, apegada à retribuição do Estado como só pode ser o pequeno-burguês e o pequeno camponês italiano;
- os sindicatos católicos de camponeses; estes têm com os trabalhadores da terra confederados o mesmo tipo de relação que os operários da União Sindical com os operários confederados: massas de elementos proletários atrasados, que introduzem no sindicalismo princípios estranhos ou contraditórios (a religião, uma vaga e caótica aspiração libertária);
- ligas de camponeses e Câmaras do Trabalho espalhadas aqui e ali por toda a Itália, especialmente na Itália Meridional e nas ilhas; são uma característica da falta de coesão do aparato econômico e político nacional; nasceram do impulso individual e vivem o dia a dia exaurindo sua atividade em movimentos caóticos e sem direção concreta permanente;

Sindical Italiana], de orientação anarquista; a Unione Italiana del Lavoro [União Italiana do Trabalho], que era nacionalista e depois se tornou fascista; e o sindicalismo católico.

[3] Organização sindical dos anarcossindicalistas, constituída após a expulsão dos sindicalistas do Partido Socialista (1908). (N. E. I.)

O PROBLEMA DO PODER | 119

• ligas proletárias de mutilados e veteranos de guerra, associações livres de veteranos e ex-combatentes; representam a primeira tentativa grandiosa de organizar as massas camponesas;

• o movimento corporativo, nessas várias tendências e formas, concentrou uma massa de pelo menos 6 milhões de trabalhadores italianos (correspondente a cerca de 25 milhões da população nacional) e determinou o desaparecimento do campo econômico do trabalhador "livre", isto é, provocou a paralisia do mercado capitalista do trabalho. A conquista das oito horas e do salário mínimo é tributária dessas condições gerais do mercado de trabalho. A ordem de produção capitalista foi profundamente turbada, a "liberdade" de exploração, a liberdade de extrair o mais-valor da força de trabalho (lucro ou renda para o capitalista e proprietário fundiário, impostos para o Estado, tributos para os jornais e sicários dos bancos) foi limitada, foi submetida, ainda que indiretamente, ao controle proletário; a base econômica da organização capitalista, que culmina na associação mais alta do capitalismo, o Estado parlamentar-burocrático, foi desagregada pela sabotagem da fonte principal da potência capitalista: a liberdade de extrair mais-valor.

O triunfo eleitoral do Partido Socialista, o envio ao Parlamento de 155 deputados[4] socialistas que imobilizam a funcionalidade do Parlamento como forma constitucional do governo político, é um simples reflexo desse fundamental e primordial fenômeno econômico, pelo qual foi imobilizado o funcionamento do mercado da força de trabalho como forma constitucional do governo

---

[4] A organização e a representação parlamentar do movimento operário apresentaram um crescimento extraordinário e abrupto no pós-guerra: o PSI passou de 50 mil inscritos antes da guerra para 300 mil; a CGT, de 500 mil filiados, alcançou 2 milhões no pós-guerra; e o grupo parlamentar triplicou seu tamanho, que antes da guerra era de cinquenta deputados.

econômico-capitalista, do poder dos capitalistas sobre o processo de produção e troca.

Os operários e camponeses de vanguarda intuíram que uma situação desse gênero vinha se formando na Itália durante a guerra e se consolidou nesse primeiro período pós-bélico. Intuíram que as conquistas alcançadas somente podem ser mantidas quando se segue em frente; se as oito horas tornam-se leis dos operários e dos camponeses, tornam-se "costume" difundido da sociedade comunista; se o salário mínimo torna-se uma lei que reconhece aos operários e aos camponeses o direito de poderem satisfazer, com o fruto do trabalho, todas as exigências de determinado padrão de vida civil e intelectual, lei que emana do poder dos operários e dos camponeses, cujo poder, por sua vez, é o reflexo político de uma renovada ordem do processo produtivo industrial e agrícola; se o controle das massas coligadas de operários e camponeses sobre a fonte do poder burguês (a formação do mais-valor) sai de sua forma atual, bruta e indistinta, pela pressão de massas, pela resistência de massas, para tornar-se técnica econômica e política, para se incorporar em uma hierarquia de instituições econômicas e políticas que culminam no Estado dos operários e dos camponeses, no governo dos operários e dos camponeses, em um poder central dos operários e dos camponeses; se a conquista da terra pelos camponeses torna-se, de simples posse do instrumento elementar de trabalho, conquista dos frutos que o instrumento pode produzir, isto é, controle das formas em que a mercadoria produzida circula, e controle dos organismos econômicos que representam as etapas dessa circulação: os bancos, as uniões bancárias, as centrais comerciais, a rede de transportes ferroviários, fluviais, e marítimos. Se um Estado operário não assegura aos camponeses a imunidade contra os assaltos predatórios do capitalismo e da alta finança, a guerra será paga por meio de uma "grandiosa" revolução agrária conduzida pelo Estado burguês e por organizações capitalistas menores: a introdução de máquinas na agricultura, com a expropriação dos camponeses e sua redução ao papel de operários agrícolas assalariados, sem experiência sindical e, portanto, mais duramente explorados e expropriados de sua riqueza de força de trabalho que os operários da indústria urbana. Progredir no caminho da revolução rumo à expropriação dos expropriadores e à fundação de um Estado comunista é interesse imediato das duas categorias mais numerosas da classe dos produtores italianos: significa para os operários da cidade conservar as conquistas alcançadas até agora e não as ver engolfadas na falência do aparato de produção industrial e na ruptura da sociedade até a desordem e o terrorismo permanente, sem desfecho previsível; além de significar tomar posse do aparelho de produção nacional para reorientá-lo com a finalidade de bem-estar e aperfeiçoamento espiritual da classe trabalhadora; significa para os camponeses preservar a terra conquistada, expandir seus fundos, libertar a terra de gravames hipotecários e fiscais capitalistas e iniciar a revolução industrial com métodos e sistemas comunistas, em estreita colaboração com os operários urbanos.

Os operários e os camponeses de vanguarda compreenderam essas necessidades imanentes na atual situação econômica, no catastrófico equilíbrio de forças e nas organizações de produção. E fizeram tudo o que podiam em uma sociedade democrática, em uma sociedade configurada politicamente; indicaram o Partido Socialista, que representa as ideias e o programa a ser implementado, como sua natural hierarquia política e indicaram ao partido o caminho do poder, o caminho do governo, que é constitucionalmente baseado não no Parlamento eleito por sufrágio universal pelos explorados e pelos exploradores, mas no sistema de conselhos de trabalhadores e camponeses[5], que encarnam tanto o governo do poder industrial quanto o governo do poder político, que são, aliás, instrumentos da expulsão dos capitalistas do processo de produção e instrumentos da supressão da burguesia, como classe dominante de todas as instituições de controle e de centralização econômica da nação.

O problema concreto imediato do Partido Socialista é, portanto, o problema do poder, é o problema dos modos e das formas pelas quais é possível organizar toda a massa de trabalhadores italianos em uma hierarquia que organicamente culmine no partido, é o problema da construção de um aparelho de Estado que, em seu âmbito interno, funcione democraticamente, ou seja, garanta a todas as tendências anticapitalistas a liberdade e a possibilidade de se tornarem partidos de governo proletário, e que externamente seja como uma máquina implacável que esmague os organismos do poder industrial e político do capitalismo.

Existe a grande massa do povo trabalhador italiano. Hoje ela se divide politicamente em duas tendências principais: a massa dos socialistas marxistas e a massa de socialistas católicos – e em uma multiplicidade de tendências secundárias: o anarcossindicalismo, aquela dos ex-combatentes social-democratas, e os vários

---

[5] Instituir uma linha política revolucionária no PSI baseada nos conselhos de fábrica constituía a principal batalha interna dos ordinovistas que, contudo, a política concreta do partido nunca acompanhou. Como ressaltou Giuseppe Fiori em *Vita di Antonio Gramsci* (Bari, Laterza, 2008), p. 148: "Foi precisamente Claudio Trèves [1869-1933, deputado do PSI], um expoente da direita, a refletir a real consistência das forças em campo, quando, em março de 1920, em um famoso discurso na Câmara, conhecido como o "discurso da expiação", reportando-se a [Francesco Saverio] Nitti [1868-1953, primeiro-ministro italiano entre junho de 1919 e junho de 1920], disse: 'Vocês não podem mais impor-se e nós não podemos ainda impormo-nos a vocês'".

agrupamentos localizados com tendências revolucionárias. Essa massa representa mais de 25 milhões da população italiana, ou seja, uma base estável e segura do aparelho proletário.

Existe uma série de organismos sindicais de associações semi-proletárias, que representam uma diferença de capacidade técnica e política na grande massa do povo trabalhador.

Existe o Partido Socialista, e no partido a tendência comunista revolucionária, que representa a fase de maturidade da consciência histórica atual da massa proletária.

Os problemas concretos mais importantes do momento atual, para os revolucionários, são estes:

1) fixar a grande massa do povo trabalhador em uma configuração social que possa aderir ao processo de produção industrial e agrícola (constituição dos conselhos de fábrica e de aldeia com direito a voto para todos os trabalhadores);

2) conseguir que nos conselhos a maioria seja representada por companheiros do partido, das organizações operárias e dos companheiros simpatizantes, mas sem excluir que transitoriamente, nos primeiros momentos de incerteza e falta de maturidade, ela possa cair nas mãos de populares, de sindicalistas anarquistas, de reformistas, uma vez que são trabalhadores assalariados e eleitos em seu local de trabalho e uma vez que aderem ao Estado operário.

Nas mais altas hierarquias urbanas e distritais (para o campo), a representação no Conselho Urbano ou Distrital deve ser dada não aos centros de produção, ou seja, à massa operária como tal, mas aos setores do partido, aos círculos, aos sindicatos, às associações proletárias, às cooperativas. A maioria socialista seria notável nesses poderes locais e seria avassaladora nas grandes cidades industriais, ou seja, onde o Estado operário será verdadeiramente uma ditadura do proletariado (dos operários fabris) e terá de superar as dificuldades mais árduas, porque terá de se apoderar dos centros capitalistas, dos organismos capitalistas que estendem seus tentáculos por toda a nação.

O PARTIDO E A REVOLUÇÃO[1]

O Partido Socialista, com sua rede de seções (que são, nos grandes centros industriais, a base de um compacto e poderoso sistema de círculos de bairros), com suas federações provinciais solidamente unificadas pelas correntes de ideias e atividades que irradiam das seções urbanas, com seus congressos anuais, que efetivam a mais alta soberania do partido, exercida pela massa de inscritos de delegações bem definidas e limitadas em termos de poder (congressos esses que são convocados para discutir e resolver problemas imediatos e concretos), com sua direção, que emana diretamente do congresso e constitui seu comitê permanente de execução e controle, o Partido Socialista constitui um aparelho de democracia proletária que, na fantasia política, pode facilmente ser visto como "exemplar"[2].

---

[1] Não assinado, *L'Ordine Nuovo*, ano I, n. 31, 27 de dezembro de 1919.

[2] O ano 1919 foi caracterizado por uma crescente tensão no cenário político nacional e internacional. A Itália encontrava-se numa profunda crise econômica, com carestia e degradação das condições de vida dos trabalhadores, que reagiam com manifestações e greves em todo o país. Além disso, Benito Mussolini avançava na organização dos *fasci di combatimento*, aumentando a tensão social. Destarte, *L'Ordine Nuovo* concentrou-se naquele ano inteiramente sobre a construção do movimento operário turinês e no fortalecimento dos conselhos de fábrica. Gramsci estava ciente, contudo, das oposições que se encontravam no interior do PSI ao caráter revolucionário dos conselhos e do crescente isolamento do grupo ordinovista. Era necessário, portanto, esclarecer que o partido revolucionário não poderia basear-se em princípios abstratos ou utopias, mas, ao contrário, deveria constituir-se concretamente como uma rede de instituições formada pelo partido, pelo sindicato e pelos conselhos, cujas funções seriam complementares e não excludentes, construída a partir das massas e não das burocracias. Ver Gianni Fresu, *Antonio Gramsci: o homem filósofo* (São Paulo, Boitempo, 2020).

O Partido Socialista é um modelo de sociedade "libertária" disciplinada voluntariamente por um ato explícito de consciência. Imaginar toda a sociedade humana como um imenso Partido Socialista, com solicitações de ingresso e afastamento, não pode deixar de provocar o preconceito contratualista de muitos espíritos subversivos, educados mais por J.-J. Rousseau e pelos opúsculos anarquistas que pelas doutrinas históricas e econômicas do marxismo. A Constituição da República Russa dos Sovietes se funda em princípios idênticos àqueles em que se funda o Partido Socialista; o governo da soberania popular russa funciona de forma sugestivamente idêntica à forma de governo do Partido Socialista. Na verdade, não é estranho que, dessas analogias e aspirações instintivas, tenha nascido o mito revolucionário pelo qual se concebe a instauração do poder proletário como uma ditadura do sistema de seções do Partido Socialista.

Essa concepção é pelo menos tão utópica quanto aquela que identifica nos sindicatos e nas câmaras do trabalho as formas do desenvolvimento revolucionário. A sociedade comunista só pode ser concebida como formação "natural", aderente ao instrumento de produção e de troca; e a revolução só pode ser concebida como o ato de reconhecimento histórico da "naturalidade" dessa formação. O processo revolucionário, portanto, identifica-se somente com um movimento espontâneo das massas trabalhadoras, determinado pelo impacto das contradições inerentes à convivência humana em regime de propriedade capitalista. Presas na tenaz dos conflitos capitalistas, ameaçadas por uma condenação sem apelo à perda dos direitos civis e espirituais, as massas se afastam das formas da democracia burguesa, abandonam a legalidade da constituição burguesa. A sociedade se dissolveria, toda a produção de riqueza útil cessaria, e os homens se precipitariam num sombrio abismo de miséria, barbárie e morte, se não houvesse uma reação da consciência histórica das massas populares, que encontram um novo enquadramento, que realizam uma nova ordem no processo de produção e distribuição da riqueza. Os organismos de luta do proletariado são os "agentes" desse colossal movimento das massas; o Partido Socialista é indubitavelmente o máximo "agente" desse processo de desagregação e reconstrução, mas não é e não pode ser concebido como a forma desse processo, forma maleável e plasmável segundo o arbítrio dos dirigentes. A social-democracia germânica (entendida como movimento ao mesmo tempo sindical e político) realizou o paradoxo de constringir violentamente o processo da revolução proletária alemã nas formas de sua própria organização e acreditou dominar a história. Criou seus conselhos de cima para baixo, com a maioria segura de seus homens; amarrou a revolução, domesticou-a. Hoje, perdeu qualquer contato com a realidade história que não seja o contato do punho de Noske com a nuca do operário; e o processo revolucionário segue seu curso incontrolado, ainda misterioso, que aflorará em estranhos sobressaltos de violência e dor.

O Partido Socialista, com sua ação intransigente no domínio político, provoca os mesmos resultados que os sindicatos produzem no campo econômico: põe fim à livre concorrência. O Partido Socialista, com seu programa revolucionário, subtrai ao aparelho de Estado burguês sua base democrática no consenso dos governados. Ele influencia massas populares cada vez mais amplas e lhes assegura que o estado de mal-estar em que se encontram não é frivolidade, não é um mal-estar sem saída, mas corresponde a uma necessidade objetiva, é o momento inelutável de um processo dialético que deve desembocar numa violenta ruptura, numa regeneração da

128 | Homens ou máquinas?

sociedade. É assim que o partido vai se identificando com a consciência histórica das massas populares e governa seu movimento espontâneo, irresistível: esse governo é incorpóreo, funciona através de milhões e milhões de laços espirituais, é uma irradiação de prestígio, que só em momentos culminantes pode se tornar um governo efetivo: por um apelo às ruas, por um alinhamento corpóreo de forças militantes, dispostas à luta para afastar um perigo, para dissolver uma nuvem de violência reacionária.

Obtido o resultado de paralisar o funcionamento do governo legal das massas populares, inicia-se para o partido a fase da atividade mais difícil e delicada: a fase de atividade positiva. As concepções difundidas pelo partido operam de modo autônomo nas consciências individuais e determinam configurações sociais novas, aderentes a tais concepções, determinam organismos que funcionam por lei internalizada, determinam aparelhos de poder embrionários, nos quais a massa realiza seu governo, nos quais adquire consciência de sua responsabilidade histórica e de sua missão precisa de criar as condições do comunismo regenerador. O partido, como formação compacta e militante de uma ideia, influencia esse íntimo trabalho de novas estruturas, essa operosidade de milhares e milhares de infusórios sociais que preparam os vermelhos bancos de coral que, numa data não tão distante, ao aflorarem, quebrarão os ímpetos da borrasca oceânica, apaziguarão as ondas, trarão novamente equilíbrio para as correntes e o clima. Mas esse influxo é orgânico: reside na circulação das ideias, na manutenção intacta do aparelho de governo espiritual, no fato de que os milhões e milhões de trabalhadores, ao criarem novas hierarquias, ao instituírem os novos ordenamentos, sabem que a consciência histórica que os move tem uma encarnação viva no Partido Socialista, é justificada por uma doutrina, a doutrina do Partido Socialista, e tem um poderoso baluarte, a força política do Partido Socialista.

O partido continua a ser a hierarquia superior desse irresistível movimento de massas; o partido exerce a mais eficaz das ditaduras, aquela que nasce do prestígio, que é a aceitação consciente e espontânea de uma autoridade reconhecida como indispensável para o bom êxito da empreitada. Seria lastimável se, por uma concepção sectária da função do partido na revolução, se pretendesse materializar essa hierarquia, fixar em formas mecânicas de poder imediato o aparelho de governo das massas em movimento, constranger o processo revolucionário nas formas próprias do partido. Com isso, conseguir-se-ia desviar uma parte dos homens, "dominar" a história; mas o processo real revolucionário escaparia do controle e da influência do partido, que teria se tornado inconscientemente um organismo de conservação.

A propaganda do Partido Socialista insiste hoje nas seguintes teses irrefutáveis:

As relações tradicionais de apropriação capitalista do produto do trabalho humano foram radicalmente modificadas. Antes da guerra, o trabalho italiano permitia, sem graves abalos repentinos, a apropriação pela exígua minoria capitalista e pelo Estado de 60% da riqueza produzida pelo trabalho, enquanto dezenas de milhões que formam a população trabalhadora tinham de se contentar, para satisfazer suas exigências de vida elementar e de superior vida cultural, com escassos 40%. Hoje, depois da guerra, verifica-se o seguinte fenômeno: a sociedade italiana produz somente metade da riqueza que consome; o Estado debita do trabalho futuro somas colossais, ou seja, torna o trabalho italiano cada vez mais escravo da plutocracia internacional. Aos dois arrecadadores de tributos sobre a produção (os capitalistas e o Estado), agregou-se um terceiro, puramente parasitário: a pequena burguesia da casta militar-burocrática formada durante a guerra. Ela arrecada precisamente aquela metade de riqueza não produzida que é debitada do trabalho futuro: arrecada-a diretamente na forma de estipêndios e pensões, mas também indiretamente, porque sua função parasitária pressupõe a existência de todo um aparato parasitário. Se a sociedade italiana produz apenas 15 bilhões de riqueza enquanto consome 30 bilhões e se esses 15 bilhões são produzidos em oito horas de trabalho diário das dezenas de milhões de trabalhadores que recebem 6-7 bilhões de salário, então o orçamento capitalista só pode ser equilibrado assim: obrigando as dezenas de milhões da população trabalhadora a trabalhar, pela mesma massa salarial, uma, duas, três, quatro, cinco horas a mais, um trabalho não pago, um trabalho que vai encher as burras do capital para que este possa retomar sua função de acumulação, que vai para o Estado para que este pague suas dívidas, que serve para consolidar a situação econômica da pequena burguesia pensionista e premiá-la pelos serviços que, com as armas, prestou ao Estado e ao capital. Ou seja, obrigando a população trabalhadora a esfalfar-se nas máquinas e nos campos.

Nessa situação geral das relações capitalistas, o objetivo da luta de classe só pode ser a conquista do poder de Estado pela classe operária, para dirigir esse enorme poder contra os parasitas e obrigá-los a voltar ao trabalho e abolir, de um só golpe, o monstruoso tributo hoje arrecadado. Toda a massa trabalhadora deve cooperar para alcançar tal objetivo, assumindo conscientemente a forma que essa massa adquire no processo de produção e troca: cada operário, cada camponês é convocado ao conselho, a colaborar no esforço de regeneração; é convocado a constituir o aparelho de governo industrial e da ditadura: é no conselho que se encarna a forma atual da luta de classe orientada para o poder. E assim se perfila a rede de instituições na qual o processo revolucionário se desenvolve: o conselho, o sindicato, o Partido Socialista. O conselho, formação histórica da sociedade, determinado pela necessidade de dominar o aparato de produção, formação nascida da autoconsciência conquistada pelos produtores. O sindicato e o partido, associações voluntárias, instrumentos de propulsão do processo revolucionário, "agentes" e "gerentes" da revolução: o sindicato que coordena as forças produtivas e imprime no aparato industrial a forma comunista; o Partido Socialista, como modelo vivo e dinâmico de uma convivência social que faz a disciplina aderir à liberdade e devolve ao espírito humano toda a energia e entusiasmo de que é capaz.

ANTES DE MAIS NADA, RENOVAR O PARTIDO[1]

O Partido Socialista é o partido dos operários e dos camponeses pobres. Surgido no terreno da democracia liberal (no terreno da concorrência política, que é uma projeção do processo de desenvolvimento do capitalismo) como uma das forças sociais que buscam criar para si uma base de governo e conquistar o poder de Estado para dirigi-lo em benefício dos seus, sua missão consiste em organizar os operários e os camponeses pobres em classe dominante, estudar e promover as condições favoráveis para o advento de uma democracia proletária[2].

O Partido Socialista Italiano conseguiu realizar a parte mais fácil e elementar de sua tarefa histórica: conseguiu agitar as massas até seus estratos mais profundos, conseguiu concentrar a atenção do povo trabalhador em seu programa de revolução e Estado operário, conseguiu construir um aparelho de governo de 3 milhões de cidadãos, o qual, se consolidado e materializado em instituições revolucionárias permanentes, seria suficiente para assenhorear-se do poder de Estado. O Partido Socialista não teve êxito, porém,

---

[1] Não assinado, *L'Ordine Nuovo*, ano I, n. 35, 24 de janeiro de 1920. Seção "La settimana politica" [A semana política].

[2] Aqui encontra-se mais uma referência leninista à democracia operária que só poderia ser inaugurada com a revolução socialista e com a ditadura do proletariado. Cf. Vladímir I. Lênin, *O Estado e a revolução: a doutrina do marxismo sobre o Estado e as tarefas do proletariado na revolução* (trad. Avante!, São Paulo, Boitempo, 2017).

na parte essencial de sua tarefa histórica: não pôde dar uma forma permanente e sólida ao aparelho que conseguiu criar pela agitação das massas. Não conseguiu progredir e, por isso, caiu numa crise de marasmo e letargia. Construído para conquistar o poder, construído como alinhamento das forças militantes decididas a travar o combate, o aparelho de governo do Partido Socialista se despedaça, se desagrega; o partido perde cada vez mais o contato com as grandes massas em movimento; os eventos se processam e o partido está ausente deles; o país é percorrido por tremores febris, as forças dissolventes da democracia burguesa e do regime capitalista continuam a operar de modo implacável e impiedoso e o partido não intervém, não esclarece as grandes massas de operários e camponeses, não justifica sua ação e sua inação, não lança palavras de ordem que aplaquem a impaciência, que impeçam a desmoralização, que mantenham cerradas as fileiras e forte a união dos exércitos operários e camponeses. O partido, que se tornara a maior energia histórica da nação italiana, caiu numa crise de infantilismo político e é hoje a maior das debilidades sociais da nação italiana. Na verdade, não é de surpreender que, nessas condições, os germes de dissolução da coesão revolucionária – a nulidade oportunista e reformista e a fraseologia pseudorrevolucionária anarquista, que são dois aspectos da tendência pequeno-burguesa – pululem e se desenvolvam com impressionante rapidez.

As condições internacionais e nacionais da revolução proletária desenham-se de modo cada vez mais nítido e preciso e consolidam-se. E eis que, precisamente no momento que poderia ser decisivo, o instrumento máximo da revolução proletária italiana se decompõe, agredido e envolvido insidiosamente pelos politiqueiros parlamentares e pelos funcionários das direções regionais, por indivíduos que reivindicam um poder representativo que não tem base séria e concreta, que se funda no equívoco, na ausência de qualquer continuidade de ação e na preguiça mental que é própria dos operários, assim como de todos os italianos. E, da parte comunista, da parte revolucionária, da parte dos organismos nomeados pela maioria revolucionária, não se vê nenhuma ação de conjunto para barrar essa decomposição, para desinfetar o partido, para organizá-lo numa união homogênea, para organizá-lo como seção da Terceira Internacional, inserida fortemente no sistema mundial de forças revolucionárias que pretendem a sério pôr em prática as teses comunistas.

A resistência do bloco imperialista, que conseguira subjugar o mundo a uns poucos magnatas, foi quebrada e desagregada pelas vitórias militares do Estado operário russo. O sistema da revolução proletária internacional, que tem como base a existência e o desenvolvimento do Estado operário russo como potência mundial, possui hoje um exército de 2 milhões de baionetas, um exército cheio de entusiasmo guerreiro, porque vitorioso e consciente de ser o protagonista da história contemporânea. As vitórias e os avanços do exército da Terceira Internacional abalam as bases do sistema capitalista, aceleram o processo de decomposição dos Estados burgueses, aguçam os conflitos no seio das democracias ocidentais. Os ingleses se preocupam com a Índia, a Turquia, a Pérsia, o Afeganistão, a China, onde se multiplicam os focos de revolta; e, com uma leve pressão, fazem Clemenceau desaparecer da cena política. A queda desse fantoche antibolchevique revela de imediato as fraturas do bloco reacionário francês e inicia a desagregação do Estado político: a tendência comunista e intransigente se reforça no movimento operário. A questão russa põe frente a frente o oportunismo de Lloyd George e a intransigência contrarrevolucionária de Winston

Churchill, mas o terreno da democracia britânica, depois de ter sido um magnífico campo de manobra para a demagogia radical lloydgeorgiana, alterou-se completamente[3]. A estrutura da classe operária inglesa continua a se desenvolver de modo lento, porém seguro, na direção de formas superiores: os operários querem intervir com mais frequência e de modo mais direto na deliberação dos programas de ação. Multiplicam-se os congressos das *Trade Unions* e os revolucionários, com frequência e eficiência cada vez maiores, fazem com que neles seja ouvida sua voz: a direção permanente dos congressos sindicais passa das mãos do grupo parlamentar trabalhista para as de um comitê central operário[4]. Na Alemanha, o governo de Scheidemann se decompõe, sentindo faltar-lhe qualquer consenso popular; o terror branco se espalha brutalmente: os operários comunistas e independentes reconquistam certa liberdade de movimento e difunde-se a convicção de que somente a ditadura proletária pode salvar a nação alemã do esfacelamento econômico e da reação militarista[5]. O sistema internacional contrarrevolucionário

---

[3] Lloyd George, em 1919, depois da guerra, ainda como primeiro-ministro, propôs uma espécie de trégua entre os diferentes grupos que disputavam o poder na Rússia, sugerindo que se reunissem na ilha turca de Prinkipo. O conservador Winston Churchill (1874-1965), que ocupou vários cargos governamentais desde as primeiras décadas do século XX, tornou-se famoso por seu destacado papel na Segunda Guerra Mundial, quando era primeiro-ministro do Reino Unido. No momento em que Gramsci escreve seu artigo, Churchill era ministro da Guerra e do Ar e defendia posições que implicavam uma atitude belicosa em relação ao governo bolchevique. (N. E. O.)

[4] A greve dos mineiros de Yorkshire, ocorrida no verão de 1919, tornou-se o tema principal de dois encontros extraordinários do Congresso das *Trade Unions*, ou seja, da central sindical britânica. Foi por ocasião de uma outra greve, a dos operários dos estaleiros de Clyde, em janeiro e fevereiro de 1919, que começou a ocorrer – com a formação do Clyde Workers' Committee – a transferência da direção das lutas para os comitês operários. (N. E. O.)

[5] Philipp Scheidemann (1865-1939), dirigente social-democrata alemão, defendeu desde o início da Primeira Guerra Mundial o apoio à ação beligerante adotada pelo governo de seu país. Com a derrota da Alemanha na guerra, em 1918, atuou pela proclamação da República.

136 | HOMENS OU MÁQUINAS?

se dissolve, graças ao aguçamento das contradições internas da democracia burguesa e da economia capitalista e graças, também, às gigantescas iniciativas do proletariado russo. O Estado burguês italiano se estilhaça, graças às grandes greves nos serviços públicos, à falência fraudulenta e ridícula da política externa e interna. As condições suficientes e necessárias para a revolução proletária se efetivam, tanto no terreno internacional quanto no nacional. E eis que o Partido Socialista não mais está à altura de si mesmo e de sua missão. Partido de agitadores, de negadores, de intransigentes nas questões de tática geral, de apóstolos das teorias elementares, não é capaz de organizar e enquadrar as grandes massas em movimento, não consegue mais encontrar um terreno de ação que, em cada momento concreto, permita-lhe manter o contato com as grandes massas. Não consegue organizar sua própria união interna; não tem uma disciplina teórica e prática que lhe permita manter-se sempre aderente à realidade proletária nacional e internacional a fim de dominá-la, controlar os eventos e não ser por eles arrastado e esmagado. Partido dos operários e dos camponeses revolucionários, deixa que o exército permanente da revolução – ou seja, os

Integrou, em posição de destaque, o primeiro governo provisório republicano da Alemanha. Pouco depois, na condição de chefe do governo, apoiou a repressão à ala esquerda do movimento operário, desencadeada por Gustav Noske, ministro da Defesa. Dessa ação de repressão resultou o assassinato de Rosa Luxemburgo e Karl Liebknecht. (N. E. O.)

Quando fala em operários "independentes", Gramsci provavelmente se refere aos operários que seguiam a orientação do Partido Social-Democrata Independente alemão, criado em abril de 1917 por uma ala contrária à continuação da guerra – que seguia sendo defendida pelo Partido Social-Democrata majoritário. Em 1919, a maioria do Partido Social-Democrata Independente participou – juntamente com os remanescentes da Liga Espartaquista, criada em 1918 por Rosa Luxemburgo e Karl Liebknecht – da fundação do Partido Comunista Unificado da Alemanha, que aderiu à Terceira Internacional. Uma substantiva minoria dos "independentes", entre os quais Karl Kautsky e Eduard Bernstein, retornou ao Partido Social-Democrata. (N. E. O.)

sindicatos operários – permaneça sob o controle de oportunistas que se valem a seu bel-prazer de seus mecanismos de manobra, que sabotam sistematicamente toda ação revolucionária, que são um partido no partido, e o partido mais forte, já que controlam os gânglios motores do corpo operário. Ocorreram duas greves que poderiam ter sido funestas para o Estado, mas que deixaram como legado apenas uma série de recriminações e agressões polêmicas da parte dos anarquistas, sem que o partido tivesse uma palavra a dizer, um método a afirmar que não fosse aquele velho e desgastado método da mais velha e desgastada Segunda Internacional: o *distinguo* entre greve econômica e greve política[6]. E, desse modo, enquanto o Estado sofria uma crise gravíssima, enquanto a burguesia armada e cheia de ódio podia iniciar uma ofensiva contra a classe operária, enquanto se esboçava o golpe militar, os centros operários revolucionários foram abandonados a si mesmos, sem nenhuma palavra de ordem geral. A classe operária se encontrou encerrada e aprisionada num sistema de compartimentos estanques, acabrunhada, desiludida, exposta a todas as tentações anarcoides.

Estamos desencorajados e desmoralizados? Não, mas é necessário dizer a verdade nua e crua; é necessário revelar uma situação que pode, que deve ser mudada. O Partido Socialista deve renovar-se, se não quer ser arrastado e esmagado pela pressão dos eventos; deve renovar-se, porque sua derrota significaria a derrota da revolução. O Partido Socialista deve levar a sério o fato de ser uma seção da

---

[6] As duas greves mencionadas aqui são as que envolveram os trabalhadores dos correios e da telefonia (14-20 de janeiro de 1920) e os rodoviários (20-29 de janeiro de 1920), ambas lideradas pela USI, a central sindical anarquista. O Partido Socialista Italiano limitou-se a vagas manifestações de solidariedade, o que levou os anarquistas a acusar os socialistas de fazer, numa situação revolucionária, distinções bizantinas entre greve política e greve econômica. (N. E. O.)

138 | HOMENS OU MÁQUINAS?

Terceira Internacional; e deve começar pondo em prática as teses da Terceira Internacional em seu próprio seio, no seio da união dos operários organizados. As massas organizadas devem se tornar senhoras de seus próprios organismos de luta; devem "organizar-se em classe dirigente", antes de mais nada, em suas próprias instituições: devem fundir-se com o Partido Socialista. Os operários comunistas, os revolucionários conscientes das tremendas responsabilidades do atual período devem ser os responsáveis pela renovação do partido, por dar-lhe uma figura precisa e uma direção precisa; devem impedir que os oportunistas pequeno-burgueses o reduzam ao nível dos muitos outros partidos do país de Polichinelo[7].

---

[7] "País de Polichinelo" é uma expressão irônica com a qual frequentemente Gramsci se refere à Itália. (N. E. O.)

O INSTRUMENTO DE TRABALHO[1]

A revolução comunista realiza a autonomia do produtor no campo econômico e no campo político. A ação política da classe operária (voltada para a instauração da ditadura, para a criação do Estado operário) adquire valor histórico real somente quando é função do desenvolvimento de novas condições econômicas, plenas de possibilidades, ávidas de expansão e consolidação definitiva. Para que a ação política tenha bom êxito, deve coincidir com uma ação econômica. A revolução comunista é o reconhecimento histórico dos fatos econômicos preexistentes, que ela revela, que ela defende vigorosamente de qualquer tentativa reacionária, que ela transforma num direito ao qual, aliás, dá uma forma orgânica e uma sistematização. Eis por que a construção dos sovietes políticos *comunistas* não pode senão suceder historicamente ao florescimento e a uma

---

[1] Não assinado, *L'Ordine Nuovo*, ano I, n. 37, 14 de fevereiro de 1920. Este texto foi publicado originalmente como editorial do mesmo número em que Palmiro Togliatti (1893-1964), cofundador do jornal *L'Ordine Nuovo*, escreveu o artigo "La costituzione dei Soviet in Italia" [A constituição dos sovietes na Itália]. Togliatti afirma que, uma vez tendo o PSI aderido à Internacional Comunista, fazia-se necessário concretizar seu "espírito revolucionário" nos conselhos de fábrica. Na mesma edição, encontra-se, ainda, um dos artigos de uma série de textos sobre o programa do partido comunista escritos por Nikolai Bukhárin (1888-1938), então editor do *Pravda*, órgão do Partido Comunista Russo. De modo geral, entre 1919 e 1920 torna-se evidente nas páginas do jornal a batalha dos ordinovistas pela renovação do partido e o enfrentamento das frações reformistas, assim como a insistência pelo alinhamento efetivo à Internacional Comunista, da qual o PSI se tornara membro em outubro de 1919, contudo, sem mudanças significativas em sua linha política majoritária e sem a participação orgânica na Internacional.

140 | Homens ou máquinas?

primeira sistematização dos conselhos de fábrica. O conselho de fábrica e o sistema dos conselhos de fábrica põem a prova e revelam em primeira instância as novas posições que a classe operária ocupa no campo da produção; confere à classe operária consciência de seu valor atual, de sua função real, de sua responsabilidade, de seu devir. A classe operária tira as consequências da soma de experiências positivas que os indivíduos singulares vivem pessoalmente, adquire a psicologia e o caráter de classe dominante, organiza-se como tal, isto é, cria o soviete político, instaura sua ditadura.

Os reformistas e os oportunistas exprimem a esse propósito um juízo muito nebuloso quando afirmam que a revolução depende do grau de desenvolvimento do instrumento de trabalho. Mas essa expressão – instrumento de trabalho – para os reformistas é uma espécie de diabo na garrafa[2]. Amam a expressão: nulidade maximalista[3], enchem a boca e o cérebro com ela, mas se abstêm de qualquer determinação concreta, se abstêm de tentar dar uma amostra de seu conhecimento sobre o assunto. O que entendem pela expressão: instrumento de trabalho? Entendem o objeto material, a própria máquina, o próprio utensílio? Somente isso ou também as relações

---

[2] *Il diavolo nell'ampolla* [O diabo na garrafa] é um conto de Adolfo Albertazzi (1865-1924) que narra a história de um clérigo que recebeu como herança um diabo preso em uma garrafa e fez uso dele como instrumento de poder sobre os demais padres, induzindo-os ao pecado. No entanto, ao fim do conto, o próprio clérigo acabou possuído pelo diabo. Aqui Gramsci utiliza a metáfora para indicar as distorções de poder, os erros teórico-práticos e as mistificações dos dirigentes reformistas do PSI na obstrução da revolução socialista. Para uma análise gramsciana sobre o papel dos intelectuais no partido, ver Gianni Fresu, *Il diavolo nell'ampolla. Antonio Gramsci, gli intellettuali e il Partito* (Nápoles, La Città del Sole, 2005).

[3] A corrente maximalista se configurou dentro do PSI desde 1908. Foi chamada de ala revolucionária, de intransigente e de maximalista, e sua principal liderança foi Giacinto Menotti Serrati. Tornou-se maioria no partido desde 1912. Passou pela defecção de Benito Mussolini em fins de 1914. Em 1920, quando Gramsci escreveu este artigo, essa tendência já enfrentava divisões que culminariam na fundação do PCd'I, quase um ano depois.

de organização hierárquica da equipe de operários que, em um departamento, trabalha em torno de uma máquina ou de um grupo de máquinas? Ou entendem o departamento com seu mais amplo mobiliário de máquinas, com sua mais vasta especificação, diferenciação e organização? Ou a fábrica inteira? Ou o sistema de fábricas dependente de uma mesma empresa? Ou o sistema de relações entre as diversas empresas industriais, ou entre uma indústria e as outras, ou entre a indústria e a agricultura? Ou entendem a posição que o Estado ocupa no mundo, com as relações entre exportação e importação? Ou entendem todo o complexo dessas múltiplas relações estritamente interdependentes, que constituem as condições do trabalho e da produção?

Os reformistas e os oportunistas abstêm-se de qualquer determinação concreta. Eles, que se pretendem os depositários da sabedoria política e da garrafa com o diabo dentro, não estudaram mais os problemas reais da classe operária e do devir socialista, perderam todo o contato físico e espiritual com as massas proletárias e com a realidade histórica, são retóricos prolixos e vazios, incapazes de qualquer espécie de ação e qualquer juízo concreto. Porque perderam qualquer contato com a realidade proletária, compreende-se perfeitamente que tenham acabado por persuadir-se, de boa-fé e sinceramente, que a missão da classe operária se cumprirá quando o sufrágio universal permitir a construção de um ministério com Turati, que promulga uma lei para dar acesso às urnas às prostitutas, ou com Enrico Ferri, que reforma o regime disciplinar dos manicômios e das prisões.

O "instrumento de trabalho" foi desenvolvido há vinte anos, há dez anos, da eclosão da guerra ao armistício, do armistício até hoje? Os intelectuais reformistas e oportunistas que reivindicam a propriedade privada e monopolizada da interpretação do marxismo sempre acreditaram que o jogo de cartas ou a intriga parlamentar são mais limpos que o estudo sistemático e profundo da realidade italiana: foi assim que aconteceu que o "nulismo" maximalista não dispõe sequer de um livro sobre o desenvolvimento da economia italiana; foi assim que aconteceu que a classe operária italiana não pode ser informada sobre o desenvolvimento das condições da revolução proletária italiana; foi assim que aconteceu que a classe operária italiana se encontra desarmada contra a irrupção selvagem e inconveniente do citado "nulismo" desmiolado e imprudente.

No entanto, a classe operária, mesmo sem a contribuição dos intelectuais pequeno-burgueses que traíram sua missão de educadores e professores, consegue compreender e avaliar o processo de desenvolvimento sofrido pelo instrumento de trabalho, pelo aparato de produção e troca. Os comícios, as discussões para a preparação dos conselhos de fábrica contribuíram mais para a educação da classe operária que dez anos de leitura dos opúsculos e artigos escritos pelos que têm o diabo na garrafa. A classe operária se informou das experiências reais de seus componentes individuais e fez delas um patrimônio coletivo: a classe operária educou-se comunisticamente, com os próprios meios, os próprios sistemas.

Cada operário, para integrar o conselho, teve de tomar consciência de sua posição no campo econômico. Sentiu-se inicialmente inserido em uma unidade elementar, a equipe do departamento, e sentiu que as inovações técnicas na operação das máquinas mudaram suas relações com a técnica: o operário precisa menos do técnico, do mestre de artes, adquiriu mais autonomia, pode disciplinar a si mesmo.

Mesmo a figura do técnico mudou: suas relações com o industrial se transformaram por completo: ele já não é uma pessoa de confiança, um agente dos interesses capitalistas; visto que o operário pode prescindir do técnico para uma infinidade de atos de trabalho, o técnico como agente disciplinar torna-se um estorvo: o técnico também se reduz a produtor, ligado ao capitalista pelas relações nuas e cruas de explorado e explorador. Sua psicologia perde as incrustações pequeno-burguesas e torna-se proletária, torna-se revolucionária. As inovações industriais e a maior capacidade profissional adquirida permitem ao trabalhador uma maior autonomia, colocam-no numa posição industrial superior. Mas a mudança nas relações hierárquicas e na indispensabilidade não se limita à equipe de trabalho, à unidade elementar que dá vida ao departamento e à fábrica.

Cada equipe de trabalho expressa na pessoa do comissário a consciência unitária que adquiriu de seu grau de autonomia e autodisciplina no trabalho e assume uma figura concreta no departamento e na fábrica. Cada conselho de fábrica (assembleia de comissários) expressa na pessoa dos membros do comitê executivo a consciência unitária que os trabalhadores de toda a fábrica adquiriram por sua posição no campo industrial. O comitê executivo pode aceitar que tenha ocorrido para a figura do diretor da fábrica a mesma mudança de figura que todo trabalhador constata no técnico.

A fábrica não é independente: não existe na fábrica o empreendedor-proprietário, que possui a capacidade mercantil (estimulada pelo interesse ligado à propriedade privada) de comprar bem a matéria-prima e vender melhor o objeto manufaturado. Essas funções foram transferidas da fábrica singular para o sistema de fábricas de propriedade de uma mesma empresa. E não é só: estas são reunidas num banco ou num sistema de bancos que assumiram o papel real de fornecedores de matérias-primas e concentradores dos mercados de venda.

Mas durante a guerra, pelas necessidades da guerra, o Estado não se tornou o fornecedor de matérias-primas para a indústria, o distribuidor da indústria segundo um plano preestabelecido, o comprador único da produção? Onde foi parar a figura econômica do empresário-proprietário, do capitão da indústria, que é indispensável para a produção, que faz florescer a fábrica com sua clarividência, com suas iniciativas, com o estímulo do interesse individual? Desapareceu, liquidou-se no processo de desenvolvimento do instrumento de trabalho, no processo de desenvolvimento do sistema de relações técnicas e econômicas que constituem as condições da produção e do trabalho.

O capitão da indústria tornou-se o cavaleiro da indústria, aninhou-se nos bancos, nos salões, nos corredores ministeriais e parlamentares, nas bolsas de valores. O dono do capital tornou-se um ramo seco no campo da produção. Como não é mais indispensável, como suas funções históricas se atrofiaram, ele se tornou mero policial, colocou seus "direitos" imediatamente nas mãos do Estado para que este os defenda de modo implacável.

O Estado torna-se, assim, o único proprietário do instrumento de trabalho, assume todas as funções tradicionais dos empreendedores, torna-se a máquina impessoal que compra e distribui as matérias-primas, que impõe um plano de produção, que compra e distribui os produtos: o Estado burguês, dos burocratas incompetentes e irrevogáveis; o Estado dos politiqueiros, dos aventureiros, dos trapaceiros. Consequência: aumento da força armada policial, aumento caótico da burocracia incompetente, tentativa de absorver todos os descontentes da pequena burguesia ávida de ócio e criação, para esse fim, de organismos parasitários ao infinito.

O número de não produtores aumenta morbidamente, supera qualquer limite consentido pela potencialidade do aparato produtivo. Trabalha-se e não se produz, trabalha-se freneticamente e a produção cai continuamente. Porque se formou um grande abismo, uma enorme boca que engole e aniquila o trabalho, aniquila a produtividade. As horas não remuneradas de trabalho operário não servem mais para aumentar a riqueza dos capitalistas: servem para alimentar a ganância da imensa multidão de agentes, de funcionários, de ociosos; servem para saciar aqueles que trabalham diretamente para essa multidão de parasitas inúteis. E ninguém é responsável e ninguém pode ser atingido: sempre, em toda a parte o Estado burguês, com sua força armada, o Estado burguês que se tornou o gestor do instrumento de trabalho que se decompõe, que se desfaz, que se hipoteca e será vendido em leilão no mercado internacional de ferro velho gasto e inútil...

Assim se desenvolveu o instrumento de trabalho, o sistema das relações econômicas e sociais. A classe operária adquiriu um grau muito alto de autonomia no campo da produção, porque o desenvolvimento da técnica industrial e comercial suprimiu todas as funções úteis inerentes à propriedade privada, à pessoa do capitalista.

A pessoa do proprietário privado, automaticamente expulsa do campo imediato da produção, acomoda-se no poder de Estado, monopolizador da destilação dos lucros. A força armada mantém a classe trabalhadora numa escravidão política e econômica que se tornou anti-histórica, que se tornou fonte de decomposição e ruína. A classe operária se amontoa em torno das máquinas, cria suas

146 | HOMENS OU MÁQUINAS?

instituições representativas como função do trabalho, como função da conquistada autonomia, da conquistada consciência de autogoverno. O conselho de fábrica é a base de suas experiências positivas, da tomada de posse do instrumento de trabalho, é a base sólida do processo que deve culminar na ditadura, na conquista do poder de Estado direcionada para a destruição do caos, da gangrena que ameaça sufocar a sociedade dos homens, que corrompe e dissolve a sociedade dos homens.

O OPERÁRIO FABRIL[1]

Toda sociedade vive e se desenvolve porque adere a uma produção historicamente determinada: onde não existe produção, onde não existe trabalho organizado (ainda que de modo elementar), não existe sociedade, não existe vida histórica. A sociedade moderna viveu e se desenvolveu até sua fase atual porque aderia a um sistema de produção: àquele historicamente determinado pela existência de duas classes, a classe capitalista, proprietária dos meios de produção, e a classe trabalhadora, a serviço da primeira, subjugada à primeira pelo vínculo do salário, da ameaça sempre presente de morrer de fome.

No estágio atual, a classe capitalista é representada por uma camada de... vanguarda, a plutocracia; a linha de desenvolvimento histórico da classe capitalista é um processo de corrupção, um processo de decomposição. As funções tradicionais da classe capitalista no terreno da produção passaram para as mãos de uma camada média irresponsável, sem vínculos de interesse ou psicológicos com a própria produção: burocratas do tipo "funcionários públicos" venais, ávidos, corruptos, agente da bolsa, politiqueiros sem eira nem beira, gentalha que vive o dia a dia, saciando desejos baixos e propondo-se finalidades adequadas a sua mentalidade crapulosa: ter

---

[1] Não assinado, *L'Ordine Nuovo*, ano I, n. 38, 21 de fevereiro de 1920. Seção "La settimana politica" [A semana política].

muitas mulheres, contar com muito dinheiro para gastar nas alcovas das prostitutas de luxo, nos *bal tabarin* [cabarés] e na opulência vistosa e grosseira, ter uma parcela do poder de atormentar e fazer sofrer outros homens submetidos.

A classe trabalhadora, ao contrário, desenvolveu-se no sentido de um tipo de humanidade historicamente original e novo: o operário de fábrica, o proletário que perdeu todo resíduo psicológico de suas origens camponesas ou artesanais, o proletário que vive a vida da fábrica, a vida da produção intensa e metódica – desordenada e caótica nas relações sociais externas à fábrica, nas relações políticas de distribuição da riqueza, mas ordenada, precisa, disciplinada no interior da fábrica, segundo o ritmo das grandes máquinas, segundo o compasso de uma refinada e exata divisão do trabalho, divisão que é a maior máquina da produção industrial.

A classe proprietária do capital afastou-se do trabalho e da produção, desagregou-se, perdeu a consciência de sua primitiva unidade, que era unidade dialética, unidade na luta individualista pela concorrência do lucro: a unidade da classe capitalista se identificou numa instituição do Estado, o governo; o indivíduo transferiu suas funções de luta e conquista para as mãos de um bando de aventureiros e politiqueiros mercenários, para cair na bestialidade primitiva e bárbara que nutre os instintos mais abjetos da devassidão.

A classe operária identificou-se com a fábrica, com a produção: o proletariado não pode viver sem trabalhar, e trabalhar de modo metódico e ordenado. A divisão do trabalho criou a unidade psicológica da classe proletária, criou no mundo proletário aquele corpo de sentimentos, de instintos, de pensamentos, de costumes, de hábitos, de afetos que se resumem na expressão "solidariedade de classe". Na fábrica, cada proletário é levado a conceber a si mesmo como

O OPERÁRIO FABRIL | 149

inseparável de seus companheiros de trabalho: a matéria informe estocada nos armazéns poderia circular no mundo como objeto útil à vida dos homens caso faltasse um único elo no sistema de trabalho da produção industrial? Quanto mais o proletário se especializa num gesto profissional, tanto mais sente a indispensabilidade dos companheiros, tanto mais sente que é a célula de um corpo organizado, de um corpo intimamente unificado e coeso, tanto mais sente a necessidade da ordem, do método, da precisão, tanto mais sente a necessidade de que todo o mundo seja como uma única enorme fábrica, organizada com a mesma precisão, o mesmo método, a mesma ordem que ele constata ser vital na fábrica onde trabalha, tanto mais sente a necessidade de que a ordem, a precisão, o método que dão vida à fábrica sejam projetados no sistema de relações que liga uma fábrica a outra, uma cidade a outra, uma nação a outra nação.

Por essa sua original psicologia, por essa sua particular concepção do mundo, o operário fabril, o proletário da grande indústria urbana, é o campeão do comunismo, é a força revolucionária que encarna a missão de regenerar a sociedade dos homens, é o fundador de novos Estados. É nesse sentido (e não naquele inteiramente deformado que nos é apresentado pelos redatores de *La Stampa*)[2] que afirmamos que Turim[3] é a forja da revolução comunista: porque a classe trabalhadora de Turim é, na maioria, constituída por proletários, por operários fabris, por revolucionários do tipo previsto por Karl Marx, não por revolucionários pequeno-burgueses,

---

[2] *La Stampa* era o principal órgão da burguesia liberal piemontesa. Sua linha política era basicamente a do governo de Giovanni Giolitti. (N. E. O.)

[3] No artigo "La funzione storica della città" [A função histórica da cidade], *L'Ordine Nuovo*, 17 de janeiro de 1920, na mesma coluna, Gramsci já havia sublinhado o caráter não capitalista e "industrial por excelência" da cidade de Turim. Cf. *L'Ordine Nuovo*, ano I, n. 34, p. 266.

150 | HOMENS OU MÁQUINAS?

do tipo de 1848[4], do tipo caro aos democratas e aos embusteiros anarquistas. Nesse sentido também afirmamos que a Confederação Geral do Trabalho é constituída de massas operárias mais "revolucionárias" que as massas organizadas na União Sindical[5]: porque a confederação engloba os operários das indústrias mais específicas e organizadas, das indústrias "mais revolucionárias" e de vanguarda, enquanto a União Sindical é um desorganismo que não consegue sair do estágio gelatinoso e indistinto, do estágio da concepção de mundo própria dos pequeno-burgueses que não se tornaram capitalistas, própria dos artesãos ou dos camponeses que não se tornaram proletários.

Toda sociedade vive e se desenvolve porque existe uma produção, porque se produz mais do que se consome, ainda que a distribuição para o consumo e para a poupança ocorra de modo iníquo: a sociedade vive e se desenvolve na iniquidade – e morre, mesmo que tenha sido instaurado o reino da justiça, ela morre se não houver produção. A sociedade burguesa morre porque não há produção, porque o trabalho dos produtores, com as novas relações de distribuição geradas pela guerra e pela subsequente fase plutoburocrática do capitalismo, não é suficiente nem mesmo para o consumo, além de não permitir mais nenhuma acumulação. A riqueza material é progressivamente reduzida a nada; em vez disso, aumenta o acúmulo de títulos para apropriação da riqueza material, o papel-moeda:

---

[4] Referência ao 1848 francês analisado por Karl Marx nas obras escritas no período, especialmente em *O 18 de brumário de Luís Bonaparte*, na qual o autor observa o caráter pequeno-burguês da revolução que derrubou a monarquia de Luís Felipe e abriu caminho para a ascensão de uma república burguesa governada por Luís Bonaparte. Karl Marx, *O 18 de brumário de Luís Bonaparte* (trad. Nélio Schneider, São Paulo, Boitempo, 2011).

[5] Como visto, a CGL era a central sindical ligada ao Partido Socialista, enquanto a USI congregava os operários anarquistas. (N. E. O.)

o sistema capitalista de distribuição tornou-se um roubo a mão armada, perpetrado pelos detentores do poder governamental. O capitalista afastou-se do terreno da produção; o governo da indústria caiu nas mãos de ineptos e irresponsáveis; a classe operária foi a única a continuar amando o trabalho, amando a máquina. A classe operária domina hoje a produção, é a senhora da sociedade, e isto porque pode cortar, cruzando os braços, os últimos nervos que ainda fazem a sociedade vibrar, porque só um heroico esforço de produtividade poderia infundir nova vida e nova virtude de desenvolvimento à sociedade. Os apóstolos assalariados, os lacaios do capital, os ávidos lázaros da cozinha burguesa acreditam ser capazes, com sua fátua retórica patriótica ou humanitária de romances de folhetim, de incitar esse heroísmo produtivo do proletariado como foram capazes de incitar-lhe o heroísmo guerreiro. Mas o truque só é bem-sucedido uma vez: e, nesse caso, não é possível ter êxito pedindo ajuda à polícia! Será preciso adaptar-se à situação e contar com a ajuda dos guardas vermelhos: o proletariado aumentará a produção para o comunismo a fim de pôr em prática sua concepção do mundo, transformar sua "filosofia" em história, não para proporcionar novos ócios ou novos desperdícios aos detentores do papel-moeda: aumentará a produção quando a arma de seu poder de Estado podar da árvore da vida muitos galhos secos; essa poda determinará por si só um aumento da produção, ou seja, uma melhor distribuição e a possibilidade de uma poupança.

PARTIDO DE GOVERNO E CLASSE DE GOVERNO[1]

O Partido Socialista é um partido de governo, é um partido que deverá exercer o poder político. O Partido Socialista é a expressão dos interesses da classe proletária, da classe constituída pelos operários de fábrica, que não têm propriedade e não se tornarão proprietários[2]. O Partido Socialista embasa sua ação real nesses interesses, os de quem não tem propriedade, daqueles que estão matematicamente seguros de que não poderão nunca se tornar proprietários. A classe trabalhadora não é somente de operários industriais, mas toda a classe trabalhadora está destinada a tornar-se idêntica ao proletariado fabril, a tornar-se uma classe que não tem propriedade e está

---

[1] Trata-se de duas notas ("Partido de governo" e "Classe de governo") publicadas na mesma coluna e com estreita conexão. (N. E. I.) Não assinado, *L'Ordine Nuovo*, ano I, n. 39, 28 de fevereiro-6 de março de 1920. Seção "La settimana politica" [A semana política].

[2] Em dezembro de 1919, o Congresso Extraordinário da Federação Italiana dos Operários Metalúrgicos (Fiom) havia aprovado a eleição dos representantes dos conselhos de fábrica pela totalidade dos operários – não apenas pelos sindicalizados; em março de 1920, Turim encontrava-se em greve organizada a partir dos conselhos. A despeito disso, a batalha interna no PSI sobre os conselhos permanecia aguerrida. Opunham-se à proposta dos ordinovistas em favor dos conselhos como instrumentos políticos de organização do conjunto do operariado, por motivos diversos, Angelo Tasca (apesar de ter sido um dos fundadores de *L'Ordine Nuovo*), Giacinto Menotti Serrati e Amadeo Bordiga. Enquanto Tasca insistia na subordinação dos conselhos ao sindicato, Bordiga entendia que caberia unicamente ao partido a organização política do operariado. Serrati, por sua vez, opunha-se ao direito de voto nos conselhos por parte dos trabalhadores não sindicalizados, fazendo coincidir, assim, a atuação dos conselhos com a do sindicato. Diante disso, torna-se patente a advertência de Gramsci neste artigo a respeito o caráter de classe do PSI e, como tal, representante do conjunto dos trabalhadores, sindicalizados ou não e, ao mesmo tempo, o equívoco da política colaboracionista dos reformistas.

matematicamente certa de que não poderá nunca ser possuidora; portanto, o Partido Socialista se dirige a toda a classe trabalhadora, aos empregados, aos camponeses pobres, aos pequenos proprietários, e divulga sua doutrina, a doutrina marxista, e demonstra como todo o povo dos trabalhadores, manuais e intelectuais, será reduzido às condições da classe operária, mostra como as ilusões democráticas sobre a possibilidade de que alguns se tornem proprietários são, precisamente, ilusão, ingenuidade e sonho pequeno-burguês.

O Partido Liberal[3], o partido dos industriais, o partido da concorrência econômica, é o partido típico da sociedade capitalista, é o partido de governo da classe capitalista: por meio da concorrência, ele tende a industrializar todo o trabalho organizado da sociedade, tende a reduzir toda a classe proprietária à situação de seu cliente econômico, o industrial capitalista.

O Partido Comunista, o partido dos proletários, o partido da economia socializada e internacionalizada, é o partido típico da sociedade proletária, é o partido de governo da classe operária; por meio de um conselho central de economia nacional, que coordena e unifica as iniciativas de produção, ele tende a socializar todo o trabalho que os capitalistas industrializaram e tende a industrializar de modo socialista todas as outras atividades de trabalho ainda não absorvidas pelo industrialismo capitalista: ele tende a reduzir todos os homens em sociedade à situação de proletário, mas de proletário emancipado e regenerado, de proletário que não possui privadamente a riqueza, mas administra a riqueza comum e dela tira o gozo e a segurança de vida que merece pelo trabalho dedicado à produção.

---

[3]   O Partido Liberal foi uma das organizações que compuseram a Unione Liberale [União Liberal], agrupamento formado em 1913 e que, em 1922, fundou o Partito Liberale Italiano [Partido Liberal Italiano].

Essa posição histórica impõe deveres precisos ao Partido Socialista: ele é partido de governo na medida em que representa essencialmente o proletariado, a classe dos operários industriais. A propriedade privada ameaça estrangular o proletário, ameaça matá-lo de fome e frio: a concorrência econômica que é característica da propriedade capitalista, depois de ter levado à superprodução, conduziu ao monopólio nacional, ao imperialismo, ao choque feroz entre os Estados imperialistas, a uma destruição desmesurada da riqueza, à carestia, ao desemprego, à morte por fome ou frio. A classe dos despossuídos, daqueles que já não podem tornar-se proprietários, tem um interesse vital e permanente na socialização, no advento do comunismo. Dos outros setores da população trabalhadora podem, ao contrário, nascer desenvolvimentos para um novo capitalismo: daquelas formas de produção que o capitalismo ainda não industrializou podem, ameaçadoramente, irromper prolongamentos de propriedade e exploração do homem pelo homem. Destruído o Estado burguês, destruído o aparelho de que se serve o capitalismo financeiro para monopolizar, de acordo com seus interesses, todo o trabalho e toda a produção, pode o artesão tentar se aproveitar do governo socialista para desenvolver seu negócio, contratar operários assalariados, tornar-se um industrial; se o governo proletário não lhe permitir, o artesão pode tornar-se um rebelde, declarar-se anarquista, individualista ou o que seja, e formar a base política para um partido de oposição ao governo proletário: o pequeno proprietário (ou o camponês pobre do regime agrário baseado no latifúndio, na agricultura extensiva) pode aproveitar-se do fato de que, transitoriamente, enquanto duram as condições restritivas criadas pela guerra, um quilo de batatas pode valer mais que uma roda de automóvel, um pão pode custar mais que um metro cúbico de tijolos, para reivindicar, em troca de seu trabalho não industrializado e por isso economicamente pobre, um trabalho dez vezes superior ao do proletário; e se o governo proletário não permite ao camponês tomar o lugar do capitalista na exploração do operário, eis que o camponês pode se rebelar e buscar entre os agentes da burguesia o grupo que se constitua como partido político dos camponeses contra o proletariado. Entre todas essas categorias de trabalho, que não podem deixar de ter direitos políticos no Estado operário, essas categorias de trabalho nas quais o industrialismo capitalista ainda não conseguiu criar as condições dos trabalhadores proletários, do trabalhador que não é proprietário e é matematicamente consciente de que não pode tornar-se proprietário, podem nascer, após a revolução, forças políticas antiproletárias, que tendam a fazer renascer a propriedade capitalista e a exploração da classe operária.

O Partido Socialista, na medida em que representa os interesses econômicos da classe operária ameaçada de morte pela propriedade privada do capital, será enviado pela classe operária ao governo revolucionário da nação. Mas o Partido Socialista só será partido de governo na medida em que conseguir fazer a classe superar todas essas dificuldades, somente se reduzir todos os homens da sociedade ao tipo fundamental do operário emancipado e regenerado da escravidão do salário, apenas se fundar a sociedade comunista, ou seja, a Internacional das nações sem Estado. O Partido Socialista torna-se partido de governo revolucionário somente quando impõe objetivos concretos à revolução, quando diz: a revolução proletária resolverá deste e daquele modo esses e aqueles problemas da vida moderna que assombram e causam desespero nas massas humanas. A revolução, enquanto tal, é hoje o programa máximo do Partido

Socialista: ela deve se tornar o programa mínimo; o programa máximo deve ser o que indica as formas e as maneiras pelas quais a classe consegue, com seu trabalho proletário ordenado e metódico, suprimir todo antagonismo e todo conflito que possa emergir das condições nas quais o capitalismo deixa a sociedade e fundar a sociedade comunista. Preparar a classe operária, que tem interesse vital em fundar o comunismo, para alcançar seu objetivo histórico significa precisamente organizar o proletariado em classe dominante: o proletariado deve criar uma psicologia similar àquela da classe burguesa atual, semelhante na arte de governar, de saber conduzir a bom termo uma iniciativa, uma ação geral do Estado operário, e não similar na arte da exploração. De resto, mesmo que o desejasse, o proletariado não poderia criar para si uma psicologia de explorador; o proletariado não pode se tornar proprietário, a menos que não destrua as fábricas e as máquinas e torne-se proprietário das peças de ferro inutilizadas, para morrer no dia seguinte: precisamente porque não pode, dadas as condições técnicas da produção industrial, tornar-se proprietário e explorador, o proletário é chamado pela história a fundar o comunismo, a libertar a todos os oprimidos e explorados.

O Partido Socialista não se tornará efetivamente partido de governo revolucionário se o proletariado não chegar a conceber seus problemas imediatamente vitais como solucionáveis apenas por meio de um governo seu, de classe, que chegue ao poder pela revolução.

A classe operária sabe que, somente produzindo, ela domina a sociedade e a conduz ao comunismo. O problema da produção e de seu aumento é fundamental também para a classe operária. Mas, para ela, o problema se coloca nos seguintes termos: como conseguir que a classe operária continue produzindo e esteja em condições de ampliar a produção. Como conseguir que a classe operária não seja mais atormentada pelo problema dos víveres, que a classe operária se recupere física e culturalmente e possa dedicar-se, com todo o entusiasmo revolucionário, ao trabalho industrial, à produção, à pesquisa e à implementação de novos modos de trabalho, de novos modos de produção que sejam os elos que compõem a cadeia histórica que deve conduzir ao comunismo. Os problemas imediatos da classe operária se reduzem essencialmente a um: o problema dos víveres, o problema de instaurar um sistema de forças políticas no qual a apropriação dos víveres não seja deixada livre, à mercê da propriedade privada, mas dependa das necessidades do trabalho e da produção. O princípio proletário "Quem não trabalha não come!" adquire a cada dia mais significado histórico concreto; parece que o princípio não tem em si nada de jacobino[4], nada de místico, não pode ser nem de longe comparado à fórmula da revolução burguesa: "Igualdade, fraternidade, liberdade!". O princípio proletário é o reconhecimento explícito de uma necessidade imediata, de uma necessidade orgânica da sociedade humana que ameaça tornar-se caótica e decompor-se junto com o Estado burguês. É necessário produzir, e para produzir é preciso que exista uma classe operária capaz física e intelectualmente de exercer um esforço heroico de trabalho: portanto é necessário que os estoques de alimentos sejam especialmente destinados ao sustento da classe operária, a classe dos produtores, e é necessário que exista um poder capaz de impor essa necessidade, de modo a assegurar à classe operária as condições de

---

[4] Aqui, mais uma vez, comparece a perspectiva do jacobinismo como experiência burguesa de lideranças minoritárias. A avaliação de Gramsci sobre a experiência jacobina sofrerá, contudo, uma importante mudança e receberá em *Cadernos do cárcere* uma função central na formação da hegemonia dos grupos subalternos a partir do conceito de jacobinismo.

nutrição e bem-estar que permitam o esforço de trabalho, o incremento da produção. Se houver apenas uma disponibilidade média de duzentos gramas diários de pão por cidadão, é necessário um governo que assegure trezentos gramas aos operários e constranja os não produtores a contentar-se com cem gramas ou até menos, ou mesmo nada, se não trabalham, se não produzem. Um governo desse tipo só pode ser um governo operário, um governo da classe operária tornada classe de governo, tornada classe dominante.

Não pode haver um governo operário se a classe operária não está em condições de se tornar, em sua totalidade, o poder executivo do Estado operário. As leis do Estado operário devem ser postas em execução pelos próprios operários: somente assim o Estado operário não corre o risco de cair em mãos de aventureiros e politiqueiros, não corre o risco de tornar-se uma imitação do Estado burguês. Por isso, a classe operária deve adestrar-se, deve educar-se para a gestão social, deve adquirir a cultura e a psicologia de uma classe dominante, deve adquiri-la com seus meios e seus sistemas, com comícios, com congressos, com discussões, com educação recíproca. Os conselhos de fábrica foram a primeira forma dessa experiência histórica da classe operária italiana que tende ao autogoverno no Estado operário. Um segundo passo, e dos mais importantes, será o primeiro congresso dos conselhos de fábrica: a ele serão convidadas todas as fábricas italianas. O congresso será de toda a classe proletária italiana, representada por delegados eleitos expressamente e não por funcionários dos sindicatos. O congresso deverá definir os problemas essenciais do proletariado italiano e buscar suas soluções: problemas internos da classe operária, como o da unidade proletária, das relações entre conselhos e sindicatos, da adesão à Terceira Internacional, da aceitação das teses particulares da Terceira Internacional (ditadura do proletariado, sindicatos de indústria etc.), das relações entre anarcossindicalistas e comunistas-socialistas; problemas da luta de classes, como controle operário sobre a indústria, as oito horas de jornada, os salários, sistema Taylor, disciplina de trabalho etc. Já é hora de os companheiros discutirem em assembleias de fábrica esses problemas; toda a massa operária deve se interessar por essas discussões, deve contribuir com sua experiência e inteligência para a solução desses problemas. Em todas as assembleias de fábrica devem ser discutidas e votadas moções gerais e apoiadas em argumentos sobre esses problemas, e no congresso os relatórios devem dar a tônica das discussões realizadas nas fábricas, devem dar a tônica do trabalho intelectual em busca da verdade e da concretude de toda a massa operária. Desse modo, sim, o congresso dos Conselhos de Turim será um grandioso acontecimento de suma importância histórica: os operários vindos de toda a Itália terão um documento luminoso do que pode fazer o Conselho de Fábrica para conduzir a classe operária a sua emancipação, sua vitória. A classe operária turinesa seria tomada, mais ainda que é hoje, como exemplo de entusiasmo revolucionário, de metódico e ordenado trabalho proletário para elevar-se, para educar-se, para fundar as condições de triunfo e de estabilidade da sociedade comunista.

O PROBLEMA DA FORÇA[1]

Existem dois poderes na Itália: o poder do Estado burguês e o poder da classe operária[2]. O segundo está progressivamente aniquilando o primeiro. O Estado burguês vive hoje para uma única função: defender-se, preparar armas e armados para defender-se, estar sempre com o mosquete ao ombro, pronto para atacar tão logo o adversário assuma uma forma concreta, esteja corporificado em uma instituição que dará início ao exercício do novo poder. O poder da classe operária agiganta-se dia a dia: ele vive nas greves, nas agitações, no medo dos governantes, na convulsão dos funcionários de governo, no trepidar dos capitalistas, no rosnado contínuo e raivoso dos mastins do cofre-forte. O poder da classe operária poderia amanhã, hoje mesmo, encarnar-se em um sistema de conselhos, se para isso bastasse o entusiasmo revolucionário do proletariado, se para isso bastasse ter ao lado a maioria da população.

A luta entre os dois poderes depende hoje da força armada organizada. O Estado burguês só vive porque conta com um centro de coordenação da força militar e porque possui ainda a liberdade de iniciativa: ele tem condições de manobrar suas tropas e reuni-las

---

[1] Não assinado, *Avanti!*, ed. piemontesa, ano XXIV, n. 74, 26 de março de 1920.

[2] Aqui ressurge a influência leninista na noção de dualidade de poder. Cf. Vladímir I. Lênin, "O poder dual", *Pravda*, abr. 1917.

rapidamente sobre um surto revolucionário para esmagá-lo de imediato em uma torrente de sangue.

Esse problema de força está sendo resolvido no processo de desenvolvimento revolucionário. Diariamente novos estratos da população trabalhadora vêm se envolvendo no movimento geral da revolução proletária nacional e mundial. O capitalismo italiano tem raízes profundas, tem a sede de sua hegemonia na Itália setentrional, nos centros industriais do Norte. A revolução comunista, que na Itália se apresenta como revolução da técnica industrial, como problema de ajustamento das condições do trabalho agrícola às condições do trabalho industrial, terá seu palco principal no Norte. A classe dos operários fabris vai encarar este tremendo problema criado pela guerra: como criar uma organização estatal que possa industrializar a agricultura, que consiga colocar o camponês nas mesmas condições de trabalho do operário, para que seja possível trocar uma hora de trabalho agrícola por uma hora de trabalho industrial, para que o proletariado não seja aniquilado pelo campo na troca de mercadorias produzidas em condições de trabalho absolutamente incomparáveis. Esse problema, que os industriais capitalistas são incapazes de resolver e que, sem solução, quebra o Estado burguês só poderá ser solucionado na Itália pelos operários, pelo Estado operário, assim como foi e está sendo resolvido no Estado operário russo: isso será decidido pelos operários industriais urbanos, que se tornarão os principais agentes da revolução comunista.

Se os operários, concentrados nas cidades industriais, serão os principais atores da revolução comunista, os principais atores da ação pré-revolucionária serão as massas camponesas. Os movimentos das massas camponesas aniquilarão definitivamente o poder do

Estado burguês porque esmagarão a força militar. Nenhum exército é suficiente para domar o campo sublevado: os regimentos, que parecem invencíveis se concentrados nas ruas de uma cidade, tornam-se um joguete na imensidão dos campos; os canhões, as metralhadoras, os lança-chamas que massacrariam a multidão operária nas ruas e nas praças, sem saída, são impotentes na imensidão do horizonte do campo.

O Estado burguês sente o perigo iminente: o campo adere à revolução. Da Puglia a Novara, de Novara a Bresciano, a Bergamasco, as massas camponesas saem do torpor e iniciam ações grandiosas. O Partido Popular[3] foi profundamente abalado por gigantescas colisões. Sob o impulso dos camponeses pobres que militam sob sua bandeira, a ala esquerda do Partido Popular assume uma orientação extremista e revolucionária. O Estado burguês sente o perigo e quer precipitar os acontecimentos na cidade industrial, nos centros puramente comunistas, que se tornarão o fulcro da revolução, que lhe darão uma alma e um objetivo, que reconstruirão das ruínas a nova sociedade. Para isso, basta que uma comissão interna mova os ponteiros de um relógio de fábrica a fim de que se coloquem centenas de guardas reais e carabineiros em movimento, para ameaçar uma hecatombe[4]. A classe operária deve pôr-se em guarda, deve

---

[3]   O Partito Popolare Italiano [Partido Popular Italiano] era uma organização de orientação católica fundada em 1919 pelo sacerdote Luigi Sturzo (1871-1959). Ver nota 7 do artigo "O Partido Comunista", p. 261 deste volume.

[4]   Alusão à "greve dos ponteiros", que ocorreu entre março e abril de 1920, foi um dos acontecimentos mais importantes do período. Envolveu, de início, 50 mil operários metalúrgicos e se estendeu pela região do Piemonte, alcançando cerca de 200 mil trabalhadores. A greve começou em função da adoção pelo Estado da hora legal, em detrimento da hora solar em vigor até então. A Associação dos Industriais Metalúrgicos Mecânicos e Afins (Amma) havia negado o pedido dos trabalhadores para manutenção da hora solar, alegando indisciplina. Diante disso, um operário da Fiat em Turim alterou sem permissão os ponteiros do relógio,

manter firme a disciplina em suas trincheiras revolucionárias, disciplina materializada em paciência, em senso crítico proletário, em confiança nas próprias forças e no próprio futuro. O processo revolucionário se desenvolve implacável, deixa em pedaços o Estado burguês e aniquila o poder capitalista; a classe operária vencerá; a classe operária, como contribuição voluntária à revolução, deve preocupar-se em vencer duradouramente, em vencer *para sempre*. Ela é a depositária do futuro, é a energia viva da história; não deve dar motivo para repressões que a colocarão fora de combate por muito tempo; o Estado burguês ficaria feliz em remover as tropas mercenárias das cidades e enviá-las contra os camponeses depois de esmagar os trabalhadores e proteger suas costas. A classe operária é a classe mais educada politicamente de todo o povo trabalhador; ela deve colocar-se o problema da força e compreender que ele pode ser resolvido em grande parte pela ação das massas dos camponeses. A classe operária russa soube esperar de julho a novembro de 1917; naqueles meses os camponeses disturbaram o Estado de Keriénski e os operários tomaram de assalto o poder e o seguraram fortemente em suas mãos[5].

O desenvolvimento normal da revolução resolve em grande parte o problema da força armada e da prevalência da classe operária sobre o poder de Estado. Mas parte desse problema deve ser resolvida pela ação geral política do proletariado e de seu partido político, o Partido Socialista. O Estado burguês está transformando o Exército nacional

---

ao que a direção da fábrica respondeu com a demissão de todos os operários envolvidos, desencadeando imediatamente a greve. Sobre isso, ver Edmundo Dias, *Gramsci em Turim: a construção do conceito de hegemonia* (São Paulo, Xamã, 2000).

[5] Referência aos acontecimentos Revolução Russa, derrubada do governo provisório e instauração do governo socialista.

em um exército mercenário: de acordo com um plano meticulosamente estudado, dos regimentos os soldados passam às legiões de carabineiros, mantendo sua qualificação especial. Formam-se os corpos de carabineiros-artilheiros, carabineiros-bombardeios, operadores de metralhadoras, de lança-chamas, engenheiros etc. O Parlamento não se preocupa com essa atividade do governo que exorbita seus poderes e ultrapassa os limites da Constituição. O Parlamento deve exigir explicações do governo sobre essa atividade, para constringi-lo, se não for possível mais, para desmascarar suas intenções, para demonstrar, com evidências claras, como funciona a ditadura burguesa, que ignora as leis fundamentais, que reorienta todo o aparelho administrativo e todos os meios financeiros a um só objetivo: defender-se contra a maioria da população, de quem se pretende a suprema representação e soberania.

O FIM DE UM PODER[1]

As fábricas Fiat Centro concentram em suas 42 unidades uma massa de cerca de 15 mil trabalhadores: os 15 mil trabalhadores das fábricas Fiat-Centro ganham o pão de cada dia para uma população operária de mais de 60 mil criaturas humanas. Trata-se de um gigantesco aparelho industrial que corresponde a um pequeno Estado capitalista, que é um pequeno Estado capitalista e imperialista, porque dita leis da indústria mecânica de Turim, porque tende, com sua produtividade excepcional, a submeter e absorver todos os concorrentes. Um pequeno Estado absoluto que tem um autocrata: o comandante Giovanni Agnelli[2], o mais audaz e tenaz dos capitães de indústria italianos, um "herói" do capitalismo moderno.

O capitalismo aniquila seus "heróis"; o capitalismo está aniquilando o comandante Giovanni Agnelli. O capitalismo tornou-se plutocracia, tornou-se alta banca. Faz alguns meses a banca invadiu a Fiat, faz alguns meses o comandante Agnelli comunicou aos jornais

---

[1] A adoção da hora legal nos estabelecimentos da Fiat suscitou uma controvérsia acerca do poder das comissões internas (a imposição da hora deu-se sem que elas fossem consultadas). Os metalúrgicos de Turim decidiram fazer e fizeram, em 28 de março, uma greve branca. Os industriais responderam, no dia seguinte, com o fechamento e a ocupação dos estabelecimentos pela força pública. O não reconhecimento dos poderes dos conselhos de fábrica levou a uma situação tensa entre industriais e operários de Turim e do Piemonte em torno do controle das fábricas. A greve geral, iniciada em 13 de abril, chegou ao fim no dia 24 daquele mês. (N. E. I.) Não assinado, *L'Ordine Nuovo*, ano I, n. 42, 27 de março de 1920.

[2] Giovanni Agnelli (1866-1945), fundador da Fiat em 1899. Em 1920, ocupava a posição de presidente da empresa. Foi senador do reino da Itália no regime fascista a partir de 1923.

166 | HOMENS OU MÁQUINAS?

a notícia de sua demissão da administração da Fiat, se a banca tivesse sucesso em seus intentos, para derrotar seus inimigos e permanecer como o "autocrata"; faz alguns meses Agnelli era ainda um "herói", era ainda um grande capitão da indústria, insubstituível, cuja função "valia" em termos capitalistas dezenas e dezenas de milhões. Em poucos meses, a organização (ou o colapso) capitalista deu muitos passos adiante; a plutocracia siderúrgica ansaldiana fez novo assalto, passando por cima do cadáver do capitão da indústria. O *trust* bancário Comerciale-Credito Italiano adquiriu por 300 milhões ações da Ansaldo[3], cujo peso pesará sobre a Fiat até sua aniquilação.

As fábricas Fiat Centro são um Estado, difícil de governar, pela multiplicidade de problemas que nascem da concentração de tantos milhares e milhares de trabalhadores, que devem garantir o pão diário para tantas dezenas de milhares da população operária. O processo de concentração capitalista aniquila o grande capitão da indústria; ele gera consciência unitária para as massas operárias; morre o poder do indivíduo capitalista, emerge o poder da classe operária. A massa operária se organiza na fábrica, destaca uma representação direta, o conselho dos comissários de seção, elege um governo, o Comitê Executivo do Conselho, fortalece-se, disciplinada e confiante em torno desse governo, sua consciência personificada em seus companheiros de trabalho, modestos, tenazes, corajosos, que se sentem fortes exatamente porque sabem ser a consciência organizada da massa, porque pela articulação dos comissários mantêm-se sempre em contato com toda a massa e dela recebem até mesmo as mais débeis e confusas vibrações. O comandante Agnelli já não tem sucesso em governar de forma autocrática

---

[3] Sociedade industrial fundada em 1853.

a massa, porque esta já não é um aglomerado caótico de indivíduos singulares contratados casualmente e casualmente distribuídos em torno das máquinas, mas adquiriu uma forma, uma unidade, uma consciência que opera e fala por ela, que se impõe por ela, que é como seu indicador em riste, a ameaçar e advertir. O comandante Agnelli ofende o governo operário e em um quarto de hora 15 mil operários pararam o trabalho, organizaram-se em dois comícios grandiosos no interior da fábrica e obtiveram a retratação. Naquele momento, viveu com intensidade o primeiro Conselho de Fábrica nascido na Itália, viveu fortemente, a fim de demonstrar sua vitalidade e a linha de seu desenvolvimento.

O processo de esfacelamento do capitalismo aniquila o capitão da indústria; o processo de desenvolvimento da revolução comunista cria o Conselho de Fábrica, que deve substituir o "herói" no poder industrial, que deve, pela disciplina e pelo trabalho consciente da classe operária, renovar a estrutura da sociedade e aniquilar toda forma de Estado.

SUPERSTIÇÃO E REALIDADE[1]

Já passou o tempo em que a superstição atribuía as revoluções à perversidade de um punhado de agitadores. Hoje todos sabem que, no fundo de qualquer convulsão revolucionária, deve existir uma necessidade social qualquer cuja satisfação é impedida pelas instituições envelhecidas. É possível que tal necessidade não se faça sentir ainda de modo suficientemente profundo e amplo para garantir um sucesso imediato, mas toda tentativa para sufocá-lo com violência conseguirá apenas fazê-lo irromper com força ainda maior, até que tenham sido quebrados seus grilhões. Portanto, se formos derrotados, é nosso dever começar de novo: o intervalo para repouso, provavelmente breve, que nos é permitido entre o fim do primeiro e o início do segundo ato, felizmente nos deixa tempo para um trabalho bastante útil: o estudo das causas que, em sua convergência, determinaram a recente revolução e sua derrota, causas que não devem ser procuradas nos esforços, na genialidade, nas culpas, nos erros ou nas "traições" de alguns líderes, mas no estado geral da sociedade e nas condições de existência de cada uma das nações envolvidas.[2]

A superstição atribui a greve geral de Turim e do Piemonte – um movimento que durou dez dias de vida intensíssima, envolveu

---

[1] Não assinado, *L'Ordine Nuovo*, ano II, n. 1, 8 de maio de 1920.

[2] O próprio Gramsci, em nota de rodapé, atribui essa passagem a Marx, mencionando a seguinte edição: Karl Marx, *Révolution et contre-révolution en Allemagne* (Paris, Giard et Brière, 1900), p. 2-3. Na verdade, essa obra, que reúne uma série de artigos publicados pela primeira vez no *New York Daily Tribune*, entre 1851 e 1852, todos assinados por Marx, foi escrita efetivamente por Engels, como se pode constatar na correspondência entre os dois amigos, publicada pela primeira vez em 1913. (N. E. O.)

meio milhão de operários e camponeses, provocou rupturas fatais no aparelho de Estado burguês, revelou sua força expansiva na simpatia e no consenso ativo que gerou em toda a classe operária italiana – à vaidade regional de um punhado de "irresponsáveis", à falaciosa ilusão de um grupelho de extremistas "exaltados", às tenebrosas elucubrações "russas" de alguns elementos intelectuais que conspiram no anonimato do famigerado Comitê de Estudos dos conselhos turineses[3].

Setenta anos depois de Karl Marx presumir que "já passou o tempo", a superstição encontra devotos não só entre os escritores menores do *Corriere della Sera* e do *Giornale d'Italia*, não só no deputado Edoardo Giretti[4], mas também na direção e na administração da Confederação Geral do Trabalho (CGL), que abrange 2 milhões de proletários italianos e presume pôr em prática o marxismo na Itália.

A classe operária de Turim foi derrotada. Entre as condições que determinaram a derrota, inclui-se também a "superstição", a estreiteza de mentalidade dos responsáveis do movimento operário italiano. Entre as condições mediatas de segundo grau dessa derrota, portanto, está a falta de coesão revolucionária do conjunto do

---

[3] A greve aqui mencionada é a que se seguiu imediatamente à "greve dos ponteiros", que marca certamente o apogeu da combatividade operária na Itália do primeiro pós-guerra. A "greve dos ponteiros" girou em torno da competência e do poder das comissões internas. Em 28 de março de 1920, sem consultar as comissões internas, a direção da Fiat modificou os relógios, substituindo a hora solar pela hora legal. As comissões decidiram fazer uma greve que, em 13 de abril, transformou-se em greve geral e se estendeu a todo o Piemonte, envolvendo cerca de 500 mil operários e camponeses. Desautorizada pelas instâncias dirigentes da CGL e sem ter obtido nenhum apoio da direção do Partido Socialista Italiano, o movimento terminou isolado e derrotado, em 24 de abril do mesmo ano. (N. E. O.) Gramsci volta a comentar essa greve em "O movimento turinês dos conselhos de fábrica", p. 210 deste volume.

[4] Edoardo Giretti foi eleito deputado em 1919, defendendo um programa livre-cambista. Integrava a legenda do "Bloco da Vitória", formado essencialmente por ex-combatentes. (N. E. O.)

Homens ou máquinas?

proletariado italiano, que não consegue constituir a partir de si mesmo, orgânica e disciplinadamente, uma direção sindical que seja um reflexo de seus interesses e de seu espírito revolucionário. Entre as condições mediatas de primeiro grau dessa derrota, portanto, devem ser considerados o estado geral da sociedade italiana e as condições de existência de cada região e de cada província que formam as células sindicais da Confederação Geral do Trabalho. Em suma, é certo que a classe operária de Turim foi derrotada porque na Itália não existem, não amadureceram ainda as condições necessárias e suficientes para um movimento orgânico e disciplinado do conjunto da classe operária e camponesa. Um indício dessa imaturidade, dessa insuficiência do povo trabalhador italiano, é, sem dúvida, a "superstição" e a estreiteza de mentalidade dos líderes responsáveis do movimento organizado do povo trabalhador italiano.

Em 7 de março, realizou-se em Milão um congresso nacional dos industriais[5]. O comendador Silvestri, presidente da Confederação Geral da Indústria, pronunciou durante o evento um discurso violentíssimo contra as oito horas, contra os aumentos de salário, contra o governo pusilânime que não defendeu o capital em Pont Canavese, em Torre Pellice, em Asti (invasão dos cotonifícios Mazzoni e da serraria de Asti), contra o governo pusilânime que não sabe defender o regime individualista burguês dos ataques dos comunistas. O deputado Gino Olivetti, secretário da confederação, apresentou um informe ao congresso sobre a questão

---

[5] Esse primeiro congresso nacional dos industriais italianos, ocorrido em 7 de março de 1920, foi decisivo para a Itália do pós-guerra. Nele, a Confindustria (confederação dos industriais italianos) afirmou sua hegemonia sobre o conjunto da economia do país; também foi decidida uma reestruturação geral do capital, que terminou por favorecer o advento do fascismo ao poder. (N. E. O.)

dos conselhos de fábrica e concluiu proclamando que os conselhos operários turineses devem ser implacavelmente esmagados; a concepção capitalista expressa por Olivetti é aplicada pelos industriais turineses na ofensiva contra os conselhos operários e pode ser resumida nas duas máximas que os manifestos dos capitalistas proclamam vitoriosamente em todas as ruas da cidade, depois da derrota proletária: "Nas horas de trabalho, trabalha-se, não se discute. Nas fábricas só pode haver uma autoridade".

Depois do congresso de Milão, os industriais conseguiram obter garantias precisas do governo. Em Turim, está para acontecer algo novo e inusitado: o diretor do *Giornale d'Italia* farejou um odor de sangue nos ministérios romanos e um correspondente especial em Turim se destacou, correndo às redações dos jornais e às direções da fábrica para perguntar: "Mas o que está acontecendo em Turim? Por que Roma tem tanto medo dos operários turineses? Por que meu diretor me enviou a Turim para fazer uma reportagem sobre o movimento operário e os conselhos de fábrica? E eis que imediatamente chovem notícias no Comitê de Estudos: ontem chegaram mil novos policiais, hoje mais mil; forças militares consideráveis estão acampadas em vilarejos dos arredores; foram instaladas baterias neste ou naquele ponto das colinas; em tais igrejas, no telhado de tais prédios foram colocadas metralhadoras; foram permitidos depósitos de armas a associações subsidiadas pelos industriais; essas associações estão em contato direto com oficiais simpatizantes que comandam destacamentos na província. Enquanto isso, o correspondente do *Giornale d'Italia* anuncia, nas matérias que envia de Turim, que os industriais decidiram enfraquecer a classe operária, que os industriais juraram apoiar-se mutuamente até a decretação de um locaute geral, que os industriais turineses serão vigorosamente apoiados por toda a classe capitalista italiana, que o choque entre operários e industriais ocorrerá no curto prazo.

Todo esse movimento da classe capitalista e do poder de Estado para cercar Turim, para prender a classe operária numa ratoeira, nem sequer foi percebido pelos líderes responsáveis da classe operária italiana organizada[6]. A ampla ofensiva capitalista foi preparada sem que o "estado-maior" da classe operária organizada percebesse o que ocorria ou se preocupasse com isso: e essa ausência das centrais de organização tornou-se uma condição da luta, uma tremenda arma na mão dos industriais e do poder de Estado, uma fonte de debilidade para os dirigentes locais da seção metalúrgica.

Os industriais agiram com extrema habilidade. Dividem-se entre si na busca do lucro, na concorrência econômica e política, mas diante da classe operária formam um bloco de aço: entre eles não há derrotismo, não existe quem sabote a ação geral, quem semeie o desconforto e o pânico. Os industriais, depois de envolver a cidade num perfeito sistema militar, encontraram um "nariz de Cleópatra"[7] para mudar a face da história: nas fábricas da Industrie Metallurgiche, por causa de uma alteração inconsequente no relógio de ponto, os industriais exigiram a inelegibilidade por um ano

---

[6] Nesse mesmo 8 de maio de 1920, Gramsci publicou nas páginas de *L'Ordine Nuovo* (sem assinatura) a moção "Por uma renovação do Partido Socialista" – ver, neste volume, p. 178. O texto demonstra a convicção gramsciana cada vez mais nítida do esgotamento do PSI e da necessidade de construção de um partido revolucionário. Esse documento, que foi apresentado em nome do grupo de *L'Ordine Nuovo*, foi elogiado por Lênin durante o II Congresso da Internacional, em agosto de 1920. Cf. Guido Liguori, *Masse e partito: antologia 1910-1926* (Roma, Riuniti, 2016).

[7] Gramsci faz referência a um conhecido aforismo de Pascal: "Se o nariz de Cleópatra fosse mais curto, teria mudado toda a face da Terra", ou, pode-se dizer, se ela fosse menos sedutora não teria conseguido influenciar César e Marco Antônio nos rumos do Império Romano. O sentido mais evidente é a pressuposição de que um detalhe possa mudar o curso de grandes acontecimentos históricos, o que, de fato, é improvável.

SUPERSTIÇÃO E REALIDADE | 173

dos companheiros da comissão interna, ou seja, exigiram que seis companheiros fossem privados por um ano dos direitos civis proletários. O movimento começou assim e agravou-se à medida que os industriais explicitavam, com habilidade e método, toda a sua manobra; os delegados operários para as negociações eram marionetes nas mãos dos industriais, e sabiam sê-lo, e os industriais sabiam que os operários sabiam. Os operários estavam convencidos de que as negociações eram inúteis, mas tinham de continuar negociando, já que uma demora, um desencorajamento, um movimento impulsivo provocaria o choque sangrento desejado pelos industriais, pela polícia, pela casta militar, pelos círculos reacionários. Os delegados operários conheciam perfeitamente as condições gerais de armamento nas quais se desenrolavam os eventos, e, por dias e dias, tiveram de mortificar seus cérebros e corações para aguardar, para deixar passar o dia, a fim de ver até onde iria a ofensiva adversária, de modo que os adversários chegassem àquele ponto em que não mais seria possível não tocar em princípios que obrigassem os organismos centrais a se pronunciar e posicionar. Chegou-se, assim, à greve geral, à grandiosa mobilização das forças proletárias piemontesas; chegou-se, assim, àquele ponto em que, pelas demonstrações de solidariedade ativa da parte dos ferroviários, dos marinheiros, dos estivadores, demonstrações que evidenciaram a debilidade interna do aparelho estatal burguês, foi até mesmo possível acreditar na possibilidade de uma insurreição geral do proletariado italiano contra o poder de Estado, uma insurreição que se supunha já destinada ao fracasso em seu objetivo último, ou seja, a formação de um governo revolucionário, já que a evolução do movimento havia mostrado que não existem na Itália energias revolucionárias organizadas capazes de centralizar um movimento amplo e profundo, de

174 | HOMENS OU MÁQUINAS?

dar substância política a uma irresistível e poderosa sublevação da classe operária, de criar um Estado e imprimir-lhe um dinamismo revolucionário.

A classe operária turinesa foi derrotada e não poderia deixar de sê-lo. A classe operária turinesa foi arrastada para a luta; não tinha liberdade de escolha, não podia adiar o dia do conflito porque a iniciativa da guerra de classe ainda pertence aos capitalistas e ao poder do Estado burguês. Quem fala de "falaciosas ilusões" subentende necessariamente que a classe operária deve sempre baixar a cabeça diante dos capitalistas, que a classe operária deve convencer-se de que não passa de um rebanho, de um aglomerado de brutos sem consciência e sem vontade, que deve convencer-se de sua incapacidade de ter uma concepção própria para contrapor à concepção burguesa, de ter noções, sentimentos, aspirações, interesses contraditórios com as noções, os sentimentos, as aspirações, os interesses da classe burguesa.

A classe operária turinesa foi derrotada. Continuam a existir em Turim grandes fábricas nas quais a sofisticada divisão do trabalho e o contínuo aperfeiçoamento dos automatismos leva os capitalistas às mais sórdidas e indignas formas de opressão do homem sobre o homem. A partir de tais condições de trabalho os operários foram incessantemente pressionados a buscar formas de organização e métodos de luta para recuperar seu poder e sua figura de classe revolucionária que eles não encontravam mais no sindicato profissional: iguais condições gerarão impulsos revolucionários semelhantes, mesmo depois da derrota política. Os industriais continuarão tentando provocar artificialmente a concorrência entre os operários, dividindo-os em categorias arbitrárias, e cada categoria em outras categorias, quando o aperfeiçoamento dos automatismos põe fim a essa concorrência; continuarão tentando jogar os técnicos contra os operários e os operários contra os técnicos, quando os sistemas de trabalho tendem a irmanar esses dois fatores da produção e os impelem a unir-se politicamente; os operários continuarão a sentir que não podem ser defendidos pelos sindicatos profissionais em sua luta contra a multiplicidade e a imprevisibilidade das armadilhas que os capitalistas, favorecidos pelos novos modos de produção, incessantemente armam para eles, e jamais ficarão inertes, jamais trabalharão com tranquilidade: sentirão ainda mais duramente seu estado de opressão, estarão mais disponíveis aos impulsos e às explosões de cólera.

Dessas novas condições de trabalho, amadurecidas durante a guerra, determinou-se em Turim a formação dos conselhos de fábrica: permanecem as condições, permanece a necessidade na consciência dos operários, necessidade aguçada e iluminada pela educação política, e só o Conselho de Fábrica e o sistema dos conselhos podem satisfazê-la.

A classe operária, em razão do desenvolvimento da civilização industrial e do desenvolvimento dos meios de opressão e exploração, foi levada a empreender ações, a propor-se e perseguir metas, a aplicar métodos que não são compreendidos pelos homens frios e sem entusiasmo que o mecanismo burocrático colocou nos cargos de direção de suas organizações de luta. Quinhentos mil operários e camponeses foram arrastados para a luta: contra eles puseram-se em campo a totalidade da classe capitalista e as forças do poder de Estado. A intervenção enérgica das centrais do movimento operário organizado poderia equilibrar as forças e, ainda que não gerasse uma vitória, pelo menos poderia manter e consolidar as conquistas obtidas pelos operários mediante um trabalho de organização

176 | Homens ou máquinas?

paciente e tenaz, com centenas e milhares de pequenas ações nas fábricas e nas seções. De quem depende essa intervenção? De um organismo eleito pelos operários, continuamente controlado, cujos membros podem ser destituídos a qualquer instante? Não, depende de funcionários que chegam a tais postos por via burocrática, por amizade; funcionários de mentalidade estreita, que não veem nem mesmo aquilo que os industriais e o Estado preparam, que não conhecem a vida da fábrica e as necessidades dos operários, que são tão "supersticiosos" quanto um pastor protestante e tão vaidosos quanto o contínuo de um ministério.

A classe operária turinesa mostrou que não saiu da luta com a vontade quebrada, com a consciência desfeita. Continuará na luta em duas frentes: luta pela conquista do poder industrial; luta pela conquista das organizações sindicais e pela unidade proletária.

A greve geral mostrou quanto é expansivo o movimento "literário" que surgiu no terreno industrial turinês. Em *L'Ordine Nuovo* de 11 de outubro de 1919, o mal-estar que crescia surdamente nas massas organizadas era assim esboçado:

> Os operários sentem que o conjunto de "sua" organização se tornou um aparato tão gigantesco que terminou por obedecer a leis próprias, imanentes à sua estrutura e ao seu complicado funcionamento, mas estranhas à massa que adquiriu consciência de sua missão histórica de classe revolucionária. Sentem que sua vontade de poder não consegue se expressar, num sentido nítido e preciso, através das atuais hierarquias institucionais. Sentem que, mesmo em casa, na casa que construíram com tenacidade, com esforços pacientes, cimentando-a com sangue e lágrimas, a máquina esmaga o homem, o burocratismo esteriliza o espírito criador e o diletantismo banal e retórico tenta inutilmente esconder a ausência de conceitos precisos sobre as necessidades da produção industrial e a completa falta de compreensão da psicologia das massas operárias. Os operários se

irritam com tais condições de fatos, mas são individualmente impotentes para modificá-las.[8]

O movimento em favor dos conselhos deu uma forma e uma finalidade concreta ao mal-estar que se organizou na ação disciplinada e consciente. É preciso coordenar Turim com as forças sindicais revolucionárias de toda a Itália a fim de formular um plano orgânico de renovação do aparelho sindical que permita à vontade das massas exprimir-se e conduza os sindicatos ao terreno de luta da Terceira Internacional Comunista.

---

[8] Ver "Sindicato e conselhos", p. 95 deste volume.

POR UMA RENOVAÇÃO DO PARTIDO SOCIALISTA[1]

O informe a seguir foi apresentado ao Conselho Nacional de Milão por representantes da Seção Socialista e da Federação Provincial de Turim e serviu de base para a crítica da ação e da orientação do partido.

1) A fisionomia da luta das classes na Itália é caracterizada, no momento atual, pelo fato de que os operários industriais e agrícolas são incoercivelmente levados, em todo o território nacional, a pôr explícita e violentamente a questão da propriedade sobre os meios de produção. O acirramento das crises nacionais e internacionais que destroem progressivamente o valor da moeda mostra que o capital está em seus estertores; a ordem atual de produção e distribuição não consegue satisfazer sequer as exigências elementares da vida humana e subsiste apenas porque é ferozmente defendida pela força armada do Estado burguês; todos os movimentos do povo trabalhador italiano tendem irresistivelmente a pôr em prática uma gigantesca revolução econômica, que introduza novos modos de produção, uma nova ordem no processo produtivo e distributivo, que dê à classe dos operários industriais e agrícolas o poder de

---

[1] É interessante observar que Lênin, em suas "Teses sobre as tarefas do II Congresso da Internacional Comunista", realizado em julho-agosto de 1920, indica este texto de Gramsci (atribuído por Lênin ao "grupo de *L'Ordine Nuovo*") como a posição mais aderente ao programa da Internacional Comunista na Itália. (N. E. O.) Não assinado, *L'Ordine Nuovo*, ano II, n. 1, 8 de maio de 1920.

iniciativa na produção, arrancando-o das mãos dos capitalistas e dos latifundiários.

2) Os industriais e os latifundiários puseram em prática a máxima concentração da disciplina e do poder de classe: uma palavra de ordem lançada pela Confederação Geral da Indústria Italiana é imediatamente posta em prática em cada fábrica. O Estado burguês criou um corpo armado mercenário[2] predisposto a funcionar como instrumento executivo da vontade dessa nova forte organização da classe proprietária, que tende, pelo locaute aplicado em ampla escala e pelo terrorismo, a restaurar seu poder sobre os meios de produção, obrigando os operários e os camponeses a se deixarem extorquir de uma quantidade muito maior de trabalho não pago. O recente locaute dos estabelecimentos metalúrgicos de Turim foi um episódio dessa vontade dos industriais de quebrar a crista da classe operária[3]: os industriais se aproveitaram da falta de coordenação e concentração revolucionária das forças operárias italianas para tentar quebrar a união do proletariado turinês e aniquilar na consciência dos operários o prestígio e a autoridade das instituições de fábrica (conselhos e comissários de seção). O prolongamento das greves agrícolas na região de Novara e em Lomellina mostra que os proprietários rurais estão dispostos a cessar a produção para levar o proletariado agrícola à fome e ao desespero e subjugá-lo

---

[2] Gramsci refere-se aqui, provavelmente, à *Guardia Regia* (que poderíamos traduzir por "polícia do rei"), instituída pelo governo em 2 de outubro de 1919 e que contava, em julho de 1920, com 25 mil homens. Mas também pode aludir aos grupos armados fascistas. (N. E. O.)

[3] Em 28 de março de 1920, usando como pretexto a chamada "greve dos ponteiros", os industriais turineses decretaram o locaute das indústrias metalúrgicas, impondo como condição para a retomada do trabalho que as comissões internas renunciassem ao método das eleições através dos comissários de seção. Em 13 de abril, eclodiu a greve geral, mencionada anteriormente, nota 3, p. 169. (N. E. O.)

implacavelmente às mais duras e humilhantes condições de trabalho e existência.

3) A fase atual da luta de classe na Itália é a fase que precede: ou a conquista do poder político da parte do proletariado revolucionário pela passagem a novos modos de produção e distribuição que permitam uma retomada da produtividade, ou uma tremenda reação da parte da classe proprietária e da casta governamental. Nenhuma violência será poupada para subjugar o proletariado industrial e agrícola a um trabalho servil: tentarão quebrar inexoravelmente os organismos de luta política da classe operária (Partido Socialista) e incorporar os organismos de resistência econômica (os sindicatos e as cooperativas) às engrenagens do Estado burguês.

4) As forças operárias e camponesas carecem de coordenação e centralização revolucionárias porque os organismos dirigentes do Partido Socialista revelaram não compreender nada da fase de desenvolvimento que a história nacional e internacional atravessa no período atual, tampouco da missão que cabe aos organismos de luta do proletariado revolucionário. O Partido Socialista assiste como espectador ao desenrolar dos eventos, nunca tem uma opinião própria que resulte das teses revolucionárias do marxismo e da Internacional Comunista, não formula palavras de ordem que possam ser abraçadas pelas massas, não fornece uma orientação geral que unifique e concentre a ação revolucionária. O Partido Socialista, como organização política do setor de vanguarda da classe operária, deveria desenvolver uma ação de conjunto, capaz de pôr toda a classe operária em condições de vencer a revolução e vencer duradouramente. O Partido Socialista, sendo constituído por aquele setor da classe proletária que não se deixou abater e prostrar diante da opressão física e espiritual da classe capitalista, mas conseguiu salvar a própria

autonomia e o espírito de iniciativa consciente e disciplinada, deveria encarnar a vigilante consciência revolucionária de toda a classe explorada. Sua tarefa é concentrar em si a atenção de toda a massa, conseguir que suas diretrizes se tornem as diretrizes de toda a massa, conquistar sua confiança permanente, de modo que se torne o guia e a cabeça pensante da massa. Para isso, é necessário que o partido viva sempre imerso na realidade efetiva da luta de classe travada pelo proletariado industrial e agrícola, que saiba compreender as diversas fases dessa luta, seus diversos episódios, suas múltiplas manifestações, para extrair a unidade da multiplicidade, para estar em condições de dar uma direção real ao conjunto dos movimentos e infundir a convicção nas massas de que há uma ordem imanente na espantosa desordem atual, uma ordem que, organizando-se, regenerará a sociedade dos homens e tornará o instrumento de trabalho adequado à satisfação da vida elementar e do progresso civil. Mesmo depois do Congresso de Bolonha[4], o Partido Socialista permaneceu mero partido parlamentar que se mantém imóvel no interior dos estreitos limites da democracia burguesa, que se preocupa apenas com afirmações políticas superficiais da casta governamental; não adquiriu uma figura autônoma como partido característico do proletariado revolucionário e somente do proletariado revolucionário.

5) Depois do Congresso de Bolonha, os organismos centrais do partido deveriam ter iniciado imediatamente e desenvolvido até o fim uma ação enérgica para tornar homogênea e coesa a unidade revolucionária do partido, para lhe dar a fisionomia específica e

---

[4] O Congresso de Bolonha do Partido Socialista Italiano, realizado entre 5 e 8 de outubro de 1919, terminou com a derrota da ala reformista e com a aprovação, por ampla maioria, de uma resolução que previa, entre outras coisas, a adesão do partido à Terceira Internacional. (N. E. O.)

diferenciada de partido comunista aderente à Terceira Internacional. A polêmica com os reformistas e os oportunistas nem sequer foi iniciada; nem a direção do Partido nem o *Avanti!*[5] contrapuseram uma concepção revolucionária própria à incessante propaganda que os reformistas e os oportunistas vinham desenvolvendo no Parlamento e nos organismos sindicais. Os organismos centrais do partido não fizeram nada para dar às massas uma educação política de orientação comunista, para levá-las a afastar os reformistas e os oportunistas da direção das instituições sindicais e cooperativas, para dar a cada seção e a cada grupo de companheiros mais ativos uma orientação e uma tática unificadas. Ocorreu assim que, enquanto a maioria revolucionária do partido não teve uma expressão de seu pensamento e um executor de sua vontade na direção e no jornal, os elementos oportunistas se organizaram fortemente e exploraram o prestígio e a autoridade do partido para consolidar suas posições parlamentares e sindicais. A direção permitiu que eles se agrupassem e votassem resoluções contraditórias com os princípios e as táticas da Terceira Internacional e hostis à orientação do partido; a direção deu absoluta autonomia a organismos subordinados para que desenvolvessem ações e difundissem concepções contrárias aos princípios e à tática da Terceira Internacional; a direção do partido esteve sistematicamente ausente da vida e da atividade das seções, dos organismos, de cada um dos companheiros. A confusão que existia no partido antes do Congresso de Bolonha e que podia ser explicada pelo regime de

---

[5] Fundado em Roma no ano 1896, era o órgão oficial de imprensa do Partido Socialista Italiano com seções em Roma, no Piemonte, em Milão e na região Centro-Sul da Itália. Nos meses de abril e maio de 1920, apenas a seção do Piemonte, da qual Gramsci era redator, não publicou edições. As redações italianas do *Avanti!* foram fechadas em 1926 pelo regime fascista, quando o jornal passou a ser publicado em Paris.

guerra não desapareceu, mas, ao contrário, aumentou de modo espantoso; é natural que, em tais condições, o partido tenha perdido parte da confiança de que desfrutava entre as massas e que, em muitos locais, as tendências anarquistas tenham tentado tomar o controle. O partido político da classe operária só se justifica na medida em que, concentrando e coordenando fortemente a ação proletária, contrapõe um poder revolucionário de fato ao poder legal do Estado burguês e limita a liberdade de iniciativa e de manobra desse Estado. Se o partido não puser em prática a unidade e a simultaneidade dos esforços, se o partido se revelar mero organismo burocrático, sem alma e sem vontade, a classe operária tenderá instintivamente a criar outro partido e dirigir-se para as tendências anarquistas, precisamente porque estas criticam dura e incessantemente a centralização e a burocratização dos partidos políticos.

6) O partido esteve ausente do movimento internacional. A luta de classe está assumindo em todos os países do mundo formas gigantescas; os proletários são levados, por toda parte, a renovar seus métodos de luta e, com frequência, como na Alemanha depois do golpe militar, a se insurgir com armas em punho. O partido não se preocupa em explicar esses eventos ao povo trabalhador italiano, em justificá-los à luz da concepção da Internacional Comunista, não se preocupa em desenvolver toda uma ação educativa dirigida no sentido de tornar o povo trabalhador italiano consciente da verdade de que a revolução proletária é um fenômeno mundial e de que todo evento singular deve ser considerado e julgado num quadro mundial. A Terceira Internacional já se reuniu duas vezes na Europa ocidental – numa cidade alemã em dezembro de 1919, em Amsterdã em fevereiro de 1920. O partido italiano não estava representado em nenhuma das duas reuniões; os militantes do

184 | HOMENS OU MÁQUINAS?

partido não foram sequer informados pelos organismos centrais das discussões ocorridas e das deliberações tomadas nessas duas conferências[6]. No campo da Terceira Internacional, fervilham polêmicas sobre a doutrina e a tática da Internacional Comunista; tais polêmicas (como na Alemanha) levaram até mesmo a cisões internas[7]. O Partido italiano está completamente fora desse rico debate de ideias no qual se temperam as consciências revolucionárias e se constrói a unidade de espírito e ação dos proletários de todos os países. O órgão central do partido não tem correspondentes próprios nem na França, nem na Inglaterra, nem na Alemanha, nem mesmo na Suíça: estranha condição para o jornal do Partido Socialista, que representa na Itália os interesses do proletariado internacional, e estranha condição gerada para a classe operária italiana, que deve se informar pelas notícias das agências e dos jornais burgueses, truncadas e tendenciosas. O *Avanti!*, como órgão do partido, deveria ser o órgão da Terceira Internacional; no *Avanti!* deveria ser travada, com espírito unitário, uma polêmica incessante contra todos os desvios e compromissos oportunistas. Em vez disso, o *Avanti!* valoriza manifestações do pensamento oportunista, como o recente discurso parlamentar do deputado Treves, que se baseava numa

---

[6] Em dezembro de 1919, teve lugar em Frankfurt, organizada pelo secretariado de Berlim da Terceira Internacional, uma conferência de grupos e partidos ocidentais que haviam aderido à Internacional Comunista, à qual compareceram delegados da Alemanha, da Áustria, da Polônia e da Romênia. Embora o Partido Socialista Italiano tenha sido informado da preparação desse encontro, não foram enviados representantes italianos. Outra conferência internacional para a Europa ocidental, organizada dessa vez pelo Bureau da Internacional Comunista em Amsterdã, ocorreu nessa cidade em 13 de fevereiro de 1920, com delegados holandeses, belgas, britânicos, alemães e norte-americanos. Os italianos, mais uma vez, não compareceram. (N. E. O.)

[7] Gramsci alude aqui à cisão ocorrida no KPD (Partido Comunista da Alemanha) que levou à criação, pela extrema esquerda, em abril de 1920, do KAPD (Partido Operário Comunista da Alemanha). (N. E. O.)

POR UMA RENOVAÇÃO DO PARTIDO SOCIALISTA | 185

concepção pequeno-burguesa das relações internacionais e desenvolvia uma teoria contrarrevolucionária e derrotista das energias proletárias[8]. Essa ausência, nos órgãos centrais, de qualquer preocupação de informar o proletariado sobre os eventos e sobre as discussões teóricas que ocorrem na Terceira Internacional pode ser observada também na atividade da livraria editora do partido. A livraria continua a publicar opúsculos sem importância ou textos para divulgar concepções e opiniões próprias da Segunda Internacional, deixando de lado as publicações da Terceira Internacional. Escritos de companheiros russos, indispensáveis para compreender a revolução bolchevique, foram traduzidos na Suíça, na Inglaterra, na Alemanha, mas são ignorados na Itália: o livro de Lênin, *O Estado e a revolução*, vale de exemplo; os opúsculos traduzidos são pessimamente traduzidos e, com frequência, incompreensíveis em razão dos erros gramaticais e do senso comum.

7) Da análise precedente já se deduz qual obra de renovação e organização consideramos indispensável efetuar no conjunto do partido. O partido deve adquirir uma figura precisa e diferenciada: de partido parlamentar pequeno-burguês deve se tornar o partido do proletariado revolucionário que luta pelo advento da sociedade comunista mediante o Estado operário, um partido homogêneo, coeso, com uma doutrina própria, uma tática, uma dis-

---

[8] Na Câmara dos Deputados, em 30 de março de 1920, o reformista Claudio Treves pronunciou o chamado "discurso da expiação", criticado imediatamente por Gramsci como "manifestação do pensamento oportunista". Treves disse aos deputados liberais: "A crise consiste justamente nisto: os senhores não podem mais nos impor sua ordem e nós ainda não podemos lhes impor a nossa". A desordem do pós-guerra e a impossibilidade de resolvê-la, num ou noutro sentido, eram precisamente a expiação do crime cometido: a aventura bélica. Na prática, como acentua Gramsci, Treves indicava a inviabilidade de uma solução revolucionária. (N. E. O.)

186 | Homens ou máquinas?

ciplina rígida e implacável. Os que não são comunistas revolucionários devem ser eliminados do partido, e a direção, liberada da preocupação de manter a unidade e o equilíbrio entre as diversas tendências e os diversos líderes, deve dirigir toda a sua energia para colocar as forças operárias em pé de guerra. Cada evento da vida proletária nacional e internacional deve ser imediatamente comentado em manifestos e panfletos da direção para que se extraiam deles argumentos de propaganda comunista e educação das consciências revolucionárias. A direção, mantendo-se sempre em contato com as seções, deve se tornar o centro motor da ação proletária em todas as suas manifestações. As seções devem promover, em todas as fábricas, nos sindicatos, nas cooperativas, nos quartéis, a constituição de grupos comunistas que difundam incessantemente, no seio das massas, as concepções e a tática do partido, que organizem a criação de conselhos de fábrica para o exercício do controle sobre a produção industrial e agrícola, que realizem a propaganda necessária para conquistar, de modo orgânico, os sindicatos, as câmaras do trabalho e a Confederação Geral do Trabalho para torná-los, assim, elementos de confiança que a massa incumbirá de formar os sovietes políticos e exercer a ditadura proletária. A existência de um partido comunista coeso e fortemente disciplinado, que por meio de seus núcleos de fábrica, de sindicato, de cooperativa, coordene e concentre em seu comitê executivo central toda a ação revolucionária do proletariado, é a condição fundamental indispensável para tentar qualquer experimento soviético. Na ausência de tal condição, qualquer proposta de uma experimentação deve ser rejeitada como absurda e útil tão somente aos difamadores da ideia soviética. Do mesmo modo deve ser rejeitada a ideia de um "pequeno parlamento" socialista[9], que logo se tornaria um instrumento nas mãos da maioria reformista e oportunista do grupo parlamentar, com o objetivo de difundir utopias democráticas e projetos contrarrevolucionários.

8) A direção deve imediatamente estudar, redigir e difundir um programa de governo revolucionário do Partido Socialista, no qual sejam indicadas as soluções reais que o proletariado, tornado classe dominante, dará a todos os problemas essenciais – econômicos, políticos, religiosos, pedagógicos etc. – que afligem os diversos estratos da população trabalhadora italiana. Baseando-se na concepção de que o partido funda seu poder e sua ação somente na classe dos operários industriais e agrícolas que não dispõem de nenhuma propriedade privada e considera os demais estratos do povo trabalhador auxiliares da classe estritamente proletária, o partido deve lançar um manifesto no qual a conquista revolucionária do poder político seja colocada de modo explícito, no qual o proletariado industrial e agrícola seja convidado a preparar-se e armar-se e no qual sejam indicados os elementos das soluções comunistas para os problemas atuais: controle proletário sobre a produção e a distribuição, desarmamento dos corpos mercenários armados, controle dos municípios exercido pelas organizações operárias.

9) A seção socialista turinesa propõe-se, com base nessas considerações, promover um acordo com os grupos de companheiros

---

[9] Trata-se da proposta de reunir em assembleia, além de todos os socialistas eleitos, também os expoentes dos organismos políticos, sindicais e cooperativos ligados ao Partido Socialista Italiano. O objetivo desse "pequeno parlamento" (ou *parlamentino*), como ficou conhecido, seria elaborar propostas de lei a fim de exercer pressão sobre o governo. Em tal assembleia, como observa Gramsci, os reformistas certamente constituiriam a maioria. Por isso, o grupo de *L'Ordine Nuovo* manifestou sua hostilidade ao projeto com dois artigos assinados por Andrea Viglongo e intitulados "Contro il Parlamento del lavoro" [Contra o Parlamento do trabalho]. *L'Ordine Nuovo*, n. 39 e 40, ano I, 26 de fevereiro e 13 de março de 1920. (N. E. O.)

que, em todas as seções, desejem constituir-se para discuti-las e aprová-las: um acordo organizado que prepare, no curto prazo, um congresso dedicado a discutir os problemas de tática e organização proletária e que, nesse meio-tempo, controle a atividade dos organismos executivos do partido.

O CONSELHO DE FÁBRICA[1]

A revolução proletária não é o ato arbitrário de uma organização que se afirma revolucionária ou de um sistema de organizações que se afirmam revolucionárias. A revolução proletária é um longuíssimo processo histórico que ocorre quando surgem e se desenvolvem determinadas forças produtivas (que resumimos na expressão "proletariado") em determinado ambiente histórico (que resumimos nas expressões "modo de propriedade individual", "modo de produção capitalista", "sistema de fábrica", "modo de organização da sociedade no Estado democrático-parlamentar"). Em certa fase

---

[1] Este artigo de Gramsci se insere numa polêmica que dividiu, na época, os principais fundadores de *L'Ordine Nuovo*. Discordando da maioria dos demais redatores, Angelo Tasca manifestou-se, em diferentes ocasiões, contra a teoria ordinovista dos conselhos de fábrica, defendendo a tese dos maximalistas segundo a qual os conselhos deveriam se subordinar (ou mesmo se integrar) aos sindicatos e o poder operário na fábrica deveria ser complementado por um poder político. Num informe apresentado em 13 de abril de 1920 à seção socialista de Turim, Tasca afirma que "é absolutamente necessário que os conselhos de fábrica se tornem parte integrante dos sindicatos". Contudo, foi no Congresso da Câmara do Trabalho de Turim, realizado de 23 a 28 de maio de 1920, quando Tasca reafirma tais posições, que Gramsci toma publicamente posição contra ele. No artigo "O relatório Tasca e o Congresso Cameral de Turim", *L'Ordine Nuovo*, ano II, n. 4, 5 de junho de 1920 (ver p. 202 deste volume), Gramsci se empenha em registrar as diferenças, já indicadas no presente artigo, sem disfarçar o sentimento de quase traição que as posições de Tasca provocaram no grupo de *L'Ordine Nuovo*: "Com a permissão do companheiro Tasca, afirmamos que sua intervenção de poucas horas arruinou um trabalho de educação e elevação do nível da cultura operária que custou a *L'Ordine Nuovo* e seu grupo um ano de trabalho e esforço". O ponto-final dessa polêmica com Tasca aparece no artigo "O programa de *L'Ordine Nuovo*", p. 233 deste volume. (N. E. O.) Não assinado, *L'Ordine Nuovo*, ano II, n. 45, 5 de junho de 1920.

desse processo, as novas forças produtivas não podem mais se desenvolver e organizar de modo autônomo nos quadros oficiais em que se processa a convivência humana; é nessa fase que ocorre o ato revolucionário, que consiste num esforço orientado para quebrar violentamente esses quadros, destruir todo o aparelho de poder econômico e político, no qual estavam opressivamente contidas as forças produtivas revolucionárias; que consiste também no esforço orientado para quebrar a máquina do Estado burguês e constituir um tipo de Estado em cujos quadros as forças produtivas liberadas encontrem a forma adequada ao seu desenvolvimento e expansão ulteriores, em cuja organização encontrem a garantia e as armas necessárias e suficientes para suprimir seus adversários.

O processo real da revolução proletária não pode ser identificado com o desenvolvimento e a ação das organizações revolucionárias de tipo voluntário e contratualista, como o são o partido político e os sindicatos profissionais: organizações nascidas no terreno da democracia burguesa, da liberdade política, como afirmação e desenvolvimento da liberdade política. Tais organizações, na medida em que encarnam uma doutrina que interpreta o processo revolucionário e prevê (dentro de certos limites de probabilidade histórica) seu desenvolvimento, na medida em que são reconhecidas pelas grandes massas como seu reflexo e seu aparelho embrionário de governo, são atualmente, e tornar-se-ão cada vez mais, os agentes diretos e responsáveis pelos sucessivos atos de libertação que o conjunto da classe trabalhadora empreenderá no curso do processo revolucionário. Mas elas não encarnam esse processo, não superam o Estado burguês, não englobam e não podem englobar toda a multifacética efervescência de forças revolucionárias que o capitalismo desencadeia em sua implacável marcha de máquina de exploração e opressão.

O CONSELHO DE FÁBRICA | 191

No período de predomínio econômico e político da classe burguesa, o desenvolvimento real do processo revolucionário ocorre de modo subterrâneo, na obscuridade da fábrica e na obscuridade da consciência das imensas multidões que o capitalismo submete a suas leis: tal desenvolvimento não pode ser verificado e documentado, mas o será no futuro, quando os elementos que o constituem (sentimentos, veleidades, hábitos, germes de iniciativa e de novos costumes) já tiverem se desenvolvido e purificado com o desenvolvimento da sociedade, o desenvolvimento da posição que a classe operária passa a ocupar no terreno da produção. As organizações revolucionárias (o partido político e o sindicato profissional) nasceram no terreno da liberdade política, terreno da democracia burguesa, como afirmação e desenvolvimento da liberdade e da democracia em geral, num terreno onde subsistem as relações de cidadão para cidadão. E o processo revolucionário se realiza no terreno da produção, na fábrica, onde as relações são de opressor para oprimido, de explorador para explorado, onde não existe liberdade para o operário, onde não existe democracia; o processo revolucionário se realiza onde o operário não é nada e quer se tornar tudo, onde o poder do proprietário é ilimitado, é poder de vida e de morte sobre o operário, sobre a mulher do operário, sobre os filhos do operário.

Quando é possível dizer que o processo histórico da revolução operária, que é imanente à convivência humana em regime capitalista, que tem suas leis em si mesmo e se desenvolve necessariamente pela confluência de uma multiplicidade de ações incontroláveis porque são criadas por uma situação que não é desejada nem prevista pelo operário, quando é possível dizer que o processo histórico da revolução operária veio à tona, é verificável e documentável?

192 | Homens ou máquinas?

Dizemos isso quando toda a classe operária se torna revolucionária, não mais no sentido de que se recusa genericamente a colaborar com as instituições de governo da classe burguesa, não mais no sentido de que representa uma oposição no campo da democracia, mas no sentido de que toda a classe operária, tal como se vê numa fábrica, inicia uma ação que deve desembocar necessariamente na fundação de um Estado operário, que deve levar necessariamente à configuração da sociedade humana numa forma de todo original, numa forma universal, que engloba toda a Internacional operária[2] e, consequentemente, toda a humanidade. E é possível dizer que o período atual é revolucionário precisamente porque constatamos que a classe operária, em todas as nações, tende a criar a partir do próprio seio, com todas as suas energias – ainda que em meio a erros, vacilações, limitações próprias de uma classe oprimida que não tem experiência histórica, que deve fazer tudo de modo original –, instituições de novo tipo no terreno operário, instituições de base representativa, construídas no interior de um quadro industrial; é possível dizer que o período atual é revolucionário porque a classe operária tende com todas as suas forças, com toda a sua vontade, a fundar seu próprio Estado. É por isso que dizemos que o nascimento dos conselhos operários de fábrica representa um grandioso evento histórico, representa o início de uma nova era na história

---

[2] *L'Ordine Nuovo*, que após a fundação do PCd'I em janeiro de 1921, tornar-se-á seu órgão oficial de imprensa, expressava claramente tentativas persistentes de renovação do PSI, superação de concepções cristalizadas e dogmáticas sobre o papel do partido e dos sindicatos, assim como buscava estabelecer uma conexão orgânica com a Internacional Comunista. Isso pode ser verificado tanto nas temáticas do jornal entre 1919 e 1920, que se referem ao "programa do Partido Comunista", quanto pela publicação de artigos de líderes russos como Bukhárin, Lênin e Trótski. Para Gramsci, o principal ponto de confluência entre o programa bolchevique e o italiano era o papel revolucionário dos conselhos, posição sempre minoritária no PSI.

do gênero humano: graças a isso, o processo revolucionário veio à tona, entrou na fase em que pode ser verificado e documentado.

Na fase liberal do processo histórico da classe burguesa e da sociedade dominada pela classe burguesa, a célula elementar do Estado era o proprietário que, na fábrica, subjuga a classe operária a seu lucro. Na fase liberal, o proprietário era também empresário, era também industrial: o poder industrial, a fonte do poder industrial residia na fábrica, e o operário não conseguia libertar sua consciência da crença de que o proprietário era necessário, já que identificava sua pessoa com a pessoa do industrial, com a pessoa do gestor responsável pela produção e, portanto, também por seu salário, seu pão, sua roupa, seu teto.

Na fase imperialista do processo histórico da classe burguesa, o poder industrial de cada fábrica se separa da fábrica e se concentra num *trust*, num monopólio, num banco, na burocracia estatal. O poder industrial torna-se irresponsável e, portanto, mais autocrático, mais impiedoso, mais arbitrário; porém, o operário, liberto da sujeição ao "patrão", liberto do espírito servil de hierarquia, impulsionado também pelas novas condições gerais em que se encontra a sociedade em razão da nova fase histórica, o operário obtém inestimáveis conquistas de autonomia e iniciativa.

Na fábrica, a classe operária se torna determinado "instrumento de produção" em determinada constituição orgânica; cada operário passa "casualmente" a fazer parte desse corpo constituído: casualmente no que se refere a sua vontade, mas não no que se refere a seu posto de trabalho, já que ele representa determinada necessidade do processo de trabalho e produção e só por isso é contratado, só por isso pode ganhar seu pão. Ele é uma engrenagem da máquina-divisão do trabalho, da classe operária transformada em um instrumento de produção. Se o operário adquire clara consciência dessa sua "necessidade determinada" e a põe na base de um aparelho representativo de tipo estatal (isto é, não voluntário, contratualista, por inscrição, mas absoluto, orgânico, aderente a uma realidade que deve ser reconhecida caso se queira garantir o pão, a roupa, o teto, a produção industrial), se o operário, se a classe operária faz isso, faz uma coisa grandiosa, dá início à era dos Estados operários que deverão confluir na formação da sociedade comunista, do mundo organizado sobre a base e o tipo da grande fábrica mecanizada, da Internacional Comunista, na qual cada povo, cada parte da humanidade toma forma na medida em que se encarrega de uma produção importante, não mais na medida em que é organizada na forma de Estado e possui determinadas fronteiras.

Enquanto constrói esse aparelho representativo, na realidade a classe operária cumpre a expropriação da primeira máquina, do mais importante instrumento de produção: a própria classe operária, que se reencontrou, que adquiriu consciência de sua unidade orgânica e que unitariamente se contrapõe ao capitalismo. Desse modo, a classe operária afirma que o poder industrial, a fonte do poder industrial, deve retornar à fábrica, põe novamente a fábrica, do ponto de vista operário, como forma na qual a classe operária se constitui em corpo orgânico determinado, como célula de um novo Estado, o Estado operário, como base de um novo sistema representativo, o sistema dos conselhos. O Estado operário, por nascer de acordo com uma configuração produtiva, cria com isso as condições de seu desenvolvimento, de sua dissolução como Estado, de sua incorporação orgânica a um sistema mundial, ou seja, a Internacional Comunista.

Assim como hoje, no conselho de uma grande fábrica mecanizada, cada *equipe* de trabalho (cada grupo profissional) se articula, do ponto de vista proletário, com as demais equipes de uma seção; cada momento da produção industrial se funde, do ponto de vista proletário, com os outros momentos e põe em realce o processo produtivo, do mesmo modo, no mundo, o *carvão* inglês se funde com o *petróleo* russo, o *trigo* siberiano com o *enxofre* da Sicília, o *arroz* de Vercelli com a *madeira* da Estíria... formando um organismo único, o qual é submetido a uma administração internacional que governa a riqueza do globo em nome de toda a humanidade. Nesse sentido, o conselho operário de fábrica é a primeira célula de um processo histórico que deve culminar na Internacional Comunista não mais como organização política do proletariado revolucionário, mas como reorganização da economia mundial e de toda a convivência humana, nacional e mundial. Toda ação revolucionária atual tem valor, é real historicamente, na medida em que adere a esse processo, na medida em que é concebida e executada como um ato dirigido no sentido de liberar esse processo das superestruturas burguesas que o entravam e obstaculizam.

As relações que devem existir entre o partido político e o conselho de fábrica, entre o sindicato e o conselho de fábrica, já estão implícitas nessa exposição: o partido e os sindicatos não devem se pôr como tutores ou como superestruturas já constituídas dessa nova instituição, na qual o processo histórico da revolução ganha forma constatável; eles devem se posicionar como agentes conscientes de sua libertação das forças de compressão que se concentram no Estado burguês, devem propor-se organizar as condições externas gerais (políticas) nas quais o processo revolucionário ganha a máxima celeridade, nas quais as forças produtivas liberadas encontram sua máxima expansão.

O RELATÓRIO TASCA[1] E O CONGRESSO CAMERAL DE TURIM[2]

No número anterior publicamos integralmente o relatório sobre os conselhos de fábrica que o companheiro Angelo Tasca compilou a pedido da Comissão Executiva da Câmara do Trabalho turinesa e defendeu no Congresso Cameral. No entanto, o relatório não é, de forma alguma, emanação de *L'Ordine Nuovo* e, portanto, não representa um arranjo prático, autorizado ou aceito das teses de *L'Ordine Nuovo* para construir e difundir uma concepção e uma teoria do movimento dos conselhos; foi publicado e deveria ser publicado em *L'Ordine Nuovo* como o foi o manifesto-programa do companheiro Ercole Bucco[3] aos operários organizados na Câmara do Trabalho de Bolonha, enquanto documento de uma fase importante do processo de desenvolvimento dos conselhos, documento da atitude teórica e prática que, em face da nova instituição operária, podem assumir e assumem, em um momento determinado, certos indivíduos representativos e certas delegações sindicais do movimento proletário.

---

[1] Sobre as origens e o desenvolvimento da polêmica com Tasca, ver o artigo "O programa de *L'Ordine Nuovo*", p. 233 deste volume. (N. E. I.)

[2] Não assinado, *L'Ordine Nuovo*, ano II, n. 4, 5 de junho de 1920.

[3] Ercole Bucco (1886-1944), operário, foi deputado na XXV legislatura do reino da Itália entre janeiro de 1919 e abril de 1921. Gramsci volta a mencioná-lo com a expressão "a ordem do dia Schiavello-Bucco", no artigo não assinado "Aprile e settembre 1920", *L'Ordine Nuovo*, 7 setembro 1921, seção "Cronache Torinesi" [Crônicas turinesas].

O companheiro Tasca acreditou que agia corretamente ao aceitar ser relator no congresso sem mandato de nenhuma organização sindical: acreditou agir bem ao aceitar ser relator oficial da Comissão Executiva da Câmara do Trabalho sem ser propriamente relator oficial, com uma posição e uma imagem que, se podiam ser, como de fato foram, extremamente interessantes e pitorescas de um ponto de vista intelectual e abstrato (imagem e posição em que se entrelaçaram os traços característicos do bispo *in partibus infidelium* e do pedagogo superior às mesquinhas contingências da luta entre as tendências políticas), não poderiam, na prática, contribuir com outra coisa senão a promoção de equívocos e ilusões, o favorecimento de intrigas e manobras oportunistas, que não poderiam levar, como de fato não levaram, a outro resultado senão a aniquilação do valor e da importância histórica que o Congresso das Câmaras do Trabalho turinês poderia e deveria ter tido.

O relatório do companheiro Tasca é precipitado e não se baseia em uma concepção central que organize o conjunto do tema e lhe dê vida. O companheiro Tasca não possui nenhuma informação exata sobre o desenvolvimento do Conselho de Fábrica na Rússia, ainda que essa não seja uma informação difícil. O companheiro Tasca afirma, por exemplo, que "as últimas experiências russas parecem ter levado à necessidade de confiar a administração de cada fábrica não apenas aos operários da fábrica, mas também aos representantes diretos nomeados pelo Conselho da Economia Popular"[4].

---

[4]   O artigo mencionado por Gramsci, "Il meccanismo soviettista di nazionalizzazione", *L'Ordine Nuovo*, n. 14, 16 de agosto de 1919, p. 106-7, foi traduzido integralmente do jornal inglês *The Economist* de 26 de julho de 1919, considerado imparcial pelo correspondente de Copenhagen. O artigo esclarece que os Conselhos Distritais de Economia Nacional consistiam em parlamentos locais da indústria, cujas funções se concentravam em decidir coletivamente sobre as condições de emprego, os métodos de trabalho, as vendas etc. Os

198 | Homens ou máquinas?

L'Ordine Nuovo publicou, em 16 de agosto de 1919, o artigo "O mecanismo soviético de nacionalização", no qual essa sistematização das funções dirigentes na fábrica russa é descrita, justificada historicamente, apresentada como fase superior de um processo de desenvolvimento promovido e estimulado pelos comunistas. No capítulo "Do controle ao governo da indústria", do livro de Bukharin, *O programa dos comunistas* (publicado em maio de 1918)[5], essa sistematização é apresentada como ponto programático essencial dos bolcheviques que querem conter e combater a psicologia pequeno-burguesa e as tendências anarcossindicalistas de uma parte atrasada da classe operária russa. A "última" experiência russa é aquela da militarização da indústria que levou, em determinados casos, à dissolução dos conselhos de fábrica; consiste no fato de que, por falta de força motriz e equipamento industrial, o Estado operário foi forçado a introduzir, em algumas indústrias, grandes massas de camponeses, muito distantes da psicologia proletária e, portanto, sem capacidade de autogoverno industrial; o conselho não tinha significado para essas massas de camponeses atrasados (não tinha significado no campo industrial); a única forma adequada de disciplina coletiva era a disciplina do exército revolucionário, com sua fraseologia e seu entusiasmo guerreiro.

---

conselhos distritais respondiam ao Conselho Supremo de Economia Nacional, instância máxima da nacionalização russa. O Conselho Supremo tinha 69 membros, 30 eleitos nos sindicatos, 20 membros eleitos nos Conselhos Distritais, 10 membros eleitos pelo Comitê Central Executivo dos Sovietes, 7 membros dos comissariados (finanças, comunicação etc.) e 2 membros eleitos nas cooperativas.

[5]   O programa dos comunistas (bolcheviques), de 1918, foi planejado como uma das primeiras exposições populares do bolchevismo. Cf. Stephen F. Cohen, *Bukharin and the Bolshevik Revolution* (Oxford, Oxford University Press, 1980). Entre 29 de novembro de 1919 e 14 de fevereiro de 1920 foi publicada nas páginas de *L'Ordine Nuovo* por Bukhárin uma série de artigos intitulados "Il programma del Partito Comunista" [O programa do Partido Comunista] – conferir números 28, 29, 30 e 31, de 1919; números 32, 34, 35, 36 e 37, de 1920.

Essas deficiências e imprecisões do companheiro Tasca no concernente à "bibliografia" do problema dos conselhos revelam-se também por documentos mais próximos no espaço e no tempo; na moção que sintetiza as discussões ocorridas no congresso (publicada no *Avanti!*), ele atribui a Schiavello[6] a formulação das tarefas próprias do comissário de departamento, formulação que, na verdade, se deve aos próprios comissários das fábricas turinesas e que Schiavello reproduziu em seu projeto de "Regulamento", publicado em *L'Ordine Nuovo* de 8 de novembro de 1919. A compilação e organização, no "Regulamento", da imensa quantidade de experiências e propostas recolhidas pelos comissários de Turim não custou pouco esforço à Comissão de Estudos dos conselhos, e não é justo atribui-la a Schiavello, que nada fez senão copiar, dar-lhe a expressão literária definitiva.

Assim, Tasca polemiza com o companheiro Garino a propósito da afirmação de que "a função principal do sindicato não é formar a consciência de produtor no operário, mas defender os interesses do operário como assalariado", afirmação que é a tese desenvolvida no artigo editorial "Sindicalismo e conselhos", publicado em *L'Ordine Nuovo* no mesmo 8 de novembro de 1919. Quando Garino, sindicalista anarquista, defende essa tese no Congresso Cameral extraordinário de dezembro de 1919 – e a defende acaloradamente e com grande eficácia dialética –, nós, diferentemente do companheiro Tasca, ficamos surpresos de modo positivo e sentimos uma profunda comoção: uma vez que concebemos o Conselho de Fábrica como o início histórico de um processo que necessariamente deve

---

[6] Ernesto Schiavello, líder sindical, foi vice-prefeito de Milão e depois preso político do fascismo. Esteve com Gramsci na ilha de Ústica em 1926.

conduzir à fundação do Estado operário, a atitude do companheiro Garino, libertário, sindicalista, era uma prova da profunda convicção, sempre nutrida, de que no real processo revolucionário toda a classe operária encontra de forma espontânea sua unidade teórica e prática, que cada operário, quando sinceramente revolucionário, não pode senão ser levado a colaborar com toda a classe para o desenvolvimento de uma missão que é imanente na sociedade capitalista e não um objetivo proposto livremente pela consciência e pela vontade individual.

Mas nós tínhamos e temos uma concepção do Conselho de Fábrica que falta no relatório do companheiro Tasca e não é substituída por outra equivalente. Concebemos o Conselho de Fábrica como um instituto absolutamente original, que surge da situação criada para a classe operária no atual período histórico da estrutura do capitalismo, como um instituto que não pode ser confundido com o sindicato, que não pode ser coordenado e subordinado ao sindicato, mas que, ao contrário, com seu nascimento e seu desenvolvimento, determina mudanças radicais na estrutura e na forma do sindicato. A estrutura do capitalismo é caracterizada no momento atual pelo predomínio do capital financeiro sobre o capital industrial, pela sobreposição da banca à fábrica, da bolsa à produção de mercadorias, do monopólio ao capitão da indústria; essa é uma estrutura orgânica, uma normalidade do capitalismo, e não um "vício contraído dos hábitos de guerra", como sustenta o companheiro Tasca, de acordo com Kautsky e contra a tese fundamental da Internacional Comunista. Essa tese econômica foi sustentada pelos teóricos da Terceira Internacional (Lênin, Zinóviev, Bukhárin, Rosa Luxemburgo, A. Panneckoeck etc.) antes da guerra mundial, baseando-se em especial em materiais e conclusões contidos no

O Relatório Tasca e o Congresso Cameral de Turim | 201

volume de Hilferding sobre o *Capital financeiro*, e sustentaram-no em polêmica com Kautsky e com os outros *leaders* literários da social-democracia alemã, que durante e após a guerra tornaram-se os "centristas" do movimento operário internacional. Acerca dessa tese econômica, os teóricos da Internacional fundaram as outras teses sobre o colonialismo, sobre o imperialismo e sobre a guerra civil que se sucederia à grande conflagração prevista em torno da repartição do globo e pela conquista da hegemonia mundial por parte da Inglaterra ou da Alemanha. A guerra civil, a criação por parte dos proletariados nacionais de seu Estado, o reconhecimento no conselho e no sistema de conselhos da forma própria, em toda a Internacional, do Estado operário que surge espontaneamente da situação econômica e política imposta ao proletariado pela fase de desenvolvimento capitalista da época atual: eis a série lógica de noções que está na base da Internacional Comunista e segundo as quais deve ser considerado o nascimento das novas instituições operárias. O companheiro Tasca, com o verniz de uma fraseologia comunista e revolucionária, veio em auxílio dos oportunistas e dos reformistas que sempre tentaram descaracterizar o Conselho de Fábrica – o qual tende a levar a luta de classe para fora do terreno da legalidade industrial –, chamando para si a "disciplina" burocrática, isto é, apresentando-se como guardiões da legalidade industrial, que é a codificação, nas fábricas, das relações entre explorador e explorado.

Assim, por essa intervenção do companheiro Tasca, que não estava preparado para tratar do problema nem do ponto de vista teórico geral nem do ponto de vista da teoria dos conselhos, por essa intervenção "oficial, mas não oficial", que se mostrava simpática aos congressistas por seu caráter desinteressado e de superioridade em relação às lutas internas do movimento sindical, o Congresso da

Câmara do Trabalho de Turim serviu apenas para gerar equívocos e confusões, serviu para perpetuar um estado de coisas que é muito danoso para o movimento sindical em geral e para os integrantes dos sindicatos e da Câmara do Trabalho.

Quando, junto com o companheiro Tasca, iniciamos a publicação de *L'Ordine Nuovo*, pactuamos implantar, sobretudo entre nós, o direito e o dever de controle recíproco e de crítica recíproca, o direito e o dever de dizer franca e desapiedadamente a verdade, também porque pretendíamos instaurar em nosso grupo um costume superior nas relações mútuas. Com a permissão do companheiro Tasca, afirmamos que sua intervenção de poucas horas arruinou um trabalho de educação e elevação do nível da cultura operária que custou a *L'Ordine Nuovo* e seu grupo um ano de trabalho e esforço.

SINDICATOS E CONSELHOS[1]

O sindicato não é esta ou aquela definição do sindicato: o sindicato se torna determinada definição, ou seja, assume determinada figura histórica na medida em que as forças e as vontades operárias que o constituem lhe imprimem aquele endereço e assentam sua ação naquele fim afirmado em sua definição.

Objetivamente, o sindicato é a forma que a mercadoria trabalho assume (e só pode assumir) em regime capitalista, quando se organiza para dominar o mercado: essa forma é um escritório constituído de funcionários, técnicos (quando são técnicos) da organização, especialistas (quando são especialistas) na arte de concentrar e dirigir as forças operárias de modo que se estabeleça, com o poder do capital, um equilíbrio vantajoso para a classe operária.

O desenvolvimento da organização sindical é caracterizado por estes dois fatos: 1) o sindicato abarca uma quantidade cada vez maior de filiados operários, ou seja, incorpora à disciplina de sua forma cada vez mais filiados; 2) o sindicato concentra e generaliza sua forma, até pôr nas mãos de um secretariado central o poder da disciplina e do movimento, ou seja, ele se separa das massas que arregimentou, afasta-se de caprichos, veleidades e volubilidades que são próprios das grandes massas agitadas. Desse modo, o sindicato torna-se capaz de firmar acordos, de assumir compromissos: ele

---

[1] Não assinado, *L'Ordine Nuovo*, ano II, n. 5, 12 de junho de 1920.

obriga o empresário a aceitar uma legalidade em suas relações com o operário que é condicionada pela confiança que o empresário tem na solvência do sindicato, pela confiança que o empresário tem na capacidade do sindicato de obter, da parte das massas operárias, o respeito às obrigações pactuadas.

O advento de uma legalidade industrial foi uma grande conquista da classe operária, mas não uma conquista última e definitiva: a legalidade industrial melhorou as condições de vida material da classe operária, porém não é mais que um compromisso que foi necessário estabelecer, que será necessário aceitar enquanto as relações de força forem desfavoráveis à classe operária. Se os funcionários da organização sindical consideram a legalidade industrial um compromisso necessário, mas não perpétuo, se orientam todos os meios de que o sindicato pode dispor para a melhoria das relações de força em sentido favorável à classe operária, se desenvolvem todo o trabalho de preparação espiritual e material necessário para que a classe operária possa iniciar, num momento determinado, uma ofensiva vitoriosa contra o capital e submetê-lo a sua própria lei, então o sindicato é um instrumento revolucionário, então a disciplina sindical, mesmo quando voltada para fazer com que os operários respeitem a legalidade industrial, é disciplina revolucionária.

As relações que devem ocorrer entre sindicato e conselho de fábrica devem ser consideradas desse ponto de vista, ou seja, a partir do juízo que formamos sobre a natureza e o valor da legalidade industrial[2].

---

[2] A persistência da discussão de Gramsci nas páginas de *L'Ordine Nuovo* sobre as tarefas e a relação entre o sindicato e os conselhos reflete o prolongamento de uma dura batalha no interior do PSI (e do próprio grupo fundador de *L'Ordine Nuovo*). Angelo Tasca, neste mesmo número, publicou um dos artigos de uma série intitulada *Polemiche sul programma dell'Ordine Nuovo* [Polêmicas sobre o programa de *L'Ordine Nuovo*], dirigido diretamente a Gramsci em resposta a "Relatório Tasca e o Congresso Cameral de Turim", publicado no

O conselho é a negação da legalidade industrial, tende a destruí-la a cada instante, tende incessantemente a conduzir a classe operária à conquista do poder industrial, a fazer com que a classe operária seja a fonte do poder industrial. O sindicato é um elemento da legalidade e deve propor-se fazer seus filiados a respeitarem. O sindicato é responsável perante os industriais, mas o é na medida em que é responsável perante seus filiados: ele garante ao operário e a sua família a continuidade do trabalho e do salário, ou seja, do pão e do teto. O conselho, por sua espontaneidade revolucionária, tende a desencadear a cada momento a guerra das classes; o sindicato, por sua forma burocrática, tende a não permitir jamais que a guerra de classe seja desencadeada. As relações entre as duas instituições devem tender a criar uma situação na qual se evite que um impulso caprichoso do conselho determine um recuo, uma derrota da classe operária, isto é, uma situação na qual o conselho aceite e adote a disciplina do sindicato, e a criar uma situação na qual o caráter revolucionário do conselho tenha uma influência sobre o sindicato, seja um reagente que dissolva a burocracia e o burocratismo sindicais.

O conselho gostaria de sair, a cada momento, da legalidade industrial; o conselho é a massa, explorada, tiranizada, obrigada ao trabalho servil, e, por isso, tende a universalizar toda rebelião, a dar

número anterior de *L'Ordine Nuovo* (n. 4, de 5 de junho de 1920). Nesse artigo, Tasca nega as acusações de Gramsci sobre seu afastamento da Internacional Comunista e, ao mesmo tempo, argumenta que os conselhos não têm funções comparáveis às dos sovietes. Em suas palavras, "o conselho de fábrica não é senão a antítese do poder capitalista, que se encontra organizado no local de trabalho, é a sua negação e, como tal, é incapaz de superá-lo. Para que o processo de liberação se complete é necessário que da antítese se chegue à síntese: o soviete. Na estrutura estatal, o soviete está com o conselho de fábrica na mesma relação que o determinismo econômico está com a consciência de classe". *L'Ordine Nuovo*, ano II, n. 5, p. 39-40.

valor e alcance resolutivo a todos os seus atos de poder. O sindicato, como centro corresponsável pela legalidade, tende a universalizar e perpetuar a legalidade. As relações entre sindicato e conselho devem criar as condições nas quais a saída da legalidade, a ofensiva da classe operária, ocorra no momento mais oportuno para a classe operária, ocorra quando a classe operária tiver aquele mínimo de preparação que se considera indispensável para vencer de modo duradouro.

As relações entre sindicato e conselho não podem ser estabelecidas por outra ligação que não esta: a maioria ou parte conspícua dos eleitores do conselho deve estar organizada no sindicato. Qualquer tentativa de ligar as duas instituições por relações de dependência só pode levar à aniquilação de ambas.

Se a concepção que faz do conselho mero instrumento da luta sindical se materializar numa disciplina burocrática e em uma faculdade de controle direto do sindicato sobre o conselho, o conselho se esterilizará enquanto expansão revolucionária, enquanto forma do desenvolvimento real da revolução proletária que tende espontaneamente a criar novos modos de produção e trabalho, novos modos de disciplina, que tende a criar a sociedade comunista. Já que o conselho nasce na dependência da posição que a classe operária veio adquirindo no campo da produção industrial, já que o conselho é uma necessidade histórica da classe operária, a tentativa de subordiná-lo hierarquicamente ao sindicato determinaria, mais cedo ou mais tarde, um conflito entre as duas instituições. A força do conselho consiste no fato de que ele adere à consciência da massa operária, é a própria consciência da massa operária que quer se emancipar de modo autônomo, que quer afirmar sua liberdade de iniciativa na criação da história: toda a massa participa da vida do conselho e sente que, graças a essa atividade, tem algum peso. Da vida do sindicato participa um número muito restrito de filiados; a força real do sindicato reside nisso, mas nisso há também uma debilidade, que não pode ser posta à prova sem gravíssimos perigos.

Se, por sua vez, o sindicato se apoiasse diretamente nos conselhos, não para dominá-los, mas para se tornar sua forma superior, o sindicato passaria a refletir a tendência do conselho de sair a todo instante da legalidade industrial, de desencadear a cada momento a ação resolutiva da guerra de classe. O sindicato perderia sua capacidade de assumir compromissos, seu caráter disciplinador e regulador das forças impulsivas da classe operária.

Se os filiados estabelecerem uma disciplina revolucionária no sindicato, uma disciplina que apareça para a massa como uma necessidade para o triunfo da revolução operária e não como uma servidão ao capital, essa disciplina será indubitavelmente aceita e assumida pelo conselho, será a forma natural de ação executada pelo conselho. Se o secretariado sindical se tornar um organismo de preparação revolucionária e aparecer à massa como tal pela ação que desenvolve, pelos homens que o compõem, pela propaganda que realiza, então seu caráter centralizado e absoluto será visto pela massa como uma grande força revolucionária, como uma condição a mais (e das mais importantes) para o sucesso da luta travada até o fim.

Na realidade italiana, o funcionário sindical concebe a legalidade industrial como algo perpétuo. Com excessiva frequência, ele a defende de um ponto de vista que é o mesmo do proprietário. Ele vê apenas caos e arbítrio em tudo o que ocorre no seio da massa operária; não universaliza o ato de rebelião do operário contra a disciplina capitalista como rebelião, mas como materialidade do ato que pode ser em si e para si trivial. Assim sucedeu que a anedota sobre a "capa de chuva do carregador" teve a mesma difusão e foi

208 | HOMENS OU MÁQUINAS?

interpretada pela estupidez jornalística do mesmo modo que a anedota sobre a "socialização das mulheres na Rússia"[3]. Nessas condições, a disciplina sindical não pode ser senão um serviço prestado ao capital; nessas condições, toda tentativa de subordinar o conselho ao sindicato não pode ser considerada senão reacionária.

Os comunistas, na medida em que querem que o ato revolucionário seja, tanto quanto possível, consciente e responsável, querem que a opção do momento de desencadear a ofensiva revolucionária, tanto quanto possa ser uma opção, continue nas mãos da parte mais consciente e responsável da classe operária, aquela parte que está organizada no Partido Socialista e mais ativamente participa da vida da organização. Por isso, os comunistas não podem querer que o sindicato perca algo de sua energia disciplinadora e de sua concentração sistemática.

Os comunistas, constituindo-se em grupos permanentemente organizados nos sindicatos e nas fábricas, devem levar para os sindicatos e para as fábricas as concepções, as teses, a tática da Terceira Internacional[4], devem influenciar a disciplina sindical e determinar

---

[3] Não foi possível identificar essa alusão. Pelo contexto, contudo, parece claro que Gramsci se refere a um episódio (envolvendo um carregador e uma capa de chuva) que foi utilizado pela imprensa burguesa na mesma chave antioperária com que vinha utilizando a absurda afirmação de que as mulheres haviam sido "socializadas" na Rússia bolchevique. (N. E. O.)

[4] Na edição anterior de *L'Ordine Nuovo*, do dia 5 de junho de 2020, Gramsci publicou na íntegra o documento enviado pelo representante da Terceira Internacional (não assinado) para ser lido no Conselho Nacional do PSI em Milão (18 a 22 de abril de 1920), que tratava justamente da necessidade de organizar os conselhos de fábrica em todo o território italiano. O documento deixava transparecer que o PSI não daria suficiente atenção a essa recomendação recorrente da Internacional. Diz o documento: "Os comitês de fábrica e dos campos são uma necessidade que não se pode mais procrastinar caso se pretenda chegar com menor dificuldade a nossa meta e não se queira perder a direção do movimento revolucionário e aproveitar a momentânea fraqueza e despreparo da burguesia". *L'Ordine Nuovo*, ano II, n. 4, p. 31. Destarte, torna-se evidente, de um lado, o firme alinhamento de Gramsci à Internacional Comunista; de outro, o afastamento cada vez maior dela por parte do PSI.

seus objetivos, devem influenciar as deliberações dos conselhos de fábrica e fazer com que os impulsos para a rebelião que decorrem da situação que o capitalismo cria para a classe operária tornem-se consciência e criação revolucionárias. Os comunistas do Partido Socialista têm o maior interesse, já que pesa sobre eles a maior responsabilidade histórica, de suscitar, com sua ação incessante, por meio das diversas instituições da classe operária, relações de compenetração e natural interdependência que vivifiquem a disciplina e a organização com o espírito revolucionário.

O MOVIMENTO TURINÊS DOS CONSELHOS DE FÁBRICA[1]

Um dos membros da delegação italiana, recém-retornado da Rússia soviética, contou aos trabalhadores turineses que no palanque destinado a receber a delegação em Kronstadt havia a seguinte faixa: "Viva a greve geral turinesa de abril de 1920!"[2].

Os operários tomaram conhecimento dessa notícia com muito prazer e grande satisfação. A maior parte dos componentes da delegação italiana que foi à Rússia havia sido contra a greve geral de abril. Afirmavam em seus artigos contra a greve que os operários turineses foram vítimas de uma ilusão e superestimaram a importância da greve.

Por isso, os trabalhadores de Turim receberam com prazer o ato de simpatia dos companheiros de Kronstadt e comentaram entre si: "Nossos companheiros comunistas russos compreenderam e avaliaram melhor a importância da greve geral de abril que os oportunistas italianos, dando-lhes uma boa lição".

---

[1] Este informe – enviado em julho de 1920 ao Comitê Executivo da Internacional Comunista – foi publicado pela primeira vez em russo, alemão e francês no órgão da Internacional Comunista (ano I, n. 14, novembro de 1920). Uma retradução para o italiano, com a assinatura de Antonio Gramsci, foi posteriormente publicada com o título "Il movimento comunista torinese" [O movimento comunista turinês], *Lo Stato Operaio*, ano I, n. 6, agosto de 1927, p. 641-50. (*Lo Stato Operaio* era a revista teórica do Partido Comunista Italiano no exílio, publicada em Paris). (N. E. O.) Não assinado, *L'Ordine Nuovo*, ano I, n. 73, 14 de março de 1921.

[2] Trata-se da "greve dos ponteiros" e de seus desdobramentos, sobre os quais ver nota 3, p. 169 deste volume.

A GREVE DE ABRIL

O movimento turinês de abril foi de fato um grandioso evento na história não apenas do proletariado italiano, mas também do proletariado europeu e, podemos dizer, na história do proletariado do mundo inteiro.

Pela primeira vez na história, verificou-se o caso de um proletariado que foi à luta pelo controle da produção, sem ter sido impelido à ação pela fome ou pelo desemprego. Além disso, não foi apenas uma minoria, uma vanguarda da classe que empreendeu a luta, mas a massa inteira dos trabalhadores de Turim que foi a campo e levou a luta, sem atentar para as privações e os sacrifícios, até o fim.

Os metalúrgicos fizeram greve durante um mês; as demais categorias, durante dez dias.

A greve geral dos últimos dez dias espalhou-se por todo o Piemonte, mobilizando cerca de meio milhão de operários industriais e agrícolas e envolvendo cerca de 4 milhões de pessoas.

Os capitalistas italianos mobilizaram todas as suas forças para sufocar o movimento operário turinês; todos os meios do Estado burguês foram postos à sua disposição, enquanto os operários sustentavam sozinhos a luta, sem nenhuma ajuda da direção do Partido Socialista nem da Confederação Geral do Trabalho. Ao contrário, os dirigentes do partido e da confederação escarnaram os trabalhadores turineses e fizeram o possível para impedir os trabalhadores e os camponeses italianos de qualquer ação revolucionária com a qual pretendessem manifestar sua solidariedade aos irmãos turineses e levar-lhes uma ajuda eficaz.

Mas os operários turineses não perderam o ânimo. Suportaram todo o peso da reação capitalista, observaram a disciplina até o último momento e permaneceram, após a derrota, fiéis à bandeira do comunismo e da revolução mundial.

ANARQUISTAS E SINDICALISTAS

A propaganda dos anarquistas e dos sindicalistas contra a disciplina partidária e a ditadura do proletariado não teve nenhuma influência sobre as massas, mesmo quando, por causa da traição dos dirigentes, a greve terminou em derrota. Ao contrário, os trabalhadores de Turim juraram intensificar a luta revolucionária e conduzi-la em duas frentes: de um lado, contra a burguesia e, de outro, contra os líderes traidores.

A consciência e a disciplina revolucionárias de que as massas turinesas deram prova têm sua base histórica nas condições econômicas e políticas em que se desenvolveu a luta de classe em Turim.

Turim é um centro de caráter claramente industrial. Quase três quartos da população de meio milhão de habitantes são compostos de operários: os elementos pequeno-burgueses são uma quantidade ínfima. Em Turim há uma massa compacta de empregados e técnicos que estão organizados em sindicatos e aderiram à Câmara do Trabalho. Eles sempre estiveram, durante todas as grandes greves, ao lado dos operários, e pelo menos a maioria deles, se não todos, adquiriu a psicologia do verdadeiro proletário, em luta contra o capital, pela revolução e pelo comunismo.

A PRODUÇÃO INDUSTRIAL

A produção turinesa é, vista de fora, perfeitamente centralizada e homogênea. A indústria metalúrgica, com cerca de 50 mil operários e 10 mil empregados e técnicos, ocupa o primeiro lugar. Somente nas fábricas Fiat trabalham 35 mil operários, empregados e técnicos; as principais fábricas da empresa empregam 16 mil operários, que constroem automóveis de todos tipos, com os sistemas mais modernos e aperfeiçoados.

A produção de automóveis é a característica da indústria metalúrgica de Turim. A maior parte dos trabalhadores é formada por operários qualificados e por técnicos que, no entanto, não têm a mentalidade pequeno-burguesa dos operários qualificados de outros países, como a Inglaterra.

A produção automobilística, que ocupa o primeiro lugar na indústria metalúrgica, subordinou a si mesma outros ramos da produção, como as indústrias da madeira e da borracha.

Os metalúrgicos formam a vanguarda do proletariado turinês. Dadas as particularidades dessa indústria, todo movimento de operários se torna um movimento geral de massas e assume um caráter político e revolucionário, ainda que, num primeiro momento, busque apenas objetivos sindicais.

Turim possui uma única organização sindical importante, com 90 mil filiados: a Câmara do Trabalho. Os grupos anarquistas e sindicalistas existentes não têm quase influência sobre a massa operária, que se posiciona de modo firme e decidido a favor da seção do Partido Socialista, majoritariamente composta por operários comunistas.

O movimento comunista dispõe das seguintes organizações de luta: a seção do partido, com 1.500 filiados; 28 círculos, com 10 mil sócios; e 23 organizações juvenis, com 2 mil sócios.

Em cada empresa existe um grupo comunista permanente, com uma direção própria. De acordo com a posição topográfica da empresa, cada grupo se une em grupos de bairro, subordinados a um

Homens ou máquinas?

comitê dirigente no interior da seção do partido, que concentra em suas mãos todo o movimento comunista da cidade e a direção da massa operária.

TURIM, CAPITAL DA ITÁLIA

Antes da revolução burguesa, que criou o atual ordenamento burguês na Itália, Turim era a capital de um pequeno Estado que compreendia o Piemonte, a Ligúria e a Sardenha. Naquela época, predominavam em Turim a pequena indústria e o comércio.

Depois da unificação do reino da Itália e da transferência da capital para Roma, pareceu que Turim corria o perigo de perder sua importância. Mas a cidade superou rapidamente a crise econômica e tornou-se um dos centros industriais mais importantes da Itália. Pode-se dizer que a Itália tem três capitais: Roma, como centro administrativo do Estado burguês; Milão, como centro comercial e financeiro do país (todos os bancos, firmas comerciais e instituições financeiras estão concentrados lá); e, finalmente, Turim, como centro industrial, onde a produção industrial atingiu seu máximo grau de desenvolvimento. Com a transferência da capital para Roma, toda a pequena e média burguesia intelectual, que forneceu ao novo Estado burguês o pessoal administrativo necessário a seu funcionamento, emigrou de Turim; já o desenvolvimento da grande indústria atraiu para Turim a nata da classe operária italiana. O processo de desenvolvimento dessa cidade é, do ponto de vista da história italiana e da revolução proletária italiana, muito interessante.

Assim, o proletariado turinês se tornou o dirigente espiritual das massas operárias italianas, que estão ligadas a essa cidade por

O MOVIMENTO TURINÊS DOS CONSELHOS DE FÁBRICA | 215

múltiplos vínculos: parentesco, tradição, história e laços espirituais (o ideal de todo operário italiano é poder trabalhar em Turim).

Tudo isso explica por que as massas operárias de toda a Itália, indo às vezes contra a vontade dos líderes, desejavam manifestar solidariedade à greve geral de Turim. Elas viam nessa cidade o centro, a capital da revolução comunista, a Petrogrado da revolução proletária italiana.

DUAS INSURREIÇÕES ARMADAS

Durante a guerra imperialista de 1914-1918, Turim viveu duas insurreições armadas: a primeira, que eclodiu em maio de 1915, tinha como objetivo impedir a intervenção da Itália na guerra contra a Alemanha (nessa ocasião, foi saqueada a Casa do Povo); a segunda, em agosto de 1917, assumiu o caráter de uma luta revolucionária armada, em grande escala[3].

A notícia da revolução de março na Rússia foi recebida em Turim com indescritível alegria. Os operários choraram de emoção quando souberam que o poder do tsar fora derrubado pelos

---

[3] Gramsci se refere aqui, em primeiro lugar, à greve insurrecional ocorrida em Turim em 17-18 de maio de 1915. No dia 15, uma manifestação de estudantes nacionalistas que defendiam a intervenção da Itália na guerra provocou a ira do proletariado turinês. Por pressão dos jovens socialistas e dos anarquistas, o Partido Socialista Italiano e a CGL convocaram uma greve geral. No dia 17, no centro de Turim, cerca de 100 mil grevistas e as forças policiais e militares entraram em confronto, do que resultou um morto e quinze feridos. Em consequência, os operários saquearam um depósito de armas, barricaram a cidade e entrincheiraram-se na Câmara do Trabalho. Esta foi tomada de assalto por tropas militares, que prenderam os principais dirigentes da seção turinesa do Partido Socialista Italiano e da Câmara do Trabalho. Embora na Câmara de Vereadores de Turim a minoria socialista houvesse convocado os trabalhadores a voltar ao trabalho, os combates continuaram durante a noite do dia 17 e por todo o dia 18. Somente no dia 19 os operários voltaram ao trabalho. (N. E. O.)

trabalhadores de Petrogrado. Mas os trabalhadores turineses não se deixaram enganar pela fraseologia demagógica de Keriénski e dos mencheviques. Quando, em julho de 1917, chegou a Turim a missão enviada à Europa ocidental pelo soviete de Petrogrado, os delegados Smirnov e Goldenberg, que se apresentaram diante de uma multidão de 50 mil operários, foram recebidos aos gritos ensurdecedores de: "Viva Lênin! Viva os bolcheviques!"[4].

Goldenberg não ficou muito satisfeito com essa recepção: não conseguia compreender por que o companheiro Lênin conquistara tanta popularidade entre os operários turineses. E não se deve esquecer que esse episódio ocorreu depois da repressão à revolta bolchevique de julho, quando a imprensa burguesa italiana atacava duramente Lênin e os bolcheviques, chamando-os de bandidos, intrigantes, agentes e espiões do imperialismo alemão.

Desde o ingresso da Itália na guerra (24 de maio de 1915), o proletariado turinês ainda não havia feito nenhuma manifestação de massa.

BARRICADAS, TRINCHEIRAS, ARAME FARPADO

O imponente comício organizado em homenagem aos delegados do soviete de Petrogrado marcou o início de um novo período de movimentos de massa. Não se passou um mês e já os trabalhadores turineses se insurgiam, com armas na mão, contra o imperialismo e o militarismo italiano. A insurreição estourou em 23 de agosto de 1917.

---

[4] A manifestação mencionada por Gramsci ocorreu em 13 de agosto de 1917. Embora fossem oficialmente delegados do soviete de Petrogrado, J. P. Goldenberg (que fora bolchevique no passado) e E. Smirnov eram ambos mencheviques, defensores do governo Keriénski. (N. E. O.)

Durante cinco dias, os operários combateram nas ruas da cidade. Os insurretos, que tinham fuzis, granadas e metralhadoras, conseguiram ocupar alguns bairros da cidade e tentarem três ou quatro vezes apoderar-se do centro, onde ficavam as instituições governamentais e os comandos militares. Mas os dois anos de guerra e reação haviam enfraquecido a outrora forte organização do proletariado, e os operários, inferiores em armamento, foram derrotados. Buscaram inutilmente o apoio dos soldados, mas estes se deixaram enganar pela insinuação de que a revolta fora organizada pelos alemães.

O povo ergueu barricadas, cavou trincheiras, cercou alguns bairros com arame farpado eletrificado e rechaçou durante cinco dias os ataques das tropas e da polícia. Morreram mais de quinhentos operários, mais de 2 mil ficaram gravemente feridos. Depois da derrota, os melhores elementos foram presos e demitidos, e o movimento proletário perdeu intensidade revolucionária. Mas os sentimentos comunistas do proletariado de Turim não se haviam dissipado.

Uma prova disso pode ser vista no seguinte episódio: pouco depois da insurreição de agosto, ocorreram as eleições para o conselho administrativo da Aliança Cooperativa Turinesa (ACT), uma grande organização que abastece um quarto da população de Turim.

A ALIANÇA COOPERATIVA

A ACT é composta pela Cooperativa dos Ferroviários e pela Associação Geral dos Operários.

Havia muitos anos, a Seção Socialista conquistara o conselho de administração, mas agora ela não estava mais em condições de desenvolver uma agitação ativa no seio das massas operárias.

218 | Homens ou máquinas?

O capital da Aliança era, em sua maior parte, constituído por ações da cooperativa dos ferroviários, pertencentes a estes e a suas famílias. O crescimento da Aliança elevara o valor das ações de cinquenta para setecentas liras. Mas o partido conseguiu convencer os acionistas de que uma cooperativa operária não tem como finalidade o lucro dos indivíduos, e sim o fortalecimento dos meios de luta revolucionária, e os acionistas se contentaram como um dividendo de 3,5% sobre o valor nominal de cinquenta liras e não sobre o valor real de setecentas liras. Depois da insurreição de agosto, com o apoio da polícia e da imprensa burguesa e reformista, formou-se um comitê de ferroviários que se propôs tomar do Partido Socialista o predomínio no conselho administrativo. Eles prometeram aos acionistas a liquidação imediata da diferença de 650 liras entre o valor nominal e o valor real de cada ação; e prometeram aos ferroviários diversos privilégios na distribuição dos gêneros alimentícios. Os traidores reformistas e toda a imprensa burguesa puseram em ação todos os meios de propaganda e agitação para transformar a cooperativa de uma organização operária numa empresa comercial de caráter pequeno-burguês. A classe operária estava exposta a perseguições de todo o tipo. A censura calou a voz da Seção Socialista. Mas, apesar de todas as perseguições e violências, os socialistas que não haviam nem por um só instante abandonado seu ponto de vista, isto é, o de que a cooperativa operária era um instrumento da luta de classe, obtiveram novamente a maioria da Aliança Cooperativa.

O Partido Socialista obteve setecentos dos oitocentos votos apurados, embora a maioria dos eleitores fosse formada por empregados ferroviários, dos quais se esperava que, após a derrota da insurreição de agosto, manifestassem certa hesitação e até mesmo tendências reacionárias.

NO PÓS-GUERRA

Depois do fim da guerra imperialista, o movimento proletário fez rápidos progressos. A massa operária de Turim compreendeu que o período histórico aberto pela guerra era profundamente diverso daquele que a antecedera. A classe operária turinesa intuiu de imediato que a Terceira Internacional era uma organização do proletariado mundial para a direção da guerra civil, para a conquista do poder político, para a instituição da ditadura proletária, para a criação de uma nova ordem nas relações econômicas e sociais.

Os problemas econômicos e políticos da revolução tornaram-se tema de discussão em todas as assembleias operárias. As melhores forças da vanguarda operária se reuniram para difundir um semanário de orientação comunista, *L'Ordine Nuovo*. Nas colunas desse semanário foram tratados os vários problemas da revolução: a organização revolucionária das massas que devem conquistar os sindicatos para a causa do comunismo; a transferência da luta sindical do terreno estreitamente corporativista e reformista para o terreno da luta revolucionária, do controle da produção e da ditadura do proletariado. Também a questão dos conselhos de fábrica entrou na ordem do dia.

Já antes disso existiam pequenos comitês operários nas empresas turinesas, reconhecidos pelos capitalistas, e alguns já haviam assumido a luta contra o burocratismo, o espírito reformista e as tendências legalistas dos sindicatos.

Mas a maioria desses comitês não era mais que criatura dos sindicatos; as listas dos candidatos para esses comitês (comissões internas) eram propostas pelas organizações sindicais, que escolhiam de preferência operários de tendência oportunista, que não causassem

220 | HOMENS OU MÁQUINAS?

aborrecimento aos patrões e sufocassem no nascedouro qualquer ação de massa. Os seguidores de *L'Ordine Nuovo* pregavam em sua propaganda, antes de mais nada, uma transformação das comissões internas e o princípio de que a formação das listas dos candidatos deveria ocorrer no seio da própria massa operária, não nas cúpulas da burocracia sindical. As tarefas que atribuíram aos conselhos de fábrica eram o controle da produção, o armamento e a preparação militar das massas, sua preparação política e técnica. Os conselhos não deveriam mais cumprir a antiga função de cães de guarda que protegem os interesses das classes dominantes nem frear as massas em suas ações contra o regime capitalista.

O ENTUSIASMO PELOS CONSELHOS

A propaganda a favor dos conselhos de fábrica foi recebida com entusiasmo pelas massas; no curso de meio ano foram constituídos conselhos de fábrica em todas as fábricas e oficinas metalúrgicas; os comunistas conquistaram a maioria no sindicato dos metalúrgicos; o princípio dos conselhos de fábrica e do controle da produção foi aprovado e aceito pela maioria do Congresso e pela maior parte dos sindicatos pertencentes à Câmara do Trabalho.

A organização dos conselhos de fábrica baseia-se nos seguintes princípios: em cada fábrica, em cada oficina, é constituído um organismo, baseado na representação (e não no antigo sistema burocrático), que põe em prática a força do proletariado, a luta contra a ordem capitalista e exerce o controle da produção, educando toda a massa operária para a luta revolucionária e a criação do Estado operário. O conselho de fábrica deve ser formado segundo o princípio da organização por indústria; deve representar, para a classe operária, o modelo da sociedade comunista, à qual se chegará por intermédio da ditadura do proletariado; nessa sociedade, não haverá mais divisões de classe, e todas as relações sociais serão reguladas de acordo com as exigências técnicas da produção e da organização correspondente, não sendo subordinadas a um poder estatal organizado. A classe operária deve compreender toda a beleza e nobreza do ideal pelo qual luta e se sacrifica; deve entender que, para alcançar esse ideal, é necessário atravessar algumas etapas; deve reconhecer a necessidade da disciplina revolucionária e da ditadura.

Cada empresa se subdivide em seções e cada seção em equipes por profissão: cada equipe efetua determinada parte do trabalho; os operários de cada equipe elegem um operário com mandato imperativo e condicionado. A assembleia dos delegados de toda a empresa forma um conselho que elege, entre seus membros, um comitê executivo. A assembleia dos secretários políticos dos comitês executivos forma o Comitê Central dos conselhos, o qual elege, entre seus membros, um comitê urbano de estudo para organização da propaganda, elaboração de planos de trabalho e aprovação de projetos e propostas particulares de todo o movimento.

CONSELHOS E COMISSÕES INTERNAS NAS GREVES

Algumas tarefas dos conselhos de fábrica têm caráter estritamente técnico e mesmo industrial, como o controle do pessoal técnico, a demissão de dependentes que se mostrem inimigos da classe operária, a luta com a direção pela conquista de direitos e liberdades, o controle da produção da empresa e de suas operações financeiras.

222 | Homens ou máquinas?

Rapidamente os conselhos de fábrica ganharam raízes. As massas acolheram de bom grado essa forma de organização comunista, cerraram fileiras em torno dos comitês executivos e apoiaram energicamente a luta contra a autocracia capitalista. Embora nem os industriais nem a burocracia sindical quisessem reconhecer os conselhos e os comitês, estes obtiveram notáveis êxitos: expulsaram os agentes e os espiões dos capitalistas; estabeleceram relações com empregados e técnicos para obter informações de natureza financeira e industrial sobre os negócios da empresa; concentraram em suas mãos o poder disciplinar; e mostraram às massas desunidas e desagregadas o que significa a gestão direta dos operários na indústria.

A atividade dos conselhos e das comissões internas se manifestou mais claramente durante as greves. Tais greves perderam o caráter impulsivo, fortuito, e tornaram-se a expressão da atividade consciente das massas revolucionárias. A organização técnica dos conselhos e das comissões internas e sua capacidade de ação se aperfeiçoaram de tal modo que foi possível obter em cinco minutos a suspensão do trabalho de 16 mil operários dispersos em 42 seções da Fiat. Em 3 de dezembro de 1919, os conselhos de fábrica deram uma prova tangível de sua capacidade de dirigir movimentos de massa em grande estilo[5]: por ordem da Seção Socialista, que concentrava em suas mãos todo o mecanismo do movimento de massa, os conselhos de fábrica mobilizaram, sem nenhuma preparação prévia, no curso de

---

[5] A abertura da XXV legislatura, em 1º de dezembro de 1919, foi marcada por uma manifestação antimonarquista dos deputados socialistas. No mesmo dia, ao saírem do Parlamento, alguns deles foram agredidos por grupos nacionalistas e oficiais desmobilizados após a guerra. Em resposta à agressão, eclodiu uma greve geral espontânea, que durante dois dias parou as principais cidades do Norte da Itália. É a esse movimento que Gramsci se refere aqui e em seguida. (N. E. O.)

uma hora, 120 mil operários, classificados de acordo com as empresas. Uma hora depois, o exército proletário precipitou-se como uma avalanche em direção ao centro da cidade e varreu das ruas e das praças toda a canalha nacionalista e militarista.

A LUTA CONTRA OS CONSELHOS

À frente do movimento pela constituição dos conselhos de fábrica estavam os comunistas da Seção Socialista e das organizações sindicais. Dela tomaram parte também os anarquistas, que tentavam contrapor sua fraseologia retórica à linguagem clara e precisa dos comunistas marxistas.

O movimento, contudo, deparou-se com a encarniçada resistência dos funcionários sindicais, da direção do Partido Socialista e do *Avanti!*. A polêmica dessa gente se baseava na diferença entre o conceito de conselho de fábrica e o de soviete. Suas conclusões tinham um caráter puramente teórico, abstrato, burocrático.

Por trás de suas frases altissonantes, ocultava-se o desejo de evitar a participação direta das massas na luta revolucionária, o desejo de conservar a tutela das organizações sindicais sobre as massas. Os componentes da direção do Partido Socialista sempre se recusaram a tomar a iniciativa de uma ação revolucionária antes que fosse posto em prática um plano de ação coordenado, mas nunca fizeram nada para preparar e elaborar esse plano[6].

---

[6] No texto publicado em *L'Ordine Nuovo* diário, falta neste ponto o seguinte trecho (que, no entanto, aparece tanto na revista da Internacional Comunista quanto em *Lo Stato Operaio*): "Em Turim, o plano de uma plataforma do movimento foi elaborado e preparado pelos próprios operários, em assembleias de fábrica, com a ajuda dos comunistas que estavam à frente do movimento, de modo que o Comitê Central dos conselhos não fez mais que dar a este

Contudo, o movimento turinês não conseguiu transcender o âmbito local, já que todo o mecanismo burocrático dos sindicatos foi posto em movimento para impedir que as massas operárias de outras partes da Itália seguissem o exemplo de Turim. O movimento turinês foi ironizado, ridicularizado, caluniado e criticado de todos os modos. As ásperas críticas dos organismos sindicais e da direção do Partido Socialista encorajaram novamente os capitalistas, que não tiveram mais freios em sua luta contra o proletariado turinês e os conselhos de fábrica. O congresso dos industriais, realizado em março de 1920 em Milão, elaborou um plano de ataque[7], mas os "tutores da classe operária", as organizações econômicas e políticas, não se atentaram para esse fato. Abandonado por todos, o proletariado turinês foi obrigado a enfrentar sozinho, com suas próprias forças, o capitalismo nacional e o poder de Estado. Turim foi inundada por um exército de policiais; em torno da cidade, canhões e metralhadoras foram instalados em pontos estratégicos. E, quando todo esse aparato militar estava pronto, os capitalistas começaram a provocar o proletariado. É verdade que, diante das gravíssimas condições de luta, o proletariado hesitou em aceitar o desafio; mas, quando se viu que o confronto era inevitável, a classe operária saiu corajosamente de sua posição de reserva e quis que a luta fosse travada até seu fim vitorioso.

---

material uma forma definitiva. Portanto, o movimento pode ser chamado de estritamente operário e serve como prova do alto grau de desenvolvimento que o proletariado de Turim alcançou no terreno industrial". (N. E. O.)

[7] Sobre esse congresso, ver nota 5, p. 170 deste volume. (N. E. O.)

O CONSELHO NACIONAL SOCIALISTA DE MILÃO

Os metalúrgicos fizeram greve um mês inteiro; as demais categorias, dez dias; em toda a província, as indústrias e as comunicações foram paralisadas. No entanto, o proletariado turinês foi isolado do resto da Itália; os órgãos centrais não fizeram nada para ajudá-lo, não publicaram nem ao menos uma declaração para explicar ao povo italiano a importância da luta dos trabalhadores turineses: o *Avanti!* recusou-se a publicar a declaração da seção turinesa do partido. Os companheiros turineses mereceram de toda a parte os epítetos de anarquistas e aventureiros. Naquela época, deveria realizar-se em Turim o Conselho Nacional do partido; tal encontro, porém, foi transferido para Milão, porque uma cidade "sujeita a uma greve geral" parecia pouco indicada para servir de palco a discussões socialistas[8].

Nessa ocasião, revelou-se toda a impotência dos homens chamados a dirigir o partido; enquanto a massa operária defendia corajosamente em Turim os conselhos de fábrica, a primeira organização baseada na democracia operária, capaz de encarnar o poder proletário, em Milão tagarelava-se sobre projetos e métodos teóricos para a formação de conselhos como forma do poder político a ser conquistado pelo proletariado. Discutia-se o modo de organizar as conquistas não ocorridas e abandonava-se o proletariado turinês a seu destino, deixando-se, assim, à burguesia a possibilidade de destruir o poder operário já conquistado.

As massas proletárias italianas manifestaram sua solidariedade aos companheiros turineses de vários modos: os ferroviários de

---

[8] O Conselho Nacional do Partido Socialista Italiano reuniu-se em Milão de 18 a 22 de abril de 1920, no mesmo momento em que ocorria em Turim a "greve dos ponteiros" e seus desdobramentos. (N. E. O.)

Pisa, Livorno e Florença recusaram-se a transportar as tropas destinadas a Turim; os estivadores e os marinheiros de Livorno e Gênova sabotaram o movimento nos portos; o proletariado de muitas cidades fez greve, contra as ordens dos sindicatos.

A greve geral de Turim e do Piemonte enfrentou a sabotagem e a resistência das organizações sindicais e do próprio partido. Contudo, foi de grande importância educativa, porque mostrou que a união prática dos operários e dos camponeses é possível e reafirmou a urgente necessidade de lutar contra todo o mecanismo burocrático das organizações sindicais, que são o mais sólido apoio para a ação oportunista dos parlamentares e dos reformistas que visa ao sufocamento de todo o movimento revolucionário das massas trabalhadoras.

AONDE VAI O PARTIDO SOCIALISTA?[1]

A ação direta das massas não pode ser senão eminentemente destrutiva. Se as massas captam uma palavra de ordem que as direciona para o exercício do controle sobre a atividade pública e privada da classe capitalista, sua ação não poderá senão chegar à completa destruição de toda a máquina estatal. O proletariado abraçou a palavra de ordem: é necessário controlar o tráfego para que não partam armas e munições destinadas aos inimigos da Revolução Russa, para que não partam mercadorias destinadas à Hungria dos magnatas da terra, para que não haja movimento de tropas destinas a reacender a guerra nos Bálcãs e em toda a Europa; era inevitável que se chegasse aos fatos de Ancona, à insurreição armada.

A ação direta das massas operárias é revolucionária precisamente porque é eminentemente destrutiva. Porque a classe trabalhadora não tem nenhum poder sobre o governo industrial, é natural que revele o poder econômico adquirido tentando destruir toda a disciplina industrial; porque a classe operária ocupa no exército a mesma posição que ocupa na fábrica; porque na fábrica como no Exército a classe operária deve sofrer uma disciplina e uma lei para cujo estabelecimento ela em nada contribuiu, é natural que ela tenda a destruir a disciplina do exército,

---

[1] Não assinado, *L'Ordine Nuovo*, ano II, n. 9, 10 de julho de 1920. Seção "La settimana politica" [A semana política].

228 | Homens ou máquinas?

e a destruí-la completamente; porque todo o aparato do Estado burguês é completamente estranho e hostil às massas proletárias, é natural que toda ação que vise a controlar diretamente a atividade governamental chegue à destruição completa do aparelho de Estado burguês, até a insurreição armada.

Os comunistas estão convencidos de que deve ser assim, que não é possível ser de outra maneira; por isso, não temem a ação direta das massas e a destruição que ela inelutavelmente traz consigo. Teme-se o imprevisível e o imprevisto, não aquilo que se compreende como uma necessidade e que se busca promover, que se busca fazer acontecer para se poder dominar a realidade que se prevê que esteja por surgir, para obter que a destruição já contenha, conscientemente, os elementos e a vontade de reconstrução, para fazer que a violência não seja um estéril desabrochar de flores secas, mas seja potência econômica e política que libera a si mesma e apresenta as condições de seu desenvolvimento.

A palavra de ordem para o controle da atividade governamental levou à greve dos ferroviários, às greves gerais nascidas das greves dos ferroviários, levou à insurreição de Ancona[2]. Porque a Confederação Geral do Trabalho (isto é, a secretaria interina) tem sobre o controle uma concepção de jardineiro inglês; porque a Confederação Geral do Trabalho deseja um controle operário bem-educado, que respeite a liberdade, a ordem e a democracia, a confederação emitiu de pronto esta circular: "Pela Hungria e pela Rússia devemos fazer o que

---

[2] Trata-se do amotinamento de um regimento de *bersaglieri* [corpo especial da infantaria italiana caracterizado pelo seu avanço rápido em campanha] destinado à Albânia, que estourou em Ancona no fim de junho. (N. E. I.) A oposição à construção de aeronaves para a Polônia por parte dos operários dos Canteiros Aéreos Ansaldo se devia à tentativa de evitar que eles fossem utilizados para um ataque à Rússia.

AONDE VAI O PARTIDO SOCIALISTA? | 229

podemos [!?!] e não o que desejamos. Parece-nos que o desacoplamento de todos os vagões é, além de difícil do ponto de vista prático, capaz de trazer consequências [!] e complicações [!?!]. Sua ação deve ser limitada ao possível, a *todo o possível*, evitando-se complicações". A economia precede a política; porque os reformistas e os oportunistas têm nas mãos todos os dispositivos do movimento sindical italiano, os reformistas e os oportunistas têm nas mãos a potência do Partido Socialista, impõem-lhe direção e tática: a ação do partido desmoronou, os movimentos de massa serviram ao grupo parlamentar para garantir-lhe sucessivos triunfos, serviram aos deputados reformistas para consolidar sua posição e tornar a ascensão ao poder governamental mais fácil, mais laureada. É por isso que, pela incapacidade política dos membros da direção, o Partido Socialista Italiano perde a cada dia mais de sua força e de seu poder organizativo sobre as massas; é por isso que o Congresso Anarquista de Bolonha[3] tem tanta importância para as massas proletárias; será por isso que, se os grupos comunistas não reagirem energicamente, o partido perderá todo o controle sobre as massas, e estas, não tendo direção, serão, no decorrer dos acontecimentos, enxotadas para uma situação pior que a das massas proletárias da Áustria e da Alemanha[4].

Nós de *L'Ordine Nuovo* e os socialistas de Turim em geral fomos apresentados ao proletariado italiano, após o movimento de abril,

---

[3] O Congresso Anarquista de Bolonha ocorreu entre os dias 1º e 4 de julho de 1920, quando foi aprovado o programa da Unione Anarchica Italiana [União Anarquista Italiana], fundada em Florença em 1919 e extinta pelo regime fascista em 1926.

[4] Após o fim da Primeira Guerra Mundial, a Áustria e a Alemanha amargavam uma profunda crise econômica, com hiperinflação e altos níveis de desemprego, agravados pelas onerosas reparações de guerra impostas às nações derrotadas. Do ponto de vista organizativo, o movimento operário sofria um refluxo, principalmente após o assassinato de Rosa Luxemburgo e Karl Liebknecht, em janeiro de 1919.

230 | HOMENS OU MÁQUINAS?

como um bando de loucos, turbulentos e indisciplinados. Porque os dirigentes dos escritórios centrais não se preocupam com o que acontece entre os industriais e o que acontece entre os operários, porque eles vêm a história desenrolando-se por obra de abstrações ideológicas (as classes em geral, o partido em geral, a humanidade em geral), não por obra de homens reais que se chamam Pietro, Paolo, Giovanni e são aqueles que existem de fato, não por obra das comunidades urbanas e rurais determinadas no espaço e no tempo, que mudam (e mudam rapidamente no período atual) com a transformação dos lugares e com o passar dos meses, e mesmo das semanas. Assim, esses dirigentes não preveem nada e são levados a enxergar o rabo do diabo em cada evento, e são levados a descarregar sua responsabilidade histórica nas costas dos multiplicados grupos de anarquistas e indisciplinados. Nesse ínterim, a seção socialista de Turim teve o mérito de definir uma ação para tirar dos reformistas o controle do movimento sindical, prevendo (previsão fácil) que nos momentos decisivos os chefes sindicalistas sabotariam a vontade do partido e das massas: essa ação não teve o resultado que deveria ter tido por intervenção justamente... da direção do partido. A seção turinesa, acusada de indisciplina depois do movimento de abril[5], havia preparado, antes do movimento, seu relatório ao Conselho Nacional[6], no qual culpava asperamente a direção por não ter dedicado nenhuma atenção à organização revolucionária e ao estabelecimento de uma disciplina fortemente centralizada e responsável. Infelizmente o relatório da seção turinesa

---

[5] Alusão à greve geral turinesa de 13 a 23 de abril de 1920. Ver, neste volume, nota 3, p. 169. (N. E. I.)

[6] Trata do texto "Por uma renovação do Partido Socialista", p. 178 deste volume.

ainda é atual; os últimos acontecimentos[7] são a repetição agravada dos acontecimentos de abril em Turim. Tornou-se ainda mais atual do que podíamos crer, até mesmo este parágrafo:

> O partido político da classe operária só se justifica quando, centralizando e coordenando fortemente a ação proletária, contrapõe um poder revolucionário de fato ao poder legal do Estado burguês e limita-lhe a liberdade de iniciativa e manobra. Se o partido não realiza a unidade e a simultaneidade dos esforços, se o partido se revela mero organismo burocrático sem alma e sem vontade, a classe operária tende instintivamente a constituir para si outro partido e desloca-se para tendências anarquistas, que de fato criticam áspera e incessantemente a centralização e a burocratização dos partidos políticos.

Falta ao partido a organização e a propaganda para a organização revolucionária, que se alinhe à configuração das massas proletárias nas fábricas, nos quartéis, nos escritórios e seja capaz de enquadrar as massas a cada suspiro revolucionário. O partido, na medida em que não tenta fundir-se vitalmente com as massas proletárias, continua a preservar, em assembleias que se reúnem ocasionalmente e não podem controlar com eficácia a ação dos chefes sindicalistas, a

---

[7] Enquanto o PSI permanecia imóvel em relação às determinações da Terceira Internacional, caracterizando-se concretamente como um partido estritamente parlamentar, os operários turineses amargavam sucessivas derrotas. Após o encerramento da "greve dos ponteiros", em 23 de abril de 1920, o movimento operário experimentou um refluxo; a despeito disso, os operários continuaram discutindo questões econômicas e políticas, em especial aquelas que se relacionavam às condições de trabalho como fixação de salário mínimo, indenização por carestia, férias anuais pagas, horas extras, indenização por dispensa sem justa causa etc. A divisão das direções operárias em quatro centrais sindicais enfraqueceu, contudo, o movimento, de modo que os industriais não se viram obrigados a atender ao conjunto das reivindicações. A temperatura ia se elevando ao longo do tempo, com a queda de braço entre operários e industriais até as ocupações das fábricas no fim de agosto de 1920. Sobre isso, consultar Edmundo Dias, *Gramsci em Turim, a construção do conceito de hegemonia* (São Paulo, Xamã, 2000), e Gianni Fresu, *Antonio Gramsci. O homem filósofo* (São Paulo, Boitempo, 2020).

imagem de um partido meramente parlamentar, que tem medo da ação direta porque ela é cheia de imprevistos; que todos os dias é forçado a dar passos atrás e permitir o renascimento do reformismo mais enfadonho e raso e da mais tola propaganda colaboracionista.

Um esforço imenso deve ser empreendido pelos grupos comunistas do Partido Socialista, que é o que é, em última análise, porque a Itália é em seu todo um país economicamente atrasado. "Pessimismo da inteligência, otimismo da vontade"[8] deve ser a palavra de ordem de todo comunista consciente dos esforços e dos sacrifícios que são necessários a quem voluntariamente assumiu uma posição de militante nas fileiras da classe operária.

---

[8] Expressão originalmente formulada pelo escritor francês Romain Rolland (1866-1944). Gramsci voltou a empregá-la em "Funzionarismo" [Funcionarismo], *L'Ordine Nuovo*, 4 março de 1921, e em diversas notas de *Cadernos do cárcere*. Cf. Antonio Gramsci, *Quaderni del carcere: edizione critica dell'Istituto Gramsci a cura di Valentino Gerratana* (Turim, Einaudi, 1975), p. 75, 762, 1.131 e 2.332.

O PROGRAMA DE *L'ORDINE NUOVO*[1]

I

Quando, no mês de abril de 1919, decidimos em três, quatro ou cinco (e daquelas nossas discussões e deliberações devem ainda existir, já que foram compiladas e transcritas num documento, as atas, sim, senhores, precisamente as atas... para a história!) iniciar

[1] Este texto, que excepcionalmente traz a assinatura de Gramsci, tem como objetivo explícito pôr um ponto-final na polêmica com Angelo Tasca, já mencionada nota 1, p. 189. A resposta de Tasca ao primeiro artigo de Gramsci foi publicada em três partes, com o título "Polemiche sul programma dell'*Ordine Nuovo*" [Polêmica sobre o programa de *L'Ordine Nuovo*], nos números de 12 de junho, 19 de junho e 3 de julho do mesmo semanário. No fim da segunda parte, pode-se ler a seguinte observação anônima, mas muito provavelmente escrita por Gramsci: "O companheiro Tasca concluirá sua resposta num artigo que nos prometeu para o próximo número; o companheiro Gramsci remete sua tréplica para os números seguintes. Mas gostaríamos de observar, desde já, que o amigo Tasca começa a fugir da polêmica. Os leitores atentos, de resto, poderão corrigir eles mesmos o grosseiro erro que reside em crer que Gramsci afirme que no Estado comunista ocorrerá um retorno ao 'período liberal' da economia. Se for preciso, convidamos tais leitores a ler atentamente a coluna 'Settimana politica' publicada no número passado, com o título 'Giolitti al potere' [Giolitti no poder], no qual a questão é exposta do modo mais simples e claro que se possa desejar. Não gostaríamos de ser obrigados a nos aprofundar na filologia, mas para isso será necessário que cada um de nós, antes de polemizar, penetre e interprete de modo atento e exato o pensamento do companheiro com o qual polemiza". É curioso observar que, embora situado numa posição "à esquerda" de Tasca, Amadeo Bordiga também afirma, em polêmica com os ordinovistas, que os conselhos de fábrica (organismos econômicos) não são a mesma coisa que os sovietes (organismos políticos). Para as posições de Bordiga, ver seus artigos de Antonio Gramsci e Amadeo Bordiga, *Conselhos de fábrica* (trad. Marina Borges Severo, Brasiliense, São Paulo, 1981). (N. E. O.) Assinado Antonio Gramsci, *L'Ordine Nuovo*, ano II, n. 12, 14 de agosto de 1920 (1ª parte), e n. 14, 28 de agosto de 1920 (2ª parte).

a publicação de um semanário chamado *L'Ordine Nuovo*, nenhum de nós (talvez alguns...) imaginava mudar a face do mundo, renovar as mentes e os corações das multidões humanas, abrir um novo ciclo histórico. Nenhum de nós (talvez alguns, já que havia quem fantasiasse ter 6 mil assinantes em poucos meses) alimentava róseas ilusões sobre o êxito do empreendimento. Quem éramos? Quem representávamos? De que nova palavra éramos portadores? Pois bem: o único sentimento que nos unia, naquelas nossas reuniões, era o suscitado pela vaga paixão de uma vaga cultura proletária; queríamos fazer, fazer, fazer; sentíamo-nos angustiados, sem orientação, mergulhados na ardente vida daqueles meses que se sucederam ao armistício, quando parecia imediato o cataclismo da sociedade italiana. Pois bem: a única palavra nova pronunciada naquelas reuniões foi abafada. Alguém, que era técnico, disse: "É preciso estudar a organização da fábrica como instrumento de produção: temos de consagrar toda a nossa atenção aos sistemas capitalistas de produção e organização e temos de trabalhar para que as atenções da classe operária e do partido convirjam para esse tema". Um outro, que se preocupava com a organização dos homens, com a história dos homens, com a psicologia da classe operária, disse: "É preciso estudar o que está acontecendo no seio das massas operárias. Existe na Itália, enquanto instituição da classe operária, algo que possa ser comparado ao soviete, que a ele se assemelhe por sua natureza? Algo que nos autorize a afirmar que o soviete é uma forma universal, não uma instituição russa, apenas russa; o soviete é a forma na qual, qualquer que seja o lugar onde existam proletários em luta para conquistar a autonomia industrial, a classe operária manifesta essa vontade de emancipação? O soviete é a forma de autogoverno das massas operárias. Existe na Itália, em Turim, um embrião, uma

O PROGRAMA DE *L'ORDINE NUOVO* | 235

veleidade, um vislumbre de governo dos sovietes?". Esse companheiro, que ficara impressionado com a pergunta que lhe dirigira bruscamente um companheiro polonês[2] "Por que ainda não houve na Itália um congresso das comissões internas?", respondia, naquelas reuniões, às próprias perguntas. "Sim, existe na Itália, em Turim, um embrião de governo operário, de soviete: é a Comissão Interna. Vamos estudar essa instituição operária, fazer uma pesquisa, estudar também a fábrica capitalista, mas não como organização material, porque para isso precisaríamos ter uma cultura especializada que não temos; vamos estudar a fábrica capitalista como forma necessária da classe operária, como organismo político, como 'território nacional' do autogoverno operário." Essa era uma palavra nova, que foi rechaçada precisamente pelo companheiro Tasca.

O que queria o companheiro Tasca? Queria que não se iniciasse nenhuma propaganda diretamente entre as massas operárias, queria um acordo com os secretários das federações e dos sindicatos, queria que fosse convocada uma reunião com esses secretários e que se elaborasse um plano para uma ação oficial. O grupo de *L'Ordine Nuovo* teria sido reduzido, assim, ao nível de uma clique irresponsável de presunçosos e arrogantes. Qual foi então o programa real dos primeiros números de *L'Ordine Nuovo*? O programa foi a ausência de um programa concreto, por uma inútil e vaga aspiração aos problemas concretos. Qual foi a *ideia* dos primeiros números de *L'Ordine Nuovo*? Nenhuma *ideia*

---

[2] Trata-se de Aron Wizner, militante do clandestino Partido Socialista Revolucionário Polonês, que emigrou para a Itália como refugiado em 1914 e ingressou no Partido Socialista Italiano. Trabalhou com Gramsci na redação de *Il Grido del Popolo* [O Grito do Povo]. O companheiro "impressionado" com a observação de Wizner é, evidentemente, o próprio Gramsci. (N. E. O.)

236 | HOMENS OU MÁQUINAS?

central, nenhuma organização interna do material literário publicado. O que o companheiro Tasca entendia por "cultura", quer dizer, o que entedia concretamente, não abstratamente? Por "cultura" entendia: "recordar", não "pensar", e "recordar" coisas velhas, surradas, o rebotalho do pensamento operário; entendia levar ao conhecimento da classe operária italiana, "recordar" a essa boa classe operária, que é tão atrasada, tão vulgar e inculta, que Louis Blanc[3] fez algumas reflexões sobre a organização do trabalho e que tais reflexões deram lugar a experimentações reais; "recordar" que Eugène Fournière[4] escreveu um acurado compêndio escolástico para servir quente quente (ou frio frio) um esquema de Estado socialista; "recordar", com o espírito de Michelet[5] (ou do bom Luigi Molinari), a Comuna de Paris, sem sequer suspeitar que as observações de Marx sobre o caráter "industrial" da Comuna serviram aos comunistas russos para compreender o soviete, para elaborar a *ideia* do soviete, para traçar a linha de ação do seu partido, convertido em partido de governo[6]. O que foi *L'Ordine Nuovo*

---

[3] Louis Jean Joseph Charles Blanc (1811-1882), político de orientação socialista e historiador francês, escreveu *L'histoire de la Révolution* [A história da revolução], em 1878. Foi membro do governo provisório na Segunda República francesa em 1848.

[4] Eugene Fournière (1857-1914) foi um escritor e político francês, membro do Parlamento entre 1898 a 1902.

[5] Jules Michelet (1798-1874), historiador francês e autor, entres outras obras, de *L'histoire de la révolution* [A história da revolução], de 1833.

[6] Gramsci remete aqui a três artigos publicados em *L'Ordine* Nuovo: Fantasio [Angelo Tasca], "Luigi Blance e l'organizzazione del lavoro" [Louis Blanc e a organização do trabalho], 1º e 31 de maio de 1919; Eugène Fournière, "Uno schema di Stato socialista" [Um esquema de Estado socialista], 14 de junho de 1919; e o editorial anônimo (mas redigido por Tasca), "Dopo il Comune" [Após a Comuna], 24 de maio de 1919. Luigi Molinari (1866-1918), advogado e anarquista, fundou em 1990 uma universidade Popular. Publicou, em 1918, um livro sobre a Comuna de Paris, *Il dramma della Comune* [O drama da Comuna], razão pela qual Gramsci o menciona nesse contexto. (N. E. O.)

em seus primeiros números? Foi uma antologia, nada mais que uma antologia; foi uma revista que poderia ter surgido em Nápoles, em Caltanisseta, em Brindisi; foi uma revista de cultura abstrata, de informações abstratas, com tendência a publicar novelinhas horripilantes e xilografias bem-intencionadas. Eis o que foi *L'Ordine Nuovo* em seus primeiros números: um desorganismo, o produto de um intelectualismo medíocre, que ao voo incerto procurava um lugar ideal e um guia para ação. Foi esse *L'Ordine Nuovo* produzido depois das reuniões que tivemos em abril de 1919, reuniões devidamente registradas em ata, reuniões nas quais o companheiro Tasca rechaçou, como não conforme com as boas tradições da moderada e pacífica família socialista italiana, a proposta de consagrar nossas energias a "descobrir" uma tradição soviética na classe operária italiana, a buscar o filão do real espírito revolucionário italiano – real porque coincidente com o espírito universal da Internacional Operária, porque produto de uma situação histórica real, porque resultado de uma elaboração da própria classe operária.

Tramamos, eu e Togliatti, um golpe de Estado redacional. O problema das comissões internas foi posto explicitamente no número 7 do semanário[7]. Poucos dias antes de escrever o artigo, comuniquei ao companheiro Terracini a linha do artigo, e ele manifestou sua plena

---

[7] Esse "golpe" foi dado com o artigo "Democracia operária", redigido por Gramsci e Togliatti e incluído neste volume, p. 83. Num depoimento dado muito depois, Tasca, embora reconhecesse que o artigo de Gramsci abrira um "novo curso" em *L'Ordine Nuovo*, afirmou não ter se dado conta de que fora um "golpe de Estado redacional". Palmiro Togliatti (1983-1964), amigo de Gramsci desde os tempos em que ambos frequentaram a Universidade de Turim, foi um dos fundadores de *L'Ordine Nuovo* e, depois, do Partido Comunista Italiano. Após a prisão de Gramsci, em 1926, Togliatti tornou-se o principal dirigente do partido, condição na qual permaneceu até morrer. Além disso, ocupou postos de destaque na direção da Internacional Comunista, tendo vivido em Moscou até 1944. (N. E. O.)

concordância como teoria e como prática[8]. O artigo, com a concordância de Terracini e com a colaboração de Togliatti, foi publicado e ocorreu o que prevíamos: eu, Terracini e Togliatti fomos convidados a fazer palestras nos círculos educativos, nas assembleias de fábrica, fomos convidados pelas comissões internas a discutir em reuniões fechadas de delegados e tesoureiros. Prosseguimos; o problema do desenvolvimento da comissão interna tornou-se o problema central, tornou-se a ideia de *L'Ordine Nuovo*; foi posto como o problema fundamental da revolução operária, o problema da "liberdade" proletária. *L'Ordine Nuovo* tornou-se, para nós e para os que nos seguiam, "o jornal dos conselhos de fábrica". Os operários amaram *L'Ordine Nuovo* (e isso podemos afirmar com íntima satisfação), e por que os operários amaram *L'Ordine Nuovo*? Porque encontraram nos artigos do jornal uma parte de si mesmos, a melhor parte de si mesmos; porque sentiram que os artigos de *L'Ordine Nuovo* estavam impregnados de seu mesmo espírito de busca interior: "Como podemos nos tornar livres? Como podemos ser nós mesmos?". Porque os artigos de *L'Ordine Nuovo* não eram frias arquiteturas intelectuais, mas brotavam de nossa discussão com os melhores operários, elaboravam sentimentos, vontades e paixões reais da classe operária turinesa, tinham sido experimentados e provocados por nós. Porque os artigos de *L'Ordine Nuovo* eram quase como uma "tomada de consciência"

---

[8] Umberto Terracini (1895-1983) foi um dos fundadores de *L'Ordine Nuovo* e do Partido Comunista Italiano. Membro da presidência da Terceira Internacional de 1921 a 1924, tornou-se depois um dos principais colaboradores de Gramsci quando este foi eleito secretário-geral do partido. Preso na mesma época que Gramsci, em 1926, foi condenado a 23 anos de prisão pelo Tribunal Especial instituído pelo regime fascista. Libertado em 1943, pôde ainda participar da resistência antifascista. Eleito para a Assembleia constituinte em 1946, presidiu-a entre 1947 e 1948. Foi senador e membro do Comitê Central do Partido Comunista Italiano até morrer. (N. E. O.)

de eventos reais, vistos como momentos de um processo de íntima libertação e autoexpressão da classe operária. Eis por que os operários amaram *L'Ordine Nuovo* e eis como se "formou" a ideia de *L'Ordine Nuovo*. O companheiro Tasca em nada colaborou para essa formação, para essa elaboração; *L'Ordine Nuovo* desenvolveu a própria ideia à revelia de sua vontade e de sua "contribuição" para a revolução. Parece-me residir nisso a explicação de sua atitude atual e do "tom" de sua polêmica. Ele não trabalhou com empenho para realizar "sua concepção" e não me surpreende que ela tenha nascido malformada, já que não foi desejada, e não me surpreende que ele tenha tratado do tema com tanta rudeza e tenha passado à ação com tanta leviandade e falta de disciplina interior para lhe dar aquele caráter *oficial* que defendera e verbalizara um ano antes.

II

Na primeira parte deste artigo, tentei determinar a origem da posição mental do companheiro Tasca em face do programa de *L'Ordine Nuovo*, programa que vinha se organizando como consequência da experiência real que havíamos feito das necessidades espirituais e práticas da classe operária em torno do problema central dos conselhos de fábrica. Dado que o companheiro Tasca não participou dessa experiência e, ao contrário, foi hostil a sua realização, o problema dos conselhos de fábrica lhe escapou em seus termos históricos reais e no desenvolvimento orgânico, que, apesar de alguma hesitação e algum compreensível erro, tal problema vinha assumindo na abordagem feita por mim, por Togliatti e outros companheiros que quiseram nos ajudar. Para Tasca, o problema dos conselhos de fábrica era simplesmente um problema no sentido aritmético da palavra: era o problema de como organizar imediatamente *toda* a classe dos operários e camponeses italianos. Num de seus artigos polêmicos, Tasca escreve que considera num mesmo plano o Partido Comunista, o sindicato e os conselhos de fábrica; em outro ponto, demonstra não ter compreendido o significado do atributo "voluntário" que *L'Ordine Nuovo* dá às organizações de partido e sindicato, ao contrário do conselho de fábrica, que se assume como uma forma de associação "histórica", do tipo que só pode ser comparado hoje com o do Estado burguês. Segundo a concepção formulada por *L'Ordine Nuovo* – concepção que, para ser tal, estava organizada em torno de uma ideia, da ideia de liberdade (e, concretamente, no plano da criação histórica real, em torno da hipótese de uma ação autônoma revolucionária da classe operária) –, o conselho de fábrica é uma instituição de caráter "público", enquanto o partido e o sindicato são associações de caráter "privado". Nos conselhos de fábrica, o operário faz parte deles como produtor, ou seja, em consequência de sua característica universal, de sua posição e função na sociedade, do mesmo modo como o cidadão faz parte do Estado democrático parlamentar. No partido e no sindicato, o operário ingressa neles "voluntariamente", assinando um compromisso escrito, firmando um "contrato", que ele pode romper a qualquer momento: o partido e o sindicato, por seu caráter "voluntário", "contratualista", não podem de modo algum ser confundidos com o conselho, instituição representativa, que se desenvolve não de modo aritmético, mas morfológico, e tende, em suas formas superiores, a emprestar a marca *proletária* ao aparelho de produção e troca criado pelo capitalismo com o objetivo de lucro. Por isso, o desenvolvimento das formas superiores de organização dos conselhos não era designado por

O programa de *L'Ordine Nuovo* | 241

L'Ordine Nuovo com a terminologia política própria das sociedades divididas em classe, mas com referência à organização industrial. Segundo a concepção formulada por *L'Ordine Nuovo*, o sistema dos conselhos não pode ser expresso pela palavra "federação" ou outra de significado similar; ele só pode ser concebido transportando para todo um centro industrial o conjunto de relações industriais que, numa fábrica, vincula uma equipe de trabalho a outra, uma seção a outra. O exemplo de Turim era para nós emblemático, e, por isso, num de nossos artigos, Turim foi apresentada como a forja histórica da revolução comunista italiana. Numa fábrica, os operários são produtores na medida em que colaboram – organizados de modo rigorosamente determinado pela técnica industrial, a qual, em certo sentido, é independente do modo de apropriação dos valores produzidos – na preparação do objeto fabricado. Todos os operários de uma fábrica de automóveis – metalúrgicos, pedreiros, eletricistas, marceneiros etc. – assumem o caráter e a função de produtores na medida em que são igualmente necessários e indispensáveis à fabricação do automóvel, na medida em que constituem, organizados de acordo com as normas da indústria, um organismo historicamente necessário e absolutamente indivisível. Turim se desenvolveu historicamente, como cidade, do seguinte modo: por causa da transferência da capital para Florença e Roma e do fato de que o Estado italiano se constituiu de início como uma ampliação do Estado piemontês, Turim viu-se privada da classe pequeno-burguesa, cujos elementos forneceram o pessoal ao novo aparelho estatal italiano. Mas a transferência da capital e o fato de Turim ter sido subitamente despojada de um elemento característico das cidades modernas não provocaram sua decadência; ao contrário, ela retomou seu desenvolvimento, e esse novo desenvolvimento se deu à medida que se desenvolvia a indústria mecanizada, o sistema de fábricas da Fiat. Turim cedeu ao novo Estado sua classe de intelectuais pequeno--burgueses; o desenvolvimento da economia capitalista, arruinando a pequena indústria e o artesanato da nação italiana, atraiu para Turim uma massa proletária compacta, que forneceu à cidade sua figura atual, talvez uma das mais originais de toda a Europa. A cidade assumiu e conserva até hoje uma configuração centrada e organizada naturalmente em torno de uma indústria que "governa" todo o movimento urbano e regula seus escoadouros: Turim é a cidade do *automóvel*, assim como a região de Vercelli é um organismo econômico caracterizado pelo *arroz*, o Cáucaso, pelo *petróleo*, o Sul de Gales, pelo *carvão* etc. Do mesmo modo que numa *fábrica* os operários assumem uma configuração, organizando-se em função da produção de determinado objeto que une e organiza trabalhadores do metal e da madeira, pedreiros eletricistas etc., assim também na cidade a classe proletária assume uma configuração dada pela indústria predominante, que, com sua existência, organiza e governa todo o complexo urbano[9]. Assim também, em escala nacional, um povo se configura a partir de sua exportação, da contribuição real que dá à vida econômica do mundo.

O companheiro Tasca, leitor bastante desatento de *L'Ordine Nuovo*, não percebeu nada desse desenvolvimento teórico, o qual, de resto, era apenas uma tradução para a realidade histórica italiana das concepções formuladas pelo companheiro Lênin em alguns escritos publicados pelo próprio *L'Ordine Nuovo*, bem como

---

[9] Em 17 de janeiro de 1920 ("A função histórica da cidade") e 21 de fevereiro de 1920 ("O operário fabril" [p. 147 deste volume]), sempre em *L'Ordine Nuovo*, na seção "La settimana politica" [A semana política], Gramsci já havia ressaltado a importância de Turim como centro das atividades e das lutas operárias.

das concepções do teórico norte-americano da associação sindica-lista revolucionária dos IWW, o marxista Daniel de Leon[10]. Com efeito, o companheiro Tasca, em certo ponto, interpreta em sentido meramente "comercial" e contábil a representação dos complexos econômicos de produção expressa nas palavras "arroz", "madeira", "enxofre" etc.; em outro ponto, pergunta-se que tipo de relação deve existir entre os conselhos; num terceiro, encontra na concepção proudhoniana[11] da fábrica que destrói o governo a origem da ideia desenvolvida em *L'Ordine Nuovo*, embora no mesmo número de 5 de junho, no qual foram publicados o artigo "O conselho de fábrica" e o comentário ao Congresso da Câmara do Trabalho[12], também tenha sido reproduzido um excerto do escrito sobre a Comuna de Paris, no qual Marx se refere explicitamente ao caráter *industrial* da sociedade comunista dos produtores[13]. Foi nessa obra de Marx que De Leon e Lênin encontraram os motivos fundamentais de suas concepções; foi com base nesses elementos que se conceberam e

---

[10] Embora tenha sido o principal teórico do Industrial Unionismo e fundador (em 1895) da Socialist Trade and Labour Alliance, ala "industrial" do Socialist Labour Party, Daniel de Leon (1852-1914) não esteve entre os signatários do manifesto que, em 1905, propôs a cons-tituição dos Industrial Workers of the World (IWW). Contudo, quando da fundação do IWW em Chicago, em 27 de junho de 1905, De Leon conseguiu que o movimento adotasse muitos de seus pontos de vista, em particular uma cláusula que insistia na necessidade de que o proletariado constituísse sua própria organização política. Depois de liderar teorica-mente o IWW em seus primeiros anos, De Leon afastou-se por ocasião de seu IV Congresso (1908), quando a organização passou a ser dominada pelos anarquistas e, consequentemen-te, abandonou a cláusula "política" adotada em 1905. (N. E. O.)

[11] Pierre-Joseph Proudhon (1809-1865), filósofo e político francês, precursor do anarquismo, membro da Assembleia Nacional francesa de 1848.

[12] Ver, neste volume, "O conselho de fábrica", p. 189, e "O relatório Tasca e o Congresso Came-ral de Turim", p. 196.

[13] Karl Marx, "La Comune, Stato proletario" [A Comuna, Estado proletário], *L'Ordine Nuovo*, 5 de junho de 1920. Trata-se de um excerto do conhecido texto de Marx sobre *A guerra civil na França* [trad. Rubens Enderle, 2. reimp., São Paulo, Boitempo, 2016]. (N. E. O.)

elaboraram os artigos de *L'Ordine Nuovo* que, mais uma vez e precisamente no número do qual se originou a polêmica, o companheiro Tasca demonstrou lê-lo muito superficialmente e sem nenhuma compreensão de sua substância teórica e histórica.

Não quero repetir, para os leitores dessa polêmica, todos os argumentos já explicitados para desenvolver a ideia da liberdade operária que se realiza inicialmente no conselho de fábrica. Quis apenas mencionar alguns temas fundamentais para demonstrar como escapou ao companheiro Tasca o íntimo processo de desenvolvimento do programa de *L'Ordine Nuovo*. Num apêndice que se seguirá a estes dois breves artigos[14], analisarei alguns pontos da exposição feita por Tasca, na medida em que me parece oportuno esclarecê-los e demonstrar sua inconsistência. Mas um ponto precisa ser desde já esclarecido: aquele em que Tasca, falando do capital financeiro, escreve que o capital "levanta voo", distancia-se da produção e se liberta... Toda essa bagunça do levantar voo e do livrar-se do ... papel-moeda não tem nenhuma relação com o desenvolvimento da teoria dos conselhos de fábrica. Afirmamos, sim, que a *pessoa* do capitalista se separou do mundo da produção, não o capital, ainda que se trate do financeiro; afirmamos que a fábrica não é mais governada pela pessoa do proprietário, mas pelos bancos, através de uma burocracia industrial que tende a se desinteressar da produção, do mesmo modo que o funcionário do Estado se desinteressa da administração pública. Esse ponto nos serviu para uma análise histórica das novas relações de hierarquia que vêm se estabelecendo na fábrica e para registrar o advento de uma das mais importantes condições históricas da autonomia industrial da classe operária, cuja organização de

---

[14] Esse apêndice não foi publicado e, ao que tudo indica, nunca foi escrito. (N. E. O.)

fábrica tende a incorporar o poder de iniciativa sobre a produção. A questão do "voo" e da "libertação" é uma fantasia bastante infeliz do companheiro Tasca, que, ao mesmo tempo que se refere a uma resenha sua do livro de Arturo Labriola *Il capitalismo*, publicada no *Corriere Universitario*, para demonstrar que "se ocupou" da questão do capital financeiro (deve-se notar que Labriola defende uma posição oposta à de Hilferding, que se tornou a tese dos bolcheviques)[15], demonstra nos fatos que não compreendeu absolutamente nada do assunto e construiu um castelo de areia sobre vagas reminiscências e palavras vazias.

A polêmica serviu para confirmar que as críticas que fiz ao informe de Tasca tinham todo fundamento: Tasca possuía uma noção superficial do problema dos conselhos e tinha apenas uma mania incontrolável de elucubrar uma concepção "sua", de iniciar uma ação "sua", de inaugurar uma nova era no movimento sindical.

O comentário que fiz ao Congresso da Câmara do Trabalho e à intervenção do companheiro Tasca para que fosse votada uma resolução com caráter deliberativo foi motivado pela vontade de

---

[15] Arturo Labriola, *Il capitalismo* (Turim, Bocca, 1910). A resenha de Tasca foi publicada com o título de "La concentrazione capitalistica" [A concentração capitalista], *Corriere Universitario*, Turim, n. 4-5, abril de 1913. Arturo Labriola (1875-1959) iniciou sua atividade em posições sindicalistas revolucionárias, sob a influência de Sorel; deputado em 1913, tornou-se socialista independente e defendeu a participação italiana na Primeira Guerra Mundial. Ministro do Trabalho num dos governos Giolitti (1920-1921), opôs-se depois ao fascismo e, em 1946, foi deputado da Assembleia Constituinte. Rudolf Hilferding (1877-1941), nascido na Áustria, teve um papel de destaque na elaboração do pensamento econômico marxista. Durante a Primeira Guerra Mundial, opôs-se à atitude belicista da social-democracia majoritária e foi um dos fundadores do Partido Social-Democrata Independente alemão. Mais tarde, já adotando posições moderadas, ocupou o Ministério das Finanças em dois governos alemães (1923 e 1928-1929). É conhecido, sobretudo, por seu livro *Capital financeiro* [trad. Reinaldo Mestrinel, São Paulo, Nova Cultural, 1985], publicado em 1910 e amplamente utilizado por Lênin em *Imperialismo, estágio superior do capitalismo* [trad. Avante! e Paula Vaz de Almeida, São Paulo, Boitempo, 2021]. (N. E. O.)

conserver integralmente o programa do semanário. Os conselhos de fábrica têm sua lei em si mesmos, não podem e não devem aceitar a legislação dos organismos sindicais, já que têm a finalidade imediata de renovar fundamentalmente tais organismos. Do mesmo modo, o movimento dos conselhos de fábrica quer que a representação operária seja uma emanação direta das massas e seja vinculada à massa por um mandato imperativo: a intervenção do companheiro Tasca num congresso operário, na condição de relator, sem mandato de ninguém, tratando de um problema que diz respeito a toda a massa operária e cuja solução imperativa deve também caber à massa, entrava de tal modo em contradição com a orientação teórica de *L'Ordine Nuovo* que o comentário, em sua forma áspera, era perfeitamente justificado e absolutamente necessário.

PARTIDO E SINDICATOS[1]

A agitação iniciada pela Central Sindical dos Operários Metalúrgicos a favor de uma revisão do contrato coletivo[2] traz mais uma vez, de forma enérgica, o problema das relações entre partido e sindicatos. Fez o partido alguma coisa para resolver esse problema, que é fundamental, no sentido indicado pelas decisões dos dois congressos da Internacional Comunista[3]? O partido não fez nada, isso pode ser afirmado sem medo de desmentidos. O problema só poderá ser resolvido de modo adequado e historicamente concreto pelo impulso e pelo estímulo das massas iluminadas pela ação educativa do partido e lideradas pelos operários inscritos e disciplinados sob a palavra de ordem emanada do partido: porque a ação educativa de propaganda não foi realizada pelo partido, porque nenhuma palavra de ordem foi proclamada, porque o problema não foi nem de longe posto em discussão, pode-se afirmar peremptoriamente que o partido, como organização central, não fez nada para resolver esse problema fundamental da Internacional Comunista.

---

[1] Não assinado, *L'Ordine Nuovo*, ano II, n. 13, 21 de agosto de 1920. Seção "La settimana politica" [A semana política].

[2] Entre os dias 16 e 17 de agosto de 1920 ocorreu o Congresso Extraordinário da Fiom (Federazione degli Impiegati Operai Metallurgici [Federação dos empregados operários metalúrgicos]), que, diante do impasse nas negociações com os industriais, decidiu adotar a tática do "obstrucionismo", que consistia em não decretar a greve, mas, ao mesmo tempo, retardar a produção.

[3] Ocorridos na Rússia em março de 1919 e julho-agosto de 1920.

248 | Homens ou máquinas?

É "historicamente documentável" que na Itália os operários metalúrgicos estão na vanguarda do proletariado; cada uma de suas agitações de caráter nacional abre uma fase de agitação nacional para todas as outras categorias. Isso significa que a central metalúrgica (desinteressando-se do partido? Não se preocupando em informar, em pôr-se de acordo com o partido? Seria útil estarmos informados a esse propósito para provar a intuição política e o espírito de disciplina de alguns companheiros) determinou, com sua iniciativa, a abertura de uma nova fase de agitações e greves de caráter nacional, sem que a organização central do partido tenha considerado útil exprimir sua opinião, lançar uma palavra de ordem para os companheiros metalúrgicos, discipliná-los para a consecução dos objetivos próprios do partido. Em cada centro industrial, os operários metalúrgicos são o pivô do movimento revolucionário; cada uma de suas vitórias, assim como cada uma de suas derrotas, não pode deixar indiferentes as outras categorias; as outras categorias podem ser forçadas a entrar na luta; a agitação pode, inesperadamente, transformar-se de corporativa em agitação política. Como pôde e como pode o partido permanecer estranho, assistir como mero expectador a tal agitação? Como então deveriam se comportar as seções para não serem excomungadas, para não serem acusadas de indisciplina, leviandade, anarquismo?

A fraseologia maximalista[4] gastou, girando-a na boca com uma língua muito ágil, a expressão: "O período atual é revolucionário".

A noção concreta desse "aforismo" deveria ter conduzido o partido ao máximo esforço de organização e concentração das

---

[4] Fração majoritária no PSI, cujo principal expoente era Serrati. Cf. nesta edição "O instrumento de trabalho", nota 3, p. 140.

energias revolucionárias, deveria ter conduzido à liquidação de todos os resíduos ideológicos e táticos da tradição da Segunda Internacional. Sendo o período em que vivemos tipicamente revolucionário, não pode mais existir, para os inscritos no partido, para aqueles que "lealmente", segundo os seus compromissos voluntária e livremente assumidos, respeitam as resoluções dos congressos, não podem mais existir questões corporativas; não só deve ser absurdo que "de cima", do centro, pelas mãos dos membros do partido, partam agitações de natureza estritamente corporativa, mas que de baixo, das massas, haja um impulso urgente de movimentos por jornada e salário, sem que todas as energias revolucionárias sejam liberadas a fim de organizar e educar adequadamente as massas, para direcionar esse impulso aos objetivos mais elevados da classe operária, para a derrubada do poder burguês e o estabelecimento do poder proletário.

O entendimento concreto desse "aforismo" deveria ter conduzido a esta conclusão: já que as questões corporativas não têm significado, já que não é possível para a classe operária conseguir novas e reais conquistas no campo sindical, seja a tática utilizada aquela do reformismo parlamentar, seja a do reformismo a "socos", qual tarefa se impõe aos sindicatos profissionais? As massas proletárias italianas manifestaram uma vontade real, nesse campo, como nenhum outro proletariado do mundo. As massas italianas querem dirigentes sindicais inscritos no Partido Socialista; as massas italianas dificilmente se deixam levar pela fraseologia anarquista. Com essa clara e concreta vontade, as massas italianas mostram clara e concretamente compreender que não podem cumprir sua missão histórica sem passar pelo período da ditadura, do Estado operário: as massas compreendem que é necessário ter um partido classista

250 | Homens ou máquinas?

independente; tanto compreendem, tanto é difundida essa convicção, que os sindicatos anarquistas, por oportunismo demagógico, fizeram sua organização "apolítica" aderir à Terceira Internacional, à Internacional da ditadura proletária. Em nenhum país a situação era tão favorável como na Itália para concretizar essa estreita união (orgânica e hierarquizada, não por causa dos pactos de aliança, que colocam os funcionários sindicais, não eleitos, não originados dos congressos, no mesmo nível político dos dirigentes do partido, eleitos, emanados dos congressos da vanguarda proletária) entre os sindicatos profissionais e o partido, que é um dos pontos fundamentais da Terceira Internacional, porque essa é uma das condições fundamentais para o sucesso permanente da revolução comunista. Desde a época de Zimmerwald[5], o companheiro Lênin indicava como "tarefa imediata" dos participantes da esquerda zimmerwaldiana a criação dos grupos socialistas de fábrica e de sindicato. Ainda hoje, passados cinco anos, o problema nem sequer foi examinado pelo partido italiano que aderiu a Zimmerwald, assim como não foi analisado o problema dos conselhos de fábrica, que tende imediatamente ao mesmo propósito, destruir o velho tipo de organização sindical, para criar um tipo novo, original, próprio do período histórico que atravessamos, ágil, dinâmico, porque expressão das forças imanentes na classe operária em contínua transformação e em contínuo desenvolvimento. Do mesmo modo, não foi examinado nenhum dos problemas de massa, tendo sido esquecido, ou não

---

[5] Em Zimmerwald, realizou-se, em setembro de 1915, um congresso dos vários grupos socialistas alinhados contra a participação da guerra. No evento, Lênin e outros representantes da esquerda sustentaram a necessidade de transformar a guerra imperialista em guerra civil e fundar uma nova Internacional revolucionária. Desse encontro participou também uma delegação do Partido Socialista Italiano. (N. E. I.)

tendo sido de fato compreendido, o principal princípio do marxismo e da Internacional Comunista: a revolução operária e o soviete, sua expressão concreta, é um movimento das mais profundas massas ou não é. Ao contrário, a mentalidade curta e academicamente pequeno-burguesa do socialismo italiano tradicional manifestou-se e exaure-se miseravelmente nas tentativas de construir planos literários para a criação, cartorial, do sistema dos sovietes.

O partido, não tendo se debruçado sobre as vontades historicamente reais do proletariado, ainda menos se atentou para as vontades reais imediatas do capitalismo. Os capitalistas constituíram, em um tempo muito breve, uma organização sindical própria muito forte, coligada aos *fasci*[6], à guarda real, ao militarismo ávido por impor a ditadura da baioneta; os capitalistas dedicaram centenas de milhões para tornar eficaz sua organização, criaram um serviço postal privado, com esses milhões, criaram libelos para difundir notícias falsas e conduzir uma incessante campanha de difamação e desonra dos dirigentes dos sindicatos operários; diz-se, até mesmo, que boa parte dos *tanks* fabricados, com o consentimento dos sindicatos, nas fábricas italianas, é para o serviço "privado" dos próprios capitalistas. Todo esse labor de organização do capitalismo escapou ao partido ou, se não passou despercebido, foi visto apenas de um ponto de vista "literário", do ponto de vista de quem acredita ser socialista e revolucionário porque comenta: "Eu disse que os burgueses são reacionários, Marx tinha razão" etc. etc.

---

[6] As primeiras esquadras fascistas (*fasci di combatimento*) foram organizadas em Milão no ano 1919, sob a liderança de Mussolini e compostas majoritariamente por membros da pequena burguesia urbana, oficiais da reserva, apoiada por empresários da grande indústria e proprietários agrários. Sobre isso, consultar Angelo d'Orsi, "Fascismo", em *Gli ismi della politica* (Roma, Viella, 2010).

252 | Homens ou máquinas?

Assim, hoje, enquanto a agitação metalúrgica reabre um período de intensa agitação, quando o "período revolucionário" pode lançar de um momento a outro o partido à ação, o movimento italiano se encontra não apenas sem ter resolvido na prática o problema das relações entre partido e sindicatos, mas também sem ter sequer colocado o problema em discussão. O movimento proletário italiano encontra-se como campo de ação de dois partidos políticos: o oficial e efetivamente constituído pelos dirigentes sindicais. Para informar-se sobre as consequências que derivam de situações assim equívocas, leia-se atentamente a polêmica Radek-Levi sobre a preparação da revolução húngara[7]. Mas, infelizmente, a história é uma mestra sem discípulos...[8]

---

[7] Nesse mesmo número de *L'Ordine Nuovo*, saíram dois artigos: "Gli insegnamento della rivoluzione ungherese" [Os ensinamentos da revolução húngara], de Karl Radek, e "La risposta" [A resposta], de Paul Levi. Os artigos foram traduzidos da revista *Die Internationale* (cf. *L'Ordine Nuovo*, 21 de agosto de 1920, II, n. 13, p. 99-101) e expunham a controvérsia em torno da breve vida da República Soviética húngara (21 de março a 1º de agosto de 1919). Radek defendia o acerto da tomada do poder pelos conselhos e do enfrentamento da coalisão da social-democracia com a burguesia. O erro fatal, contudo, teria sido permitir que elementos da social-democracia permanecessem influentes no governo, não forçados, portanto, a agir no terreno do comunismo, abandonando a revolução à mercê da traição da social-democracia. Levi, por sua vez, entendia que a burguesia teria dado mostras de fraqueza e se retirado, de modo que não seria possível falar propriamente em vitória do proletariado, ao qual faltava maturidade política. O ponto de acordo, contudo, residia no erro da coalisão com a social-democracia.

[8] A frase remete a Hegel em *Filosofia da história*. Diz o autor: "O que a experiência e a história ensinam é que os povos e os governos jamais aprenderam coisa alguma da história e não seguiram o ensinamento que ela poderia ter inspirado". Georg Wilhelm Friedrich Hegel, *Filosofia da história* (trad. Maria Rodrigues e Hans Harden, Brasília, Editora UnB, 2008), p. 15.

O PARTIDO COMUNISTA[1]

I

Depois de Sorel, tornou-se lugar-comum tomar as comunidades cristãs primitivas como parâmetro para julgar o movimento proletário moderno[2]. É preciso dizer desde já que Sorel não é de modo algum responsável pela vulgaridade e pela estreiteza intelectual de seus admiradores italianos, assim como Karl Marx não é responsável pelas absurdas afirmações ideológicas dos "marxistas". Sorel é, no campo da investigação histórica, um "inventor": não pode ser imitado, não põe a serviço de seus aspirantes a discípulo um método que possa ser aplicado sempre e por todos de forma mecânica, resultando em descobertas inteligentes. Para Sorel, assim

---

[1] Não assinado, *L'Ordine Nuovo*, ano II, n. 15, 4 de setembro de 1920 (1ª parte), e n. 17, 9 de outubro de 1920 (2ª parte).

[2] O francês Georges Sorel (1847-1922) teve grande influência no movimento socialista não apenas em seu país, mas também, e talvez sobretudo, na Itália, tornando-se um importante interlocutor de pensadores como Antonio Labriola e Benedetto Croce. Depois de uma fase em que defendeu um marxismo fortemente determinista, Sorel aderiu a uma concepção voluntarista e irracionalista, afirmando que as teses do marxismo deveriam ser vistas como "ideias-força", como mitos capazes de impelir a classe operária à ação. Entre tais "mitos", destaca-se o da "greve geral". Nesse período, Sorel tornou-se fonte de inspiração para o sindicalismo revolucionário. No fim da vida, revelou simpatias ao mesmo tempo por Lênin e Mussolini, valorizando-os enquanto "homens de ação". Gramsci cita-o com frequência, mas observa-se facilmente que, a partir de uma posição simpática a Sorel em seus primeiros escritos (e o presente artigo é um exemplo disso), Gramsci evoluiu para uma atitude cada vez mais crítica, o que se pode constatar em *Cadernos do cárcere*. (N. E. O.)

como para a doutrina marxista, o cristianismo representa uma revolução na plenitude de seu desenvolvimento, uma revolução que chegou a suas consequências extremas, até a criação de um novo e original sistema de relações morais, jurídicas, filosóficas, artísticas. Assumir esses resultados como esquemas ideológicos de *toda* revolução, eis a traição grosseira e pouco inteligente da intuição histórica soreliana, intuição que só pode dar origem a uma série de pesquisas históricas sobre os "germes" de uma civilização proletária que devem existir, se é verdade (como o é para Sorel) que a revolução proletária é imanente à sociedade industrial moderna e se é verdade que dela resultará uma regra de vida original e um sistema de relações absolutamente novo, característicos da classe revolucionária. Que significado pode ter, portanto, a afirmação de que, diferentemente dos primeiros cristãos, os operários não são castos, não são moderados, não são originais em seu método de vida? À parte a generalização diletante, pela qual "os operários metalúrgicos turineses" lhes parece um bando de brutos, que comem frango assado todos os dias, que se embebedam todas as noites nos prostíbulos, que não amam a família, que buscam no cinematógrafo e na imitação simiesca dos hábitos burgueses a satisfação de seus ideais de beleza e de vida moral – à parte essa generalização diletantista e pueril, a afirmação não pode em absoluto tornar-se pressuposto de um juízo histórico; ela equivaleria, na ordem da inteligibilidade histórica, a esta outra: já que os cristãos modernos comem frango, procuram as mulheres, embebedam-se, dão falso testemunho, são adúlteros etc. etc., não passa de mera lenda o fato de que existiram ascetas, mártires e santos. Em suma, todo fenômeno histórico deve ser estudado em suas características peculiares, no quadro da atualidade real, como desenvolvimento da *liberdade* que se manifesta em finalidade, em instituições, em formas que não podem de modo algum ser confundidas e comparadas (a não ser metaforicamente) com a finalidade, as instituições e as formas dos fenômenos históricos do passado. Toda revolução que, tal como a cristã e a comunista[3], se efetiva e só pode efetivar-se mediante a sublevação das mais profundas e amplas massas populares tem necessariamente de quebrar e destruir todo o sistema existente da organização social. Quem poderá imaginar e prever as consequências imediatas que, no campo da destruição e da criação histórica, serão geradas pelo aparecimento das enormes multidões que hoje não têm vontade nem poder? Porque jamais "quiseram e puderam", elas pretenderão ver materializados, em cada ato público e privado, a vontade e o poder conquistados; julgarão misteriosamente hostil todo o existente e tentarão destruí-lo desde os seus fundamentos. Mas, precisamente por causa dessa grandeza da revolução, por causa de seu caráter de imprevisibilidade e ilimitada liberdade, quem pode arriscar até mesmo uma hipótese definitiva sobre os sentimentos, as paixões, as iniciativas, as virtudes que serão gestadas nesse forno incandescente? O que hoje existe, o que hoje vemos, afora nossa vontade e nossa força de caráter, por que mudanças passará? Cada dia de uma vida intensa não será uma revolução? Cada mudança nas consciências individuais, na medida em que é obtida simultaneamente em toda a massa popular, não terá resultados criativos inimagináveis?

---

[3] A aproximação entre a Reforma protestante e a Revolução francesa como fenômenos revolucionários de massas e elementos fundamentais para a criação de uma nova cultura, que, para as classes subalternas do século XX, só poderia ser inaugurada pelos comunistas (por meio da reforma intelectual e moral), será desenvolvida em Antonio Gramsci, *Quaderni del carcere: edizione critica dell'Istituto Gramsci a cura di Valentino Gerratana* (Turim, Einaudi, 1975), p. 317-8, 1.233, 1.860-1 e 2.108.

Nada pode ser previsto, na ordem da vida moral e dos sentimentos, a partir do que hoje se pode constatar. Um único sentimento, que hoje se tornou constante, de tal modo caracteriza a classe operária, pode ser verificado: o sentimento da solidariedade. Mas a intensidade e a força desse sentimento só podem ser avaliadas, enquanto base da vontade de resistir e sacrificar-se, para um período de tempo que até mesmo a escassa capacidade popular de previsão histórica consegue determinar com certo grau de aproximação. Não podem ser avaliadas – e, portanto, assumidas como base da vontade histórica – para o período da criação revolucionária e da fundação da nova sociedade, quando será impossível fixar qualquer limite temporal para a resistência e o sacrifício, já que o inimigo a vencer e combater não estará mais fora do proletariado, não será mais uma potência física externa limitada e identificável, mas será o próprio proletariado, em sua ignorância, em sua preguiça, em sua maciça impenetrabilidade às intuições rápidas, quando a dialética da luta das classes será interiorizada e o homem novo terá de lutar, no interior de sua consciência singular, em cada um de seus atos, contra o "burguês" nele emboscado. Por isso, o sindicato operário, organismo que disciplina e põe em prática a solidariedade operária, não pode ser motivo e base para previsões sobre o futuro da civilização; ele não contém elementos de desenvolvimento da liberdade; ele está destinado a sofrer mudanças radicais em consequência do desenvolvimento geral: ele é determinado, não determinante.

O movimento operário, em sua fase atual, tende a provocar uma revolução na organização das coisas materiais e das forças físicas; seus traços característicos não podem ser os sentimentos e as paixões que estão difundidos na massa e sustentam a vontade dessa massa; os traços característicos da revolução proletária só podem ser buscados no partido da classe operária, no Partido Comunista[4], que existe e se desenvolve enquanto organização disciplinada da vontade de fundar um Estado, da vontade de dar uma organização proletária ao ordenamento das forças físicas existentes e lançar as bases da liberdade popular.

O Partido Comunista é, no atual período, a única instituição que pode ser seriamente comparada às comunidades religiosas do cristianismo primitivo. Nos limites em que o partido já existe em escala internacional, pode-se tentar uma comparação valorativa entre os militantes da Cidade de Deus e os militantes da Cidade do Homem; o comunista, certamente, não é inferior ao cristão das catacumbas. Ao contrário! O objetivo inefável que o cristianismo punha a seus defensores era, por seu sugestivo mistério, uma justificação cheia de heroísmo, de sede de martírio, de santidade; não é necessário que entrem em jogo as grandes forças humanas do caráter e da vontade para suscitar o espírito de sacrifício de quem crê na recompensa celeste e na eterna beatitude. O operário comunista que, desinteressadamente, durante semanas, meses, anos, depois de oito horas de trabalho na fábrica, trabalha mais oito horas para o partido, o sindicato, a cooperativa, é, do ponto de vista da história do homem, maior que o escravizado ou o artesão que desafiavam qualquer perigo para ir ao local onde clandestinamente se rezava. Do mesmo modo, Rosa

---

[4] Gramsci escreveu este artigo em meio ao movimento de ocupação das fábricas em Turim, o mais célebre centro de generalização das ocupações, com 291 empresas ocupadas e geridas pelos operários. O movimento, contudo, não pode contar com a direção do PSI, cada vez mais distante da base do partido, deixando cada vez mais claros seus limites políticos. A intenção de Gramsci, porém, permanecia sendo a renovação do PSI, não a formação de um novo partido, "a seu ver, no interior do PSI já existia um partido comunista". Gianni Fresu, *Antonio Gramsci, o homem filósofo* (São Paulo, Boitempo, 2020), p. 103.

258 | Homens ou máquinas?

Luxemburgo e Karl Liebknecht[5] são maiores que os maiores santos de Cristo. Precisamente porque a finalidade de sua militância é concreta, humana, limitada, os lutadores da classe operária são maiores que os lutadores de Deus: as forças morais que sustentam sua vontade são tão mais ilimitadas quanto mais é definida a finalidade proposta à vontade. Que força de expansão poderão adquirir os sentimentos do operário que, dobrado sobre a máquina, repete durante oito horas por dia o gesto profissional, tão monótono quanto o de rezar o círculo de um rosário, quando ele for "dominador", quando for a medida dos valores sociais? O simples fato de o operário ainda conseguir pensar, mesmo sendo obrigado a atuar sem saber o "como" nem o "porquê" de sua atividade, não é um milagre? Esse milagre do operário que conquista cotidianamente sua própria autonomia espiritual e sua liberdade de construir na ordem das ideias, lutando contra o cansaço, contra o tédio, contra a monotonia do gesto que tende a mecanizar e, portanto, a destruir a vida interior, esse milagre se organiza no Partido Comunista, na vontade de luta e de criação revolucionária que se expressa no Partido Comunista.

O operário na fábrica tem funções meramente executivas. Ele não acompanha o processo geral do trabalho e da produção, não é um ponto que se move para criar uma linha; é um alfinete cravado num lugar determinado e a linha resulta da sequência dos alfinetes que uma vontade estranha predispôs para seus próprios fins. O operário tende a transportar esse seu modo de ser para todos os ambientes de sua vida; conforma-se facilmente em assumir, por toda parte, a função de executor material, de "massa" guiada por uma vontade estranha à

---

[5] Rosa Luxemburgo e Karl Liebknecht, assassinados brutalmente em 15 de janeiro de 1919, são aqui comparados (e considerados superiores) aos mártires do cristianismo.

sua; é preguiçoso intelectualmente, não sabe e não quer prever para além do imediato e, por isso, carece de qualquer critério na escolha de seus líderes e deixa-se facilmente iludir por promessas; quer crer que pode conseguir as coisas sem grande esforço e sem ter de pensar muito. O Partido Comunista é o instrumento e a forma histórica do processo de libertação interior pelo qual o operário passa de *executor* a *iniciador*, de *massa* torna-se *líder* e *guia*, de braço converte-se em cérebro e vontade. Na formação do Partido Comunista, é possível colher o germe de liberdade que terá seu desenvolvimento e sua plena expansão depois que o Estado operário tiver organizado as condições materiais necessárias. O escravo ou o artesão do mundo clássico "conheciam a si mesmos", realizavam sua libertação ingressando numa comunidade cristã, na qual sentiam serem concretamente iguais, serem irmãos, já que são filhos de um mesmo pai; assim também o operário que ingressa no Partido Comunista, no qual colabora para "descobrir" e "inventar" modos de vida originais, no qual concorre "voluntariamente" para a atividade do mundo, no qual pensa, prevê e tem uma responsabilidade, no qual não é só organizado, mas também organizador, no qual sente que faz parte de uma vanguarda que marcha para a frente, arrastando consigo toda a massa popular.

O Partido Comunista, mesmo como simples organização, revelou-se uma forma particular da revolução proletária. Nenhuma revolução do passado conheceu partidos; eles nasceram depois da revolução burguesa e se decompuseram no terreno da democracia parlamentar. Também nesse terreno, confirmou-se a ideia marxista de que o capitalismo cria forças que depois não consegue dominar[6]. Os partidos

---

[6] Entre outras passagens, em *Manifesto Comunista*, Marx e Engels afirmam: "A burguesia, porém, não se limitou em forjar as armas que lhe trarão a morte; produziu também homens que empunharão essas armas – os operários modernos, *os proletários*". Karl Marx e Friedrich

260 | Homens ou máquinas?

democráticos serviam para indicar políticos competentes e fazê-los triunfar na competição política; hoje, os governantes são impostos pelos bancos, pelos grandes jornais, pelas associações industriais; os partidos se decompõem numa multiplicidade de facções pessoais. O Partido Comunista, surgindo das cinzas dos partidos socialistas, repudia suas origens democráticas e parlamentares e revela suas características essenciais, que são originais na história: a Revolução Russa é revolução feita por homens organizados no Partido Comunista, que no partido plasmaram uma nova personalidade, adquiriram novos sentimentos, realizaram uma vida moral que tende a se tornar consciência universal e meta para todos os homens.

II

Os partidos políticos são o reflexo e a nomenclatura das classes sociais. Surgem, desenvolvem-se, decompõem-se e renovam-se conforme os diversos estratos das classes sociais em luta sofrem deslocamentos de real alcance histórico, experimentam mudanças radicais em suas condições de existência e desenvolvimento, adquirem uma maior e mais clara consciência de si e de seus interesses vitais. No atual período histórico, como consequência da guerra imperialista que modificou profundamente a estrutura do aparelho nacional e internacional de produção e troca, tornou-se característica a rapidez com que ocorre o processo de desagregação dos partidos políticos tradicionais, nascidos no terreno da democracia

Engels, *Manifesto Comunista* (trad. Alvaro Pina, São Paulo, Boitempo, 1998), p. 46, grifos do original.

O PARTIDO COMUNISTA | 261

parlamentar, e do surgimento de novas organizações políticas: esse processo geral obedece a uma lógica imanente implacável, substanciada pela desagregação das velhas classes e das velhas camadas e pelas vertiginosas mudanças de condição de estratos inteiros da população em todo o território do Estado e, com frequência, em todo o território do domínio capitalista.

Mesmo as classes sociais historicamente mais preguiçosas e tardias em seu processo de diferenciação, como é o caso da classe dos camponeses, não escapam da ação enérgica dos reagentes que dissolvem o corpo social; ao contrário, parece que tais classes, quanto mais tenham sido preguiçosas e tardias no passado, tanto mais hoje querem depressa chegar às consequências dialeticamente extremas da luta de classes, à guerra civil e à adulteração das relações econômicas. Vimos na Itália, no espaço de dois anos, surgir como do nada um potente partido da classe camponesa, o Partido Popular, que, quando de seu nascimento, tinha a pretensão de representar os interesses e as aspirações políticas de todos os estratos sociais do campo, do barão latifundiário ao médio proprietário rural, do pequeno proprietário ao arrendatário, do meeiro ao camponês pobre[7]. Vimos o Partido Popular conquistar quase cem cadeiras no parlamento com listas de coalizão, nas quais tinham absoluto predomínio os representantes do barão latifundiário, do grande proprietário dos bosques, do grande e médio proprietário de terras, e exígua minoria

---

[7] O Partido Popular – antecessor da Democracia Cristã, que dominou a vida política italiana desde o segundo pós-guerra até início dos anos 1990 – foi criado em janeiro de 1919, depois que o Vaticano suspendeu a proibição que impedia os católicos de participar da vida política da Itália unificada. Para surpresa geral, o Partido Popular obteve nas primeiras eleições que disputou, em 16 de novembro de 1919, 1,175 milhão de votos, elegendo cem deputados. Na mesma eleição, na qual votaram 6,5 milhões de eleitores, o Partido Socialista obteve 1,84 milhão de votos, conquistando 155 cadeiras. (N. E. O.)

262 | Homens ou máquinas?

da população camponesa. Também vimos iniciar-se subitamente e tornar-se rapidamente espasmódicas no Partido Popular as lutas internas de tendências, reflexo da diferenciação que se verificava na massa eleitoral anterior; as grandes massas dos pequenos proprietários e dos camponeses pobres não queriam mais ser massa de manobra passiva para a realização dos interesses dos médios e grandes proprietários. Sob a enérgica pressão dessas massas, o Partido Popular dividiu-se em direita, centro e esquerda, e vimos, por pressão dos camponeses pobres, a extrema esquerda popular posar de revolucionária, entrar em concorrência com o Partido Socialista, que também se tornara representante de vastíssimas massas camponesas. Já vemos a decomposição do Partido Popular, cuja fração parlamentar e cujo Comitê Central não representam mais os interesses e o nível atual de autoconsciência das massas eleitorais e das forças organizadas nos sindicatos brancos[8], massas que são representadas, ao contrário, pelos extremistas, que não querem perder o controle sobre elas, que não podem iludi-las com uma ação legal no Parlamento e, portanto, são levados a recorrer à luta violenta e a desejar novas instituições políticas de governo. O mesmo processo de rápida organização e rapidíssima dissociação verificou-se na outra corrente política que quis representar os interesses dos camponeses, a Associação dos Ex-Combatentes: isso é reflexo da imensa crise interna que atravessa o campo italiano e se manifesta nas gigantescas greves da Itália setentrional e central, na invasão e divisão dos latifúndios pulheses, nos assaltos aos castelos feudais e no aparecimento, nas cidades da Sicília, de centenas e milhares de camponeses armados.

---

[8] Assim eram conhecidos os sindicatos liderados pelos católicos, em oposição aos sindicatos "vermelhos" dos socialistas e aos "negros" dos anarquistas. (N. E. O.)

Essa profunda sublevação das classes camponesas abala em seus fundamentos a estrutura do Estado parlamentar democrático. O capitalismo, enquanto força política, é reduzido às associações sindicais dos proprietários de fábricas; ele não dispõe mais de um partido político cuja ideologia abranja também os estratos pequeno-burgueses da cidade e do campo, permitindo assim a permanência de um Estado legal apoiado por amplas bases. O capitalismo se vê reduzido a ter uma representação política apenas nos grandes jornais (400 mil exemplares de tiragem, mil eleitores) e no Senado, imune, enquanto instituição, a ações e reações das grandes massas populares, mas sem autoridade e prestígio no país[9]. Por isso, a força do capitalismo tende a se identificar cada vez mais com a alta hierarquia militar, com a *guardia regia*, com os múltiplos aventureiros que pululam desde o armistício e aspiram, uns contra os outros, a se tornarem o Kornílov e o Bonaparte italianos[10]; por isso, a força política do capitalismo só pode se realizar hoje por meio de um golpe de Estado militar e da tentativa de impor uma férrea ditadura nacionalista que force as massas italianas embrutecidas a restaurar a economia pelo saque a mão armada dos países vizinhos.

Exaurida e desgastada a burguesia enquanto classe dirigente, esgotado o capitalismo enquanto modo de produção e troca, não havendo na classe camponesa uma força política homogênea capaz de criar um Estado, a classe operária é inelutavelmente chamada

---

[9] Até a promulgação da Constituição republicana, em 1948, os senadores italianos não eram eleitos, mas indicados pelo rei. (N. E. O.)

[10] Referência a Lavr Kornílov (1870-1918), general do Exército tsarista, antissocialista, que conspirou contra o governo provisório russo após a Revolução de fevereiro de 1917, e a Luís Bonaparte (1808-1873), presidente da Segunda República francesa, autor do golpe de Estado que o tornou Napoleão III, em 1851. Kornílov e Bonaparte são aproximados e identificados aqui como aventureiros que golpearam o próprio regime que representavam.

pela história a assumir a responsabilidade de classe dirigente. Somente o proletariado é capaz de criar um Estado forte e temido, já que tem um programa de reconstrução econômica, o comunismo, que encontra suas necessárias premissas e condições na fase de desenvolvimento alcançada pelo capitalismo com a guerra imperialista de 1914-1918; somente o proletariado pode, criando um novo organismo de direito público, o sistema dos sovietes, dar uma forma dinâmica à fluida e incandescente massa social e restaurar a ordem em meio ao turbilhão geral das forças produtivas. É natural e historicamente justificado que, precisamente num período como este, ponha-se o problema da formação do Partido Comunista, expressão da vanguarda proletária que tem exata consciência de sua missão histórica, que fundará os novos ordenamentos, que será o iniciador e o protagonista do novo e original período histórico.

Também o tradicional partido político da classe operária italiana, o Partido Socialista, não escapou do processo de decomposição de todas as formas associativas, processo que é característico do período que atravessamos. Ter acreditado que era possível salvar a velha estrutura do partido de sua íntima dissolução foi o erro histórico colossal dos homens que, desde a eclosão da guerra mundial até hoje, controlaram os órgãos de direção de nossa associação. Na verdade, o Partido Socialista Italiano, por suas tradições, pelas origens históricas das várias correntes que o constituem, pelo pacto de aliança[11] tácito ou explícito com a Confederação Geral do Trabalho (pacto que nos congressos, nos conselhos e em todas as reuniões deliberativas serve para atribuir aos funcionários sindicais um poder e uma influência injustificados), pela autonomia ilimitada concedida

---

[11] Ver, neste volume, o artigo "O Pacto de Aliança", p. 70.

ao grupo parlamentar (que atribui, também aos deputados nos congressos, nos conselhos e nas deliberações da mais alta importância, um poder e uma influência similares àqueles dos funcionários burocráticos e igualmente injustificados), o Partido Socialista Italiano em nada difere do Labour Party[12] inglês e é revolucionário apenas nas afirmações gerais de seu programa. É um conglomerado de partidos; move-se e não pode deixar de mover-se, preguiçosa e tardiamente; está continuamente sujeito a tornar-se um território fácil para aventureiros, carreiristas, ambiciosos sem seriedade e capacidade política. Por sua heterogeneidade, pelos inumeráveis atritos em suas engrenagens, gastas e sabotadas pelos agentes do patronato, jamais é capaz de assumir o peso e a responsabilidade das iniciativas e ações revolucionárias que os urgentes acontecimentos lhe impõem incessantemente. Isso explica o paradoxo histórico de que, na Itália, são as massas que impulsionam e "educam" o partido da classe operária, em vez de ser o partido que guia e educa as massas.

O Partido Socialista se diz defensor das doutrinas marxistas; portanto, o partido deveria ter, em tais doutrinas, uma bússola para orientar-se no emaranhado dos eventos, deveria possuir aquela capacidade de previsão histórica que caracteriza os seguidores inteligentes da dialética marxista, deveria ter um plano geral de ação baseado nessa previsão histórica e ser capaz de fornecer palavras de ordem claras e precisas à classe operária em luta. Em vez disso, o Partido Socialista, o partido que defende o marxismo na Itália, está exposto, tal como o Partido Popular, o partido das classes mais atrasadas da população italiana, a todas as pressões das massas e se

---

[12] O Labour Party [Partido Trabalhista] é um partido político do Reino Unido, fundado em 27 de fevereiro de 1900, fruto do movimento sindical e dos partidos socialistas do século XIX.

266 | Homens ou máquinas?

move e se diferencia quando as massas já se moveram e se diferenciaram. Na verdade, esse Partido Socialista, que se proclama guia e mestre das massas, não é mais que um pobre tabelião que registra as operações já realizadas espontaneamente pelas massas; este pobre Partido Socialista, que se proclama líder da classe operária, não é mais que um *estorvo* para o avanço do exército proletário.

Se esse estranho procedimento do Partido Socialista, se essa bizarra condição do partido político da classe operária não produziu ainda uma catástrofe, é porque, no seio da classe operária, nas seções urbanas do partido, nos sindicatos, nas fábricas, nas aldeias, existem grupos enérgicos de comunistas conscientes de sua missão histórica, enérgicos e conscientes na ação, capazes de guiar e educar as massas locais do proletariado; é porque existe potencialmente, no seio do Partido Socialista, um Partido Comunista, ao qual falta apenas uma organização explícita, uma centralização e uma disciplina sua para desenvolver-se rapidamente, conquistar e renovar a unidade do partido da classe operária, dar uma nova orientação à Confederação Geral do Trabalho e ao movimento cooperativo.

O problema imediato desse período, que se segue à luta dos operários metalúrgicos e precede o congresso no qual o partido terá de assumir uma atitude séria e precisa diante da Internacional Comunista, é precisamente organizar e centralizar essas forças comunistas já existentes e atuantes. O Partido Socialista, a cada dia, com uma rapidez fulminante, decompõe-se e desagrega-se; as tendências, num brevíssimo intervalo, já ganharam nova configuração; postos diante da responsabilidade da ação histórica e dos compromissos assumidos ao aderir à Internacional Comunista, os homens e os grupos se desorganizaram, mudaram de posição; o equívoco centrista e oportunista conquistou parte da direção do partido, gerou perturbação e confusão nas seções[13]. O dever dos comunistas, nessa falência generalizada das consciências, das crenças, da vontade, nesse transbordamento de baixezas, covardias, derrotismos, é o de juntar-se fortemente em grupos, entrar em acordo, estar pronto para as palavras de ordem que serão lançadas. Os comunistas sinceros e desinteressados, com base nas teses aprovadas pelo II Congresso da Terceira Internacional, na disciplina leal à suprema autoridade do movimento operário mundial, devem desenvolver o trabalho necessário para que, mais breve possível, seja constituída a fração comunista do Partido Socialista Italiano, a qual, para o bom nome do proletariado italiano, deve tornar-se no Congresso de Florença, de nome e de fato, Partido Comunista Italiano, seção da Terceira Internacional Comunista[14]; para que a fração comunista se constitua com um aparelho diretivo orgânico e fortemente

[13] O Partido Socialista Italiano, então sob a direção da corrente maximalista liderada por Giacinto Menotti Serrati (1857-1926), solicitou ingresso na Internacional Comunista quando esta foi fundada, em 1919. Confrontada com as "21 condições" formuladas pela Internacional Comunista, a corrente – que Gramsci chama aqui de "centrista" e "oportunista" – recusou pelo menos duas delas: a mudança de nome do partido (que deveria passar a chamar-se Partido Comunista da Itália) e, sobretudo, a expulsão dos reformistas. Serrati propunha a exclusão de apenas algumas personalidades individuais, pois temia que a expulsão em massa dos reformistas levasse à perda, pelo novo partido, das massas vinculadas às organizações sindicais e cooperativas. Recusando-se a expulsar a corrente reformista, favoreceu a cisão que, em 1921, levou à formação do Partido Comunista da Itália. Em 1924, já minoritário no interior do Partido Socialista, Serrati aderiu ao Partido Comunista, juntamente à fração dos "terceiristas" (assim chamados por defenderem a Terceira Internacional). (N. E. O.)

[14] Referência ao XVII Congresso do Partido Socialista, cuja sede fora transferida de Florença para Livorno, onde se realizou de 15 a 21 de janeiro de 1921. Nesse congresso, a chamada fração de Ímola, ou "comunista pura", que reunia sobretudo os grupos de Bordiga e de *L'Ordine Nuovo*, obteve 58.783 votos; a corrente maximalista, liderada por Serrati e rebatizada para a ocasião de "comunista unitária", obteve a maioria dos votos, 98.028; a ala reformista obteve apenas 14.695 votos. Como os maximalistas se recusaram a expulsar os reformistas, a fração de Ímola retirou-se do Congresso e, em 21 de janeiro, em outro local também em Livorno, fundou o Partido Comunista da Itália. Nessa ocasião, Gramsci foi indicado para o Comitê Central do novo partido. (N. E. O.)

centralizado, com suas próprias articulações disciplinadas em todos os ambientes onde trabalha, se reúne e luta a classe operária, com um conjunto de serviços e instrumentos para o controle, a ação e a propaganda que a ponham, assim, em condições de funcionar e desenvolver-se desde agora como um verdadeiro partido.

Os comunistas, que na luta dos metalúrgicos, com sua energia e seu espírito de iniciativa, salvaram a classe operária de um desastre, devem chegar às últimas consequências de sua atitude e sua ação: salvar a estrutura básica do partido da classe operária (reconstruindo-a), dar ao proletariado italiano o Partido Comunista que seja capaz de organizar o Estado operário e as condições para o advento da sociedade comunista.

DOMINGO VERMELHO[1]

Os escritores da classe burguesa se contorcem de raiva, obrigados que são a registrar a atividade da classe operária nas fábricas ocupadas[2]. Atividade da classe operária, iniciativa de produção, de ordem interna, de defesa militar por parte da classe operária! As hierarquias sociais foram rompidas, os valores históricos foram invertidos; a classe "executora", a classe "instrumental", tornou-se "classe dirigente" e se colocou na direção de si mesma, escolheu em si mesma os homens representativos, os homens que são investidos de poderes de governo, os homens que assumem todas as funções que de um agregado elementar e mecânico fazem um complexo orgânico, fazem uma criatura viva. Tudo isso faz contorcerem-se de raiva os escritores da burguesia, os crédulos na investidura divina da classe burguesa com poderes de deliberação e iniciativa histórica!

---

[1] No curso de uma agitação por melhores salários, os operários metalúrgicos se decidiram pelo obstrucionismo, que teve início em toda a Itália em 19 de agosto de 1920. Os industriais reagiram proclamando o fechamento, no dia 1º de setembro, mas os operários se recusaram a abandonar o trabalho e ocuparam cerca de quinhentas fábricas. O movimento terminou depois de quase um mês com um acordo promovido pelo presidente do Conselho, o sr. Giolitti, que se empenhou em apresentar um projeto de lei para o controle operário sobre as indústrias. (N. E. I.) Não assinado, *Avanti!*, ed. piemontesa, ano XXIV, n. 224, 5 de setembro de 1920.

[2] Ver, por exemplo, uma série de artigos de Luigi Einaudi nas páginas de *Corriere della Sera* entre 25 de agosto e 3 de novembro de 1920, sendo o primeiro deles "Ostruzionismo e sciopero" [Obstrucionismo e greve]. Disponível em: <http://www.luigieinaudi.it/doc/ostruzionismo-neutralita-dello-stato-arbitrato-e-controllo-operaio/>; acesso em: nov. 2021.

270 | HOMENS OU MÁQUINAS?

Isso que os operários fizeram tem um imenso significado histórico, que deve ser compreendido em toda a sua plenitude pela classe operária. Hoje os operários dedicam a jornada a um exame de consciência, à discussão e à revisão dos acontecimentos ocorridos: uma jornada como essa deve significar para os operários tanto quanto dez anos de atividade normal, de propaganda normal, de normal aprendizado de noções e conceitos revolucionários.

O que aconteceu nesses dias? A federação metalúrgica havia dado início a uma luta sindical para obter melhorias salariais para os operários. Os industriais se recusaram a reconhecer qualquer valor real e positivo no documento dos operários. Os chefes das organizações, ainda que não fossem comunistas, ainda que assinassem manifestos contra o método bolchevique de emancipação popular, tiveram, todavia, a partir da situação real, de conduzir a luta em um campo novo, no qual, se a violência não era necessária de imediato, o estudo e a organização da violência tornaram-se imediatamente uma necessidade. Enquanto isso, um fato novo foi criado repentinamente pelo novo método de luta: quando os operários lutavam para melhorar sua situação econômica, implementando a greve, a tarefa dos operários na luta limitava-se a ter confiança nos líderes distantes, limitava-se a desenvolver a virtude da solidariedade e da resistência fundadas justamente nessa confiança genérica. Mas, se os operários, na luta, ocupam as fábricas e querem continuar a produzir, a posição moral das massas assume imediatamente uma imagem e um valor diferente; os líderes sindicais não podem mais dirigir, desaparecem na imensidão do quadro, a massa deve resolver as coisas por si mesma, com seus próprios meios, com seus próprios homens, os problemas da fábrica.

A fábrica, sob os capitalistas, era um pequeno Estado, dominado por um senhor despótico: o senhor tinha o privilégio de um sufrágio individual e exercia-o escolhendo os operários, os empregados, os chefes, os especialistas, e distribuindo-os nos setores, nos escritórios, nos laboratórios. A fábrica era um Estado organizado despoticamente, com plenos poderes nas mãos do proprietário ou do delegado do proprietário; a multiplicidade de Estados constituída de todas as fábricas capitalistas reunia-se no Estado burguês, que obtinha a disciplina e a obediência da população não possuidora dando-lhe uma ficção de poder e soberania, chamando-a a cada cinco ou sete anos a escolher os deputados do Parlamento e dos conselhos municipais. Hoje, com as ocupações operárias, o poder despótico na fábrica foi quebrado; o direito de sufrágio para a escolha dos funcionários industriais passou para a classe operária. Cada fábrica é um Estado ilegal, é uma república proletária que vive dia a dia, aguardando o desenrolar dos eventos. Mas, se uma grande incerteza ainda reina sobre o porvir dessas repúblicas proletárias, dado que as forças adversárias são se revelam e não permitem entender suas reais intenções, a constatação de que essas repúblicas "vivem" tem um alcance e um valor histórico imensurável. A vida tem sua lógica e sua energia íntima e própria, que ultrapassa o arbítrio e os caprichos dos indivíduos. Porque essas repúblicas proletárias estão vivas, elas veem surgir a sua frente todos os problemas que são próprios de um poder autônomo e independente que exercita a soberania sobre um território definido. Aqui é posta à prova a capacidade política, a capacidade de iniciativa e de criação revolucionária da classe operária. O primeiro problema, o problema fundamental que se apresenta irresistivelmente aos cidadãos do Estado-fábrica, é o da defesa militar. Apresenta-se de forma original. O Estado burguês construiu o exército sobre três estratos sociais: a burguesia, a pequena burguesia, o povo trabalhador. O povo fornece a massa militar, a grande burguesia proprietária e a aristocracia fornecem a oficialidade superior e a pequena burguesia fornece o comando subalterno. Verifica-se no exército capitalista a mesma organização da fábrica capitalista, onde a classe proprietária ou a assimilada pelos interesses financeiros tem a função de comando despótico, o proletariado é a passiva massa de manobra, a pequena burguesia tem a função dos comandos subalternos. Na república-fábrica só há uma classe social, a proletária, aquela que fornecia a passiva massa de manobra ao exército e à indústria. Ela deve criar para si um exército, articulado, organizado, disciplinado, em condições de resistir às forças adversárias e vencê-las. Os operários são levados a conceber a defesa como dever universal, e essa é a concepção exata; mas não são levados a concluir que esse dever precisa ser imediatamente realizado por todos indistintamente, e isso é um erro. A defesa militar deve ser organizada por um corpo especial, que tenha seus comandos e suas funções; a concepção de hierarquia não tem mais consistência alguma nessa formação, porque "existe uma só classe". Essas formações devem ser ilimitadas, porque o conceito de defesa pode, de um momento a outro, transformar-se no de ofensiva e iniciativa militar. Esse problema da iniciativa militar é ligado àquele outro: a multiplicidade de repúblicas proletárias constituídas pelas fábricas ocupadas e presididas pelos operários não será levada necessariamente, pela dialética íntima do desenvolvimento histórico, a confederar-se, a organizar-se unitariamente, a contrapor seu poder central ao poder do Estado burguês? O problema da constituição do soviete urbano se apresenta hoje concretamente à classe operária. Se ele nasce, deve ter à disposição uma força armada, que pode e deve vir das formações de fábrica regularmente constituídas e comandadas, de modo que seja possível, mediante as funções de comando, reunir e constituir uma milícia urbana; mas, por sua vez, a criação dos núcleos militares de fábrica coloca o problema do soviete, porque a defesa não tem limites e deve proceder segundo a sua lógica. Esses problemas devem hoje ser discutidos pelos operários nas fábricas, nas assembleias gerais, órgãos de poder e soberania das repúblicas proletárias de fábrica. O trabalho de propaganda e de preparação para a nomeação dos deputados operários deve ser feito de modo que, em dado momento, quando o desenrolar dos acontecimentos tenha levado a história às condições climáticas em que surgem os fatos novos e originais, surjam de cada fábrica ou grupo de fábricas as articulações de poder do proletariado em luta por sua emancipação. Até mesmo para essa criação revolucionária, como para a da força armada, aplicam-se as mesmas considerações. No Estado burguês, as funções de comando supremo (o governo) estão nas mãos dos capitalistas ou da alta classe social ligada por interesses financeiros aos proprietários; os postos subalternos, a função dos deputados nacionais, estão nas mãos da pequena burguesia, que se deixa dominar econômica e moralmente pelos capitalistas; a massa do povo trabalhador é manobrada politicamente para satisfazer os interesses materiais dos proprietários e as ambições ideológicas dos pequeno-burgueses. Para manter intacta essa hierarquia de classe, o Estado torna ilegal o mandato imperativo[3] dos deputados: a burguesia conta com a força do ambiente e com a sugestão da possibilidade de satisfazer as ambições pessoais para corromper os deputados, e mesmo os operários, quando, no entanto, eles não estão vinculados a um mandato imperativo. Na formação do poder central proletá-

---

[3] Ou mandato vinculado, diferente do mandato livre, permanece sob a guarda do representado, a quem o representante deve prestar contas e de quem deve seguir as determinações sob pena de perda do mandato.

rio, todas essas condições são modificadas: existe uma só classe, que elege seus deputados encolhendo-os em seu meio, sendo a fábrica o colégio eleitoral, subsistindo o mandato imperativo. Isso significa que as hierarquias são destruídas e que a construção do poder operário dá-se em bases puramente industriais e administrativas: os anarquistas deveriam ser os mais favoráveis a essa organização de poder, porque seus ideais vêm a se realizar concretamente.

Hoje, domingo vermelho dos operários metalúrgicos, deve ser construída, pelos próprios operários, a primeira célula histórica da revolução proletária que surge da situação geral, com a força irresistível dos fenômenos naturais.

CAPACIDADE POLÍTICA[1]

Os operários metalúrgicos devem hoje, por *referendum*[2], aprovar ou rejeitar a moção votada no congresso da federação. Não é difícil prever o resultado dessa consulta aos trabalhadores fabris: a forma do *referendum* é primorosamente democrática e antirrevolucionária; serve para valorizar as massas amorfas da população e a afastar as vanguardas que dirigem e dão consciência política às massas.

A vanguarda do proletariado não deve, porém, desmoralizar-se e decompor-se por esses resultados do movimento revolucionário. Sua condição de vanguarda será antes documentada pela firmeza e pela capacidade política que será capaz de expressar: os grupos operários que estiveram à frente do movimento, nesses dias, mediram com exatidão seu poder de ação e as forças de resistência passiva que existem em meio às massas? Adquiriram consciência de sua missão histórica? Adquiriram consciência das debilidades internas que se revelaram no conjunto da classe operária, fragilidades que não são individuais, que não afetam a avaliação do espírito revolucionário do proletariado no período histórico atual, mas são detectáveis nas relações gerais de organização profissional? Tomaram consciência ativa e operante das experiências vividas? Habituaram-se a identificar

---

[1] Não assinado, *Avanti!*, ed. piemontesa, ano XXIV, n. 243, 24 de setembro de 1920.

[2] O acordo que punha fim à ocupação das fábricas seria submetido à aprovação dos operários por referendo. O acordo foi aprovado por maioria. (N. E. I.)

os sentimentos mais íntimos que fazem vibrar a alma popular e os sentimentos negativos, as forças inibidoras que imobilizam e desgastam os impulsos mais generosos e audazes?

A capacidade política da vanguarda proletária (e, portanto, a real capacidade revolucionária da classe operária italiana) resultará das atitudes que nascerão do *referendum* de hoje. Muitos perigos ameaçam a classe operária. Esses perigos não são externos, são especialmente internos. O maior perigo é a falta de "espírito de adaptação" às circunstâncias superiores, de adaptação crítica, de adaptação consciente e voluntária, que não pode e não deve ser confundida com o oportunismo. A falta desse espírito de adaptação é que conduz ao oportunismo ou, o que dá no mesmo, ao triunfo dos oportunistas nas massas, à manutenção das hierarquias que levaram o movimento revolucionário ao atual desfecho[3]. A vanguarda proletária deve considerar e avaliar os acontecimentos ocorridos não de acordo com seus desejos, suas paixões, sua vontade, mas objetivamente, como dados externos a ser submetidos ao julgamento político e como um movimento histórico capaz de prolongamento e desenvolvimento consciente. De um ponto de vista meramente objetivo, a classe operária pode registrar um gigantesco passo adiante. A classe operária, como massa orientada e disciplinada na fábrica por seus representantes diretos, demonstrou estar em condições de autogovernar-se industrial e politicamente. Desse fato, que é elementar para os revolucionários comunistas, surgem consequências de uma importância

---

[3] O encerramento das ocupações de fábrica representava o triunfo dos oportunistas, ou o triunfo dos maximalistas e dos reformistas, grupo dirigente do PSI que havia abdicado de sua tarefa de vanguarda revolucionária do proletariado, remetendo ao conselho nacional da CGT a negociação com Giovanni Giolitti, primeiro-ministro da Itália, que intermedia o acordo com os industriais para a finalização das ocupações, confirmado pelo *referendum* de 24 de setembro de 1920.

social incalculável. As classes médias da população compararam a força do proletariado com a insuficiência da classe industrial. Há meio século a classe operária era ainda, segundo Karl Marx, *um saco de batatas*[4], um indistinto genérico, um conglomerado amorfo de indivíduos sem ideias, sem vontade, sem direcionamento unitário. Hoje foi a classe industrial que se tornou um *saco de batatas*, um agregado de ineptos e imbecis, sem capacidade política, sem íntima potência. Os acontecimentos revolucionários dos dias que se passaram lançaram luz a essa posição das duas classes que disputam o governo da produção e da sociedade. Os preconceitos e as tolices que a imprensa vendida ao capitalismo espalharam na opinião pública caíram; as classes médias aproximam-se do proletariado, convencidas de que nessa classe jovem e enérgica está contido o destino da civilização e do progresso humano. Do exame a que as duas classes foram submetidas, o proletariado surgiu maior na estima pública, enquanto o capitalismo mostrou ainda mais sua deficiência e sua incapacidade. A situação política assim criada colocou definitivamente o proletariado como classe dirigente, é uma mola que impulsiona irresistivelmente a conquista do poder.

Então, por que essa conclusão não foi alcançada imediatamente? Ou, ao menos, por que não se tentou chegar a ela? A tática seguida até agora, a tática que culmina no *referendum*, pode dar uma resposta a essas questões. As lideranças do movimento operário se apoiam nas "massas", isto é, demandam o consenso preventivo das massas para as ações, procedendo às consultas nas formas e no tempo que

---

[4] Karl Marx diz: "Assim, a grande massa da nação francesa se compõe por simples adição de grandezas homônimas, como batatas dentro de um saco constituem um saco de batatas". Karl Marx, *O 18 de brumário de Luís Bonaparte* (trad. Nélio Schneider, São Paulo, Boitempo, 2011), p. 142.

elas escolheram: um movimento revolucionário não pode senão fundar-se na vanguarda proletária e deve ser conduzido sem consultas prévias, sem aparatos de assembleias representativas. A revolução é como a guerra: deve ser minuciosamente preparada por um estado-maior operário, tal como a guerra é preparada pelo estado-maior do exército. As assembleias não devem fazer mais que ratificar o já ocorrido, exaltar os sucessos, punir implacavelmente os insucessos. É tarefa da vanguarda proletária manter aceso nas massas o espírito revolucionário, criar as condições nas quais as massas estejam predispostas à ação, nas quais as massas respondam de imediato às palavras de ordem revolucionárias. Do mesmo modo, os nacionalistas e os imperialistas tentam, com suas pregações desenfreadas de vaidade patriótica e ódio aos estrangeiros, criar a condição na qual a multidão aprove uma guerra já articulada pelo estado-maior do exército e pela diplomacia. Nenhuma guerra estouraria se, para declará-la, o povo fosse preventivamente consultado; os parlamentos aprovam as guerras porque elas já estão inexoravelmente decididas, porque sabem que serão inexoravelmente repelidos caso se oponham. Da mesma maneira: nenhum movimento revolucionário será decretado em uma assembleia nacional operária. Convocar a assembleia significa já confessar a própria incredulidade e, portanto, exercer uma pressão prejudicial.

A vanguarda proletária, que hoje está desiludida e ameaça desunir-se, deve se perguntar se ela própria é responsável por essa situação. É fato que não existe na Confederação Geral do Trabalho uma oposição revolucionária organizada e centralizada em condições de poder exercer um controle sobre os escritórios dirigentes e estar à altura não apenas de substituir um homem por outro homem, mas um método por outro método, um objetivo por outro objetivo, uma vontade por outra vontade. Uma vez que essa situação é real, uma vez que para mudá-la não adiantam as reclamações, os insultos, as maldições, mas requer um trabalho persistente e paciente de organização e preparação, é necessário que os grupos operários que estiveram liderando as massas aceitem a realidade assim como ela é, para modificá-la com eficácia; é necessário que mantenham a massa unida e compacta em torno de seu programa e de suas palavras de ordem; é preciso que se tornem capazes de extrair de seu seio um estado-maior enérgico, que saiba conduzir, com inteligência e audácia, uma grande ação de massas. Hoje estamos no *referendum*: o resultado que ele dará não deve ser causa de angústia ou desunião, mas antes de ânimo consciente para uma atividade mais fechada, mais disciplinada, melhor organizada. A emancipação do proletariado não é obra de pouca importância e de homens pequenos; só aquele que, na maior desilusão geral, sabe manter o coração firme e a vontade afiada como uma espada pode ser considerado um lutador da classe operária, pode ser chamado de revolucionário.

CRONOLOGIA – VIDA E OBRA

Vida de Gramsci	Eventos históricos
1891 Em 22 de janeiro, nasce Antonio Gramsci na cidade de Ales, província de Cagliari, na Sardenha. O pai, Francesco Gramsci, nascido em Gaeta, na região do Lazio, era funcionário de cartório. Sua mãe, Giuseppina Marcias, era natural de Ghilarza, na Sardenha.	Em 24 de fevereiro, é promulgada a primeira Constituição da história do Brasil depois da Proclamação da República. Em maio, Giuseppe De Felice Giuffrida funda o primeiro Fascio Siciliani dei Lavoratori [Agrupamento siciliano dos trabalhadores], movimento de inspiração libertária e socialista. No mesmo mês, o papa Leão XIII proclama a encíclica *Rerum novarum* a respeito das relações entre capital e trabalho.
1898 O pai de Gramsci é acusado de irregularidade administrativa, afastado do emprego e preso. A mãe, com os sete filhos, se transfere para Ghilarza, onde Gramsci frequenta a escola elementar.	Em 13 de janeiro, Émile Zola publica sua carta aberta *J'Accuse*, a respeito do Caso Dreyfus. Em 1º de março, é criado o Partido Operário Social-Democrata Russo (POSDR).
1903 Com onze anos de idade, depois de concluir o ensino elementar, começa a trabalhar no cartório de Ghilarza.	Em julho-agosto, ocorre o II Congresso do POSDR. Em novembro o partido se divide em duas alas: a maioria (bolcheviques) e a minoria (mencheviques).

Vida de Gramsci	Eventos históricos
1905-1908	
Retoma os estudos e conclui os últimos três anos do ensino fundamental na cidade de Santu Lussurgiu, perto de Ghilarza. Começa a ler a imprensa socialista. Em 1908, inicia o ensino médio em Cagliari, no liceu clássico Giovanni Maria Dettori. Vive com o irmão Gennaro, que trabalha em uma fábrica de gelo e é membro do Partido Socialista Italiano (PSI).	Em 9 de janeiro (22 de janeiro no calendário gregoriano), as tropas do tsar reprimem violentamente uma manifestação de trabalhadores, dando início a uma revolução na Rússia.
1910	
Publica seu primeiro artigo no jornal *L'Unione Sarda*, de Cagliari.	Em 20 de novembro, tem início a Revolução Mexicana.
1911	
Termina o ensino médio e obtém uma bolsa de estudos que lhe permite inscrever-se no curso de Filologia Moderna na Faculdade de Filosofia e Letras da Universidade de Turim. Conhece Angelo Tasca.	Em 29 de setembro, tem início a ofensiva militar italiana para a conquista da Líbia.
1912	
Conhece Palmiro Togliatti e aproxima-se dos professores Matteo Bartoli (glotologia) e Umberto Cosmo (literatura italiana). No outono, é aprovado nos exames de geografia, glotologia e gramática grega e latina.	

CRONOLOGIA – VIDA E OBRA | 285

Vida de Gramsci	Eventos históricos

1913

Em 5 de fevereiro, com o pseudônimo Alfa Gamma, publica o artigo "Pela verdade", no *Corriere Universitario*. Em outubro, adere ao Grupo de Ação e Propaganda Antiprotecionista em Ghilarza e acompanha a campanha eleitoral na Sardenha. Inscreve-se na seção turinesa do PSI. Sua saúde precária o impede de prestar os exames na universidade.

1914

Em março e abril, presta os exames de filosofia moral, história moderna e literatura grega. É leitor de *La Voce*, revista de Giuseppe Prezzolini, e de *L'Unità*, de Gaetano Salvemini. Planeja fundar uma revista socialista. Publica "Neutralidade ativa e operante", seu primeiro artigo no jornal *Il Grido del Popolo*, em 31 de outubro, defendendo uma orientação política próxima à do então socialista Benito Mussolini. O artigo recebe fortes críticas e Gramsci suspende sua colaboração com a imprensa socialista. Em novembro, presta o exame de línguas neolatinas.

Depois do assassinato de três manifestantes antiguerra na cidade de Ancona, tem lugar uma insurreição popular que chega até Turim, conhecida como a "Semana Vermelha" (7 a 14 de junho). A Confederação Geral do Trabalho convoca uma greve geral, que dura dois dias.

Em 28 de junho, é assassinado em Sarajevo o arquiduque Francisco Fernando, herdeiro do trono do Império Austro-Húngaro. No dia 28 de julho, ocorre a invasão austro--húngara da Sérvia. Tem início a Primeira Guerra Mundial. A Itália permanece neutra no conflito.

Em 4 de agosto, o Partido Social-Democrata Alemão, contrariando as resoluções antimilitaristas do movimento socialista, vota favoravelmente aos créditos de guerra. O episódio marca o que Lênin denominou a "falência da Segunda Internacional".

Vida de Gramsci	Eventos históricos
	Em 18 de outubro, Mussolini publica no *Avanti!* o artigo "Da neutralidade absoluta à neutralidade ativa e operante", no qual defende a entrada da Itália na guerra. Em 15 de novembro, funda o jornal *Il Popolo d'Italia* e, em 29 de novembro, é expulso do PSI.
1915 Presta em abril seu último exame na faculdade (literatura italiana), abandonando o curso sem obter o título. Em outubro, volta a publicar no jornal *Il Grido del Popolo*. Em dezembro, começa a colaborar com a edição turinesa do jornal *Avanti!*.	A Itália entra na guerra ao lado da França, da Inglaterra e da Rússia. Uma forte campanha antigermânica tem lugar na Itália.
1917 Em fevereiro, redige sozinho e publica o número único do jornal *La Città Futura*, órgão da Federação Socialista Juvenil do Piemonte. Em outubro, após a prisão de seus companheiros, torna-se secretário da seção turinesa do PSI e passa a dirigir o jornal *Il Grido del Popolo*. Em novembro participa em Florença de uma reunião clandestina da fração intransigente revolucionária do PSI, à qual também comparecem o líder da corrente maximalista, Giacinto Menotti Serrati, e o dirigente dos abstencionistas, Amadeo Bordiga.	Em 23 de fevereiro (8 de março, no calendário gregoriano), tem início a Revolução Russa. Em 13 de agosto, ocorre uma grande manifestação socialista em Turim, de apoio à Revolução Russa. Dias depois, entre 23 e 26 de agosto, uma revolta contra a carestia agita a cidade. A reação é forte e um grande número de dirigentes socialistas é preso. Em 25 de outubro (7 de novembro, no calendário gregoriano), os sovietes, liderados pelos bolcheviques, conquistam o poder na Rússia. No início de novembro, o exército italiano sofre uma fragorosa derrota na Batalha de Caporetto. Mais de 250 mil italianos são

CRONOLOGIA – VIDA E OBRA | 287

Vida de Gramsci	Eventos históricos
	aprisionados. A derrota leva à queda do governo liderado por Paolo Boselli e ao afastamento do comando do general Luigi Cadorna.
1918 Em fevereiro, é denunciado na Procuradoria real por propaganda contra a guerra. Em dezembro conhece Piero Gobetti.	Em outubro, deixa de ser publicado *Il Grido del Popolo*, substituído pela edição piemontesa do *Avanti!*. Em 29 de outubro, um motim de marinheiros detona a Revolução Alemã; em 9 de novembro, a República é proclamada.
1919 Em abril, desenvolve propaganda da Brigada Sassari entre os soldados sardos, enviados a Turim para reprimir os grevistas. Em 1º de maio, sai o primeiro número da revista *L'Ordine Nuovo*, com o subtítulo *Rassegna settimanale di cultura socialista*. Gramsci é o secretário e dirige a publicação com Angelo Tasca, Palmiro Togliatti e Umberto Terracini. No mesmo mês, é eleito para a Comissão Executiva do PSI de Turim. Em julho, é preso durante uma greve de apoio às repúblicas socialistas da Rússia e da Hungria e liberado logo depois. Em outubro, conhece a socialista inglesa Sylvia Pankhurst.	Em janeiro, ocorre o levante espartaquista na Alemanha. O primeiro-ministro social-democrata autoriza as Freikorps a atacar os spartaquistas. Em 15 de janeiro, Rosa Luxemburgo e Karl Liebknecht são sequestrados e executados pelas Freikorps. De 2 a 6 de março, reúne-se em Moscou o Congresso de Fundação da Internacional Comunista (IC). Em 21 de março, é proclamada a República Soviética da Hungria, a qual duraria até o dia 1º de agosto. Em 23 de março, em Milão, Mussolini cria os *Fasci italiani di combattimento* [Agrupamentos italianos de combate]. Em 12 de setembro, uma expedição liderada pelo poeta Gabriele D'Annunzio ocupa a cidade de Fiume, motivo de disputa entre a Itália e a Iugoslávia.

288 | HOMENS OU MÁQUINAS?

Vida de Gramsci	Eventos históricos
	No Congresso de Bolonha (5 a 8 de outubro), o PSI vota sua adesão à IC. Em novembro, a assembleia da Federazione Italiana Operai Metallurgici (Federação Italiana dos Operários Metalúrgicos, FIOM) aprova a criação dos conselhos operários propostos pelo jornal *L'Ordine Nuovo*.

1920

Em janeiro, cria, em Turim, o Círculo Socialista Sardo. No dia 8 de maio, publica a moção "Por uma renovação do Partido Socialista", a qual havia sido apresentada no Conselho Nacional do PSI, em abril. No mesmo mês, participa como observador da Conferência da Fração Comunista Absenteísta, liderada por Bordiga. Discorda de Togliatti e Terracini sobre questões de estratégia e cria um pequeno círculo de "Educação comunista", próximo às posições da fração abstencionista de Bordiga. Em setembro, engaja-se no movimento de ocupações de fábrica. Em novembro, participa do encontro de Ímola, que constitui oficialmente a Fração Comunista do PSI.

O II Congresso da IC é realizado entre 19 de julho e 7 de agosto. São aprovadas as 21 condições para a admissão na IC; Serrati se opõe.

Lênin afirma que a moção escrita por Gramsci ("Por uma renovação do Partido Socialista") está "plenamente de acordo com os princípios da Internacional".

Em 27 de dezembro, chega ao fim a aventura d'annunziana em Fiume.

1921

Em 1º de janeiro, é publicado em Turim o primeiro número do jornal diário *L'Ordine Nuovo*, sob a direção de Gramsci.

De 15 a 21 de janeiro, ocorre, em Livorno, o XVII Congresso do PSI. A Fração Comunista é derrotada e seus delegados decidem fundar, no dia 21, o Partido

Vida de Gramsci	Eventos históricos
No dia 14, funda o Instituto de Cultura Proletária, seção da Proletkult de Moscou. Em 21 de janeiro, é eleito para o Comitê Central do novo Partido Comunista da Itália (PCd'I), mas não para seu Executivo. Em 31 de janeiro, *L'Ordine Nuovo* começa a ser publicado com o subtítulo "*Quotidiano del Partito Comunista*". Em 27 de fevereiro, conhece Giuseppe Prezzolini, antigo editor da influente revista *La Voce*. Em abril tenta encontrar-se com Gabriele D'Annunzio, sem sucesso. Em maio se candidata a deputado na lista do PCd'I, obtendo 48.280 votos, mas não se elege.	Comunista da Itália, seção da Internacional Comunista. Nas eleições de 15 de maio, os nacionalistas antissocialistas elegem 105 deputados, 35 dos quais fascistas, dentre eles Mussolini. De 22 de junho a 12 de julho, reúne-se o III Congresso da Internacional Socialista. No dia 7 de novembro, os *Fasci Italiani di combattimento* realizam seu III Congresso e fundam o Partito Nazionale Fascista [Partido Nacional Fascista].

1922

Participa em Roma do II Congresso do PCd'I, no qual a fração de Bordiga obtém ampla maioria. Gramsci é designado representante do partido no Comitê Executivo da IC, em Moscou, e parte para a cidade em 26 de maio. Em junho, começa a fazer parte do Executivo e do Presidium da IC. Em 18 de julho, durante um período de repouso no sanatório de Serebrianii Bor, conhece Eugenia Schucht. No segundo semestre, participa regularmente das reuniões do Presidium e em 1º de setembro é	Os fascistas realizam a Marcha sobre Roma em 28 de outubro. No dia seguinte, o rei Vittorio Emanuele III convoca Benito Mussolini para chefiar o governo. O IV Congresso da Internacional Comunista, realizado nos meses de novembro e dezembro, aprova a proposta de fusão entre o PCd'I e o PSI e a tática da frente única. Os delegados do PCd'I são contrários à fusão, mas se submetem à disciplina da IC e aceitam a proposta.

Vida de Gramsci	Eventos históricos
indicado membro da Comissão sobre Questões Sul-Americanas. No dia 8, escreve, a convite de Leon Trótski, uma carta sobre os futuristas italianos. Nesse mesmo mês, conhece sua futura esposa, Julia Schucht. De 5 de novembro a 5 de dezembro, participa do IV Congresso da Internacional Comunista. Participa das reuniões que discutem a fusão com o PSI e também da comissão que analisa a adesão do Partido Comunista do Brasil.	

1923

Recebe telegrama no dia 17 de janeiro, no qual é informado de que a polícia havia emitido um mandado de prisão contra ele na Itália. Em junho, é substituído por Terracini no Presidium da IC. No dia 12 de setembro, propõe, em carta ao Comitê Executivo do PCd'I, a criação de um jornal diário chamado *L'Unità*. Insiste na importância da questão meridional e na aliança entre operários e camponeses. Em novembro, Gramsci se recusa a assinar o manifesto de Bordiga contra a IC. No dia 4 de dezembro, chega a Viena com o propósito de estabelecer o contato do PCd'I com outros partidos comunistas europeus.	A polícia prende vários milhares de comunistas e dezenas de dirigentes, dentre eles Amadeo Bordiga. Em setembro, o mesmo Bordiga lança um manifesto com críticas à IC. Em 13 de setembro, na Espanha, Primo de Rivera lidera um golpe de Estado que dissolve o Parlamento e institui uma ditadura.

CRONOLOGIA – VIDA E OBRA | 291

Vida de Gramsci	Eventos históricos
1924	
Em carta a Togliatti e Terracini, do dia 9 de janeiro, expõe sua concepção de partido e a intenção de criar um novo grupo dirigente comunista, mais alinhado com a IC. Publica em *L'Ordine Nuovo* o artigo "Líder", sobre Lênin. No dia 6 de abril, é eleito deputado pelo distrito do Vêneto, com 1.856 votos dos 32.383 que o PCd'I obtém na região. No dia 12 de maio, regressa à Itália para assumir sua cadeira de deputado. Participa da 2ª Conferência do PCd'I. Entra para o Comitê Executivo do Partido, mas o grupo liderado por Bordiga permanece majoritário. Em agosto, após a adesão dos socialistas ao partido, Gramsci assume a secretaria--geral do partido. Em Moscou, Julia dá à luz seu primeiro filho, Delio.	Em 21 de janeiro, morre Lênin. Em 12 de fevereiro, sai o primeiro número do diário *L'Unità*. No dia 1º de março, sai o primeiro número do quinzenário *L'Ordine Nuovo. Rassegna di politica e di cultura operaria.* Em 10 de junho, é sequestrado o deputado italiano socialista Giacomo Matteotti, depois de pronunciar um duro discurso contra o governo fascista. Seu corpo é encontrado em 16 de agosto. A oposição parlamentar se retira do Parlamento e tem início uma profunda crise política que coloca sob ameaça o governo. Em junho-julho, ocorre o V Congresso da IC, o qual aprova a "bolchevização dos partidos comunistas" e reafirma a tática da frente única. Em agosto, a fração do PSI favorável à IC se dissolve e entra no PCd'I.
1925	
Em fevereiro, organiza uma escola do partido por correspondência. No mesmo mês, conhece Tatiana "Tania" Schucht, sua cunhada. Em março, viaja para Moscou para participar da reunião do Comitê Executivo da IC. Em 16 de maio, pronuncia seu único discurso na Câmara dos Deputados, sobre	Em 3 de janeiro, Mussolini pronuncia discurso assumindo a responsabilidade pela crise política e ameaçando a oposição, a qual não reage. Nos meses seguintes, são emitidos decretos e aprovadas leis que levam à rápida fascistização do Estado.

Vida de Gramsci	Eventos históricos
a proibição da maçonaria e das sociedades secretas. Julia e Delio chegam a Roma.	

1926

Vida de Gramsci	Eventos históricos
Participa do III Congresso do Partido Comunista e apresenta as teses sobre a situação nacional que redigiu juntamente com Togliatti (Teses de Lyon). É eleito para o Comitê Executivo do PCd'I. Em agosto, Julia, grávida, volta a Moscou com Delio. Em 14 de outubro, Gramsci envia carta ao Comitê Central (CC) do PC Russo sobre a luta fracional no partido. Embora não se alinhe com a oposição de Trótski, Zinóviev e Kámeniev, faz duras críticas aos métodos burocráticos do grupo de Stálin e Bukhárin. Na Rússia, Togliatti se opõe ao conteúdo da carta e uma áspera troca de correspondência tem lugar. Redige *Alguns temas da questão meridional*. No início de novembro, é abordado pela polícia em Milão e não consegue participar da reunião do CC que discutiria a questão russa. No dia 8 de novembro, na esteira da onda repressiva decorrente do atentado a Mussolini, é preso pela polícia fascista e conduzido ao cárcere de Regina Coeli. No dia 18, é condenado ao confinamento por cinco anos.	Em 31 de outubro, um estranho atentado contra a vida de Mussolini ocorre em Bolonha. O suposto autor, um jovem de quinze anos de uma família anarquista, é imediatamente linchado por fascistas. O atentado fornece o pretexto para as leis "fascistíssimas" de novembro, dentre as quais a supressão dos partidos e dos jornais antifascistas e a criação de uma polícia política. De 1º a 3 de novembro, ocorre uma reunião do CC do PCd'I com a participação de Humbert-Droz, representante da IC, para discutir as lutas internas no partido bolchevique.

Vida de Gramsci	Eventos históricos
Chega no dia 7 de dezembro à ilha de Ustica.	

1927

Em 20 de janeiro, é transferido para o cárcere de San Vittore, em Milão, onde chega após dezenove dias de viagem. Em fevereiro, é autorizado a ler jornais e livros. No dia 19 de março, comunica à cunhada Tatiana seu plano de realizar um estudo *für ewig* [para sempre] sobre alguns temas.	Em dezembro, o XV Congresso do Partido Comunista da União Soviética, na época chamado Partido Comunista de toda a União (bolchevique), expulsa a Oposição de Esquerda e Trótski é enviado para o exílio em Alma-Ata, no Cazaquistão.

1928

Recebe uma carta do líder comunista Ruggero Grieco, com informações políticas. O promotor lhe convence de que a carta mostra que "tem amigos que querem prejudicá-lo". A carta estimula sua desconfiança contra o grupo dirigente do PCd'I e, particularmente, Togliatti. No dia 11 de maio, é conduzido a julgamento em Roma. No dia 4 de junho, o Tribunal Especial o condena a vinte anos, quatro meses e cinco dias de reclusão. Em 19 de julho, chega à Casa Penal Especial de Turi, na província de Bari, onde partilha uma cela com cinco outros presos. Em agosto, é transferido para uma cela individual. Em dezembro, sofre uma crise de uricemia.	Em fevereiro, o IX Pleno do Comitê Executivo da IC (CEIC) vota a política do Terceiro Período, caracterizado pelo colapso do capitalismo e pela iminência da revolução mundial. O VI Congresso da IC, realizado em julho-agosto, ratifica a política do CEIC.

294 | HOMENS OU MÁQUINAS?

Vida de Gramsci	Eventos históricos
1929	
Recebe permissão para escrever e começa a fazer traduções. No dia 8 de fevereiro, começa a redação do *Primeiro caderno*, com um elenco de temas sobre os quais desejava pesquisar e escrever. No dia 25 de março, comunica a Tatiana seu plano de estudos: "Decidi ocupar-me predominantemente e tomar notas sobre estes três assuntos: 1) A história italiana no século XIX, com especial referência à formação e ao desenvolvimento dos grupos intelectuais; 2) A teoria da história e da historiografia; 3) O americanismo e o fordismo".	Em julho, o X Pleno do CEIC aprova resolução segundo a qual em "países nos quais há partidos social-democratas fortes, o fascismo assume a forma particular de social-fascismo". Decide-se pelo afastamento de Nikolai Bukhárin e Jules Humbert-Droz da direção da IC. Na reunião o PCd'I, é acusado de ter agido de modo benevolente com a "oposição de direita", representada por Angelo Tasca. Palmiro Togliatti e Ruggero Grieco se alinham no Pleno à maioria stalinista. Reunido em agosto, o secretariado político do PCd'I realiza a autocrítica exigida e adota as teses da IC sobre o social-fascismo. Na reunião do CC de setembro, é abandonada a palavra de ordem da Assembleia Republicana e Tasca é expulso do partido.
	Em outubro, ocorre o colapso da bolsa de valores de Nova York e tem início a Grande Depressão econômica mundial.
1930	
Em junho, recebe a visita do irmão Gennaro, enviado pela direção do PCd'I para informá-lo a respeito da expulsão de Leonetti, Tresso e Ravazzoli, acusados de trotskistas, e saber sua opinião a respeito. Em agosto, pede que o irmão Carlo solicite permissão para que possa ler alguns livros de Trótski, mas sua carta é apreendida pelo diretor da prisão. Em	Em março, o CC do PCd'I expulsa Amadeo Bordiga, acusado de trotskismo. Em 9 de junho, Alfonso Leonetti, Pietro Tresso e Paolo Ravazzoli também são expulsos do partido sob a mesma acusação.

Em 3 de outubro, tem início a chamada Revolução de 1930, no Brasil. |

Vida de Gramsci	Eventos históricos

novembro, inicia discussões com seus colegas de prisão e manifesta discordância com a nova linha política do PCd'I, o qual havia abandonado a política da frente única. Nesse contexto, passa a defender a convocação de uma Assembleia Constituinte. Nessas discussões, enfrenta forte oposição dos presos alinhados com a direção do partido. Em novembro, escreve rapidamente a respeito dos "movimentos militares- -populares na Argentina, no Brasil, Peru e México", uma das poucas referências ao Brasil nos *Cadernos do cárcere*.

1931

Em 3 de agosto, tem uma grave crise de saúde. Em outubro, envia petição ao governo solicitando permissão para continuar a receber e ler algumas revistas. Em dezembro, a petição é parcialmente aceita.

Em abril, é realizado, na Alemanha, o IV Congresso do PCd'I, o qual consolida a nova política, alinhada com o giro esquerdista da IC e a política do social- -fascismo.

1932

É projetada uma troca de prisioneiros entre a Itália e a União Soviética, a qual permitiria sua libertação, mas o plano não prospera. Em 15 de setembro, Tatiana encaminha petição ao governo para que Gramsci receba a visita de um médico de

Em 7 de julho, Antonio de Oliveira Salazar torna-se presidente do Conselho de Ministros e, no ano seguinte, instaura o Estado Novo.

Vida de Gramsci	Eventos históricos

confiança a fim de avaliar sua situação. Em outubro, é visitado por um médico do sistema prisional. Em novembro, sua pena é reduzida para dezesseis meses. Piero Sraffa tenta conseguir a liberdade condicional para Gramsci, mas o governo insiste que o prisioneiro peça clemência. No dia 30 de dezembro, morre a mãe de Gramsci, mas a notícia só lhe será transmitida pela família meses depois.

1933

Em fevereiro, o governo concede que seja visitado por um médico de sua confiança. Em 7 de março, tem uma nova crise de saúde. Passa a ser cuidado pelo comunista Gustavo Trombetti e por outro operário preso. É revogada momentaneamente a permissão para escrever. No dia 20 de março, recebe a visita do médico Umberto Arcangeli, que sugere um pedido de clemência, ao qual Gramsci se opõe mais uma vez. Em seu relatório, Arcangeli registra: "Gramsci não poderá sobreviver muito tempo nas condições atuais; considero necessária sua transferência para um hospital civil ou uma clínica, a menos que seja possível conceder-lhe a liberdade condicional". Em julho,

Em 30 de janeiro, o Partido Nacional-Socialista dos Trabalhadores Alemães (NSDAP) chega ao poder na Alemanha e Adolf Hitler assume o posto de chanceler.

Em maio, o relatório do doutor Arcangeli é publicado no jornal *L'Humanité*, de Paris, e é constituído um comitê para a liberação de Gramsci e dos prisioneiros do fascismo, do qual fazem parte Romain Rolland e Henri Barbusse.

Vida de Gramsci	Eventos históricos
pede a Tatiana que intensifique os esforços para conseguir sua transferência para a enfermagem de outra prisão. Em outubro, as autoridades acolhem o pedido de transferência. Em 19 de novembro, é transferido provisoriamente para a enfermaria da prisão de Civitavecchia e, em 7 de dezembro, passa, definitivamente, para a clínica do doutor Giuseppe Cusumano, em Formia. Recebe as visitas do irmão Carlo e de Sraffa. Volta a ler, mas as condições de saúde não lhe permitem escrever.	

1934

Em 25 de outubro, recebe a liberdade condicional.	Em setembro, Romain Rolland publica o folheto *Antonio Gramsci: ceux qui meurent dans les prisons de Mussolini* [Antonio Gramsci: aqueles que morrem nas prisões de Mussolini].
Desde fevereiro, tem início o processo de aproximação entre comunistas e socialistas ao modo de pactos de unidade de ação. Em setembro, esses pactos já existiam na França, na Áustria, na Itália e na Espanha. Na Itália foi firmado em 17 de agosto.	

1935

Em junho, sofre nova crise e solicita ser transferido para outra clínica. Em 24 de agosto, transfere-se para a clínica Quisisana, de Roma, onde passa	Realizado entre julho e agosto, o VII Congresso da IC confirma o abandono da linha do "social-fascismo", ocorrida já no ano anterior e passa a propugnar a linha da frente popular antifascista.

Vida de Gramsci	Eventos históricos
a receber os cuidados de Tatiana. Recebe visitas frequentes do irmão Carlo e de Sraffa.	Em 3 de outubro, a Itália invade a Etiópia.

1936

Retoma a correspondência com a esposa e o filho.	Em 16 de fevereiro, a Frente Popular obtém a maioria eleitoral na Espanha, e Manuel Azaña, da Izquierda Republicana [Esquerda Republicana], assume a presidência do Conselho de Ministros. Em 17 de julho, ocorre uma tentativa de golpe militar contra o governo espanhol; após seu fracasso tem início a Guerra Civil Espanhola.
	Em maio, o Front populaire [Frente Popular], uma coalizão de partidos de esquerda liderada pelo socialista Léon Blum, vence as eleições na França e assume o governo.

1937

Em abril, Gramsci adquire a liberdade plena e planeja voltar à Sardenha para se recuperar. Em 25 de abril, sofre uma hemorragia cerebral e morre no dia 27. Suas cinzas são transferidas no ano seguinte para o Cemitério Acatólico para Cidadãos Estrangeiros de Testaccio, em Roma.	Em 8 de março, a Lutwaffe, apoiando os monarquistas liderados por Francisco Franco, bombardeia a cidade de Guernica, na Espanha.
	No dia 9 de junho, são assassinados na França os antifascistas italianos Nello e Carlo Rosseli. Em 6 de novembro, a Itália passa a fazer parte do Pacto Anticomintern, ao lado da Alemanha e do Japão.

SOBRE A COLEÇÃO ESCRITOS GRAMSCIANOS

Conselho editorial: Alvaro Bianchi, Daniela Mussi, Gianni Fresu, Guido Liguori, Marcos Del Roio, Virgínia Fontes

Homens ou máquinas? é o segundo título lançado pela coleção Escritos Gramscianos, que se propõe a reunir, abarcando diversos assuntos, textos desse originalíssimo pensador marxista. O primeiro lançamento foi *Odeio os indiferentes*, artigos escritos em 1917. Nosso objetivo é divulgar, com o devido cuidado editorial, uma voz que as forças retrógradas tentaram calar muito cedo e que, no entanto, repercute através dos tempos e tem muito a dizer para atuais e futuras gerações.

Gramsci na Boitempo

Odeio os indiferentes, de Antonio Gramsci

Coletânea de artigos escritos ao longo de 1917 e publicados nos jornais socialistas *Il Grido del Popolo* e *Avanti!* e no folhetim *La Città Futura*, da Federação Juvenil Socialista, que, escrito inteiramente por Gramsci, contém o artigo que dá título à obra. Grande parte dos textos (selecionados e traduzidos por Daniela Mussi e Alvaro Bianchi) é inédita em português. Trata das divergências sobre socialismo e revolução entre Gramsci e o Partido Socialista Italiano (PSI), do qual o filósofo era membro; perpassa os acontecimentos da Revolução Russa; traz análises sobre os bolcheviques e seu líder, Vladímir I. Lênin; expõe críticas e diagnósticos sobre a Primeira Guerra Mundial; e oferece previsões sobre os rumos do socialismo italiano.

Gramsci na Boitatá

O rato e a montanha, de Antonio Gramsci

Este conto da tradição oral da Sardenha foi originalmente transcrito pelo filósofo marxista Antonio Gramsci em junho de 1931, em uma das inúmeras cartas que enviou da prisão à sua mulher, com o pedido de que ela o recontasse aos filhos. Cumprindo o desejo do saudoso pensador sardo, a artista catalã Laia Domènech deu vida à jornada desse incansável ratinho, que, saindo a princípio para uma tarefa simples, se vê numa longa jornada a fim de reverter os estragos da guerra e da exploração do meio ambiente e dos bens comuns.

Nossos livros sobre o autor

Antonio Gramsci: o homem filósofo. Uma biografia intelectual,
de Gianni Fresu

De Rousseau a Gramsci: ensaios de teoria política,
de Carlos Nelson Coutinho

Dicionário gramsciano,
de Guido Liguori e Pasquale Voza

Os prismas de Gramsci: a fórmula política da frente única (1919-1926),
de Marcos del Roio

Publicado 130 anos após o nascimento de Antonio Gramsci, este livro foi composto em Minion Pro, corpo 12/17, e impresso em papel Pólen Soft 80 g/m² pela gráfica Lis, para a Boitempo, em dezembro de 2021, com tiragem de 5 mil exemplares.